글로벌
금융시장의 이해

최정일 · 이옥동 · 이준호 공저

도서출판 상학당

欲爲大者 當爲人役

크고자 하거든 남을 섬기라

머리말

지난 2011년도에 《글로벌 증권투자의 이해》를 출간하였으나 이번에는 증권시장과 금융시장에 대해 공부하고 싶은 모든 분들을 위해 《글로벌 금융시장의 이해》를 새로이 출간하고자 합니다.

한 마리 여우가 토끼를 쫓고 있습니다.
하지만 여우는 토끼를 잡을 수 없었습니다.
여우는 한 끼 식사를 위해 뛰지만 토끼는 살기 위해 뛰기 때문입니다.

증권시장에서 수익률을 올리기 위해서는 최선을 다해야 합니다. 어느 하나 쉽게 얻을 수 있는 수익이 없습니다. 증권시장을 자세히 이해할 수 있게 항상 최선을 다하는 적극적인 자세가 필요합니다.

미국 유머 중에 스피드광이건 굼벵이 운전자건
모두 자기보다 빨리 달리는 사람은 미친놈이고
자기보다 느리게 달리는 사람은 멍청한 놈으로
생각한다는 이야기가 있습니다.

증권시장에는 수익률이 높은 상품이 있고 상대적으로 수익률이 낮은 상품이 있습니다. 어느 것이 더 좋은 상품인지 정답은 없습니다. 각자 자금 사정에 맞는 안전한 상품을 선택하시기 바랍니다.

전쟁에서 이기고 돌아온 개선장군을 향해 군중들이 박수를 칠 때 이름 없이 죽어간 얼굴 없는 전사들을 생각하는 사람은 과연 몇이나 되겠습니까?

증권시장에서는 모두가 승자가 될 수 없으며 승자와 패자가 존재하게 됩니다. 다양한 시행착오를 경험하는 과정에서 승자가 되기 위해서는 증권시장에 대한 깊은 이해가 필요합니다.

이 책을 공부하는 모든 분들에게 증권시장에서 많은 행운이 깃들기를 진심으로 바라는 마음입니다. 끝으로 이 책이 나오기까지 수고해 주신 모든 분들께 깊이 감사를 드립니다.

저자 일동

차례

chapter

1

증권시장

01 증권시장의 이해

자본시장에서 가장 중요한 역할을 하는 것은 증권시장이다. 자본시장은 증권시장을 의미하며 증권시장은 유가증권을 발행하고 발행된 유가증권이 거래되는 시장이다.

1.1 증권시장의 의의

증권시장은 유가증권 거래가 원활히 이루어지도록 서비스를 제공하는 곳으로 다음과 같은 두 가지 의미로 쓰이고 있다.

넓은 의미로는 기업 등 자금수요자가 유가증권을 발행하거나 매출하여 필요한 자금을 조달하고 투자자는 유가증권의 매매를 통해 자신의 금융자산을 운용하는 곳으로 이는 포괄적인 개념의 시장이다.

좁은 의미로는 다수의 투자자들이 일정한 시간, 일정한 장소에 집결하여 일정한 조직과 거래 질서하에 증권을 매매하는 조직적이고 구체적인 시장으로 우리나라에는 거래소시장과 코스닥시장을 말한다.

1.2 증권시장의 기능

증권시장에서 유가증권의 가격이 신속하고 정확하게 형성되기 위해서는 다음 몇 가지 조건을 갖추고 있어야 한다.

첫째, 증권시장은 유가증권에 관한 모든 정보를 투자자에게 신속·정확하게 제공해야 한다. 증권시장은 효율적이어서 모든 정보가 유가증권 가격에 반영되어 있다고 볼 수 있다.

둘째, 증권시장은 유가증권의 시장성과 유동성을 높여 주어야 한다. 투자자들이 원하는 증권을 언제나 사고팔 수 있어야 하는데 이를 위해 증권시장은 여러 가지 제도적 장치를 갖추고 있어야 한다.

셋째, 증권시장은 증권거래에 따르는 거래비용이 저렴해야 한다. 거래비용에는 거래수수료, 세금, 정보수집비용 등이 포함되어 있다.

1.3 증권시장의 역할

(1) 자본조달의 역할

기업은 증권시장에서 증권발행으로 소액투자자의 자금을 모집하여 장기적이고 안정적인 산업자금을 조달하게 된다. 따라서 증권시장은 기업의 자금조달원 역할과 유동성자금을 자본화하여 시설투자확대, 기술혁신, 대량생산을 통한 기업의 체질강화와 국제경쟁력 증진 등의 역할을 지니고 있다.

(2) 저축수단의 제공

다수의 투자자는 증권시장을 통해 저축 및 자산운용을 위한 투자대상을 제공받는다. 투자대상에는 실물자산과 금융자산이 있는데, 일반적으로 개인의 투자성향은 소득증가에 따라 실물자산보다는 금융자산을 선호하게 되고 금융자산 중에서도 은행예금과 같은 간접투자보다 증권과 같은 직접투자를 선호하는 경향이 강하다.

(3) 소득의 재분배

증권시장은 주식분산을 통해 소득을 재분배하는 역할을 하고 있다. 따라서 증권시장은 기업공개 및 주식분산을 촉진시켜 대중의 자본소득 증대를 통한 국민복지향상과 사회안정의 기능을 가지고 있다.

(4) 자금의 효율적 배분

증권시장에서 형성되는 주가는 장기적으로 기업의 수익성을 반영하게 되므로 주가변동에 따라 투자자금이 수익성이 낮은 기업에서 수익성이 높은 기업으로 이동하게 되어 자금의 효율적 배분이 가능하게 된다.

(5) 금융정책수단의 제공

정부는 증권시장에서 재정증권을 발행하고 상환하면서 재정정책의 보완적인 수단으로 활용한다. 중앙은행은 증권시장에서 공개시장조작을 통해 통화량조절 및 경기안정 등을 도모하면서 금융정책을 수행한다.

1.4 유가증권

(1) 유가증권의 정의

유가증권은 재산적 권리를 나타내는 증서로서 상품증권, 화폐증권 및 자본증권을 모두 포함하고 있다. 그러나 증권시장에서 매매되고 있는 유가증권은 가격변동성과 대체성 및 환금성이 있는 자본증권으로 한정하고 있다.

(2) 유가증권의 분류

증권시장에서 유가증권은 거래대상이 되며 자본조달을 위해 발행 유통되는 자본증권을 말하는데 여기에는 주식과 채권이 있다.

① 주 식

보통주, 우선주, 후배주, 혼합주 등

② 채 권

ⓐ 국공채

- 국　채 : 재정증권, 국민주택채권, 외국환평형기금채권, 국고채 등
- 지방채 : 도시철도공채, 상수도공채, 도로공채 등
- 특수채 : 전력공사채권, 토지개발채권 등

- 금융채 : 통화안정증권, 산업금융채권, 국민은행채권, 중소기업 금융채 등

ⓑ **회사채** : 보증사채, 무보증사채, 담보사채, 무담보사채 등

ⓒ **주식관련사채** : 전환사채, 신주인수권부사채, 교환사채 등

02 증권회사

증권회사는 유가증권의 발행 및 유통에 관한 업무를 수행하며 기업과 일반투자자의 중간에서 기업의 자금조달과 대중의 증권투자를 매개하는 기관이다.

우리나라는 재무부장관의 허가를 받아 증권업을 수행할 수 있도록 법인조직에 허가제를 채택하고 있다. 유가증권이 특수한 상품이고 거래방법이 고도의 기술과 전문적인 지식을 요구하기 때문이다. 또한 유가증권의 발행 및 유통업무가 국민경제에 미치는 영향이 크기 때문이다.

2.1 증권회사의 업무

증권회사의 업무는 증권거래법상 증권업에 해당되는 3가지의 고유업무와 이와 관련하여 부수적으로 영위하는 부수업무 및 금융감독위원회의 별도인가를 받아 영위하는 겸업업무가 있다.

(1) 고유업무

증권회사의 고유업무는 인수업무, 자기매매업무, 위탁매매업무로 구분할 수 있다. 인수업무는 발행시장관련 업무이고 자기매매 업무와 위탁매매 업무는 유통시장과 관련된 업무로 볼 수 있다.

- 자기매매업무 (dealing) : 유가증권의 매매
- 위탁매매업무 (brokerage)
  - 유가증권의 위탁매매
  - 유가증권매매의 중개 또는 대리
  - 유가증권시장에서의 매매거래에 관한 위탁의 중개 · 주선 · 대리
- 인수주선업무 (underwriting)
  - 유가증권의 인수
  - 유가증권의 매출
  - 유가증권의 모집 또는 매출의 주선

① 자기매매업무

자기매매업무는 증권회사가 유가증권을 자기의 계산으로 매매하는 것으로 타인의 계산으로 하는 위탁매매업에 대응하는 것이다. 자기매매업무는 증시안정을 위한 정책적인 조절수단의 역할을 할 수도 있다.

② 위탁매매업무

ⓐ 유가증권의 위탁매매

위탁매매는 증권회사가 투자자로부터 매매주문을 위탁받아 증권회사의 명의와 고객의 계산으로 매매하는 행위를 말한다. 이때 매매거래의 효과는 투자자에게 귀속되며 증권회사는 투자자로부터 일정한 수수료를 받게 된다. 위탁매매업무는 증권회사의 가장 기본적인 업무이며 중요한 수입원이 되고 있다.

ⓑ 유가증권매매의 중개 또는 대리

중개는 증권회사가 타인 간의 유가증권매매를 성립시키기 위해 양자의 중간에 개입하는 행위를 말한다. 이때 증권회사는 명의상 또는 계산상으로 매매의 당사자가 되는 것이 아니므로 위탁매매와 다르다.

또한 대리는 증권회사가 고객의 대리인이 되어 고객의 명의와 계산으로 유가증권을 매매하는 것을 말한다. 매매의 법률적 효과는 물

론 경제적 효과도 고객에게 귀속되며 증권회사는 일정한 수수료를 받는다.

중개와 대리의 차이는 거래 성립을 위한 권한위임의 범위가 다르다. 대리인은 반드시 위임인(거래의 어느 일방)을 위한 매매를 해야 하지만 중개는 어느 일방을 위한 매매의 의무를 지지 않는다.

ⓒ 유가증권시장에서의 매매거래에 관한 위탁의 중개 · 주선 또는 대리

거래소 회원이 아닌 증권회사가 행하는 '브로커'업무를 말한다. 거래소시장에서의 매매는 회원에게만 허용되기 때문에 비회원 증권회사는 회원자격이 있는 증권회사에게 매매에 관한 위탁의 중개 · 주선 또는 대리행위를 의뢰해야 한다.

외국증권회사의 국내지점이나 신설 증권회사로서 아직 증권거래소의 회원권을 취득하지 못한 경우에 해당되는 업무이다.

③ 인수주선업무

ⓐ 유가증권의 인수

유가증권의 인수는 유가증권을 발행함에 있어 이를 매출할 목적으로 유가증권의 발행인으로부터 유가증권의 전부 또는 일부를 취득하거나 잔여분을 인수하는 것을 뜻한다. 인수기관이 행하는 유가증권의 인수업무에는 총액인수와 잔액인수 두 가지가 있다.

ⓑ 유가증권의 매출

유가증권의 매출은 다수의 투자자를 대상으로 균일한 조건으로 이미 발행된 유가증권의 매도 또는 매수의 청약을 권유하는 것을 말한다. 모집은 신규로 발행되는 유가증권을 대상으로 하고 있으나 매출은 이미 발행된 유가증권을 대상으로 하고 있다.

ⓒ 유가증권의 모집 또는 매출의 주선

유가증권의 모집자 또는 매출자를 대신하여 증권회사가 다수의 투

자자에게 청약을 권유하고 팔아주는 행위를 말한다. 증권회사는 모집이나 매출을 대신해 주지만 매도 잔량에 대해 책임을 지지 않는다.

(2) 부수업무

부수업무는 고유업무와 관련하여 부수적으로 영위하는 업무로서 신용공여, 증권저축, 환매조건부채권매매, 수익증권판매업무 등이 있다. 부수업무는 단위업무가 아니라 증권의 기본업무에 파생하여 발생한 업무로 볼 수 있다.

① 신용공여업무

신용공여업무는 증권회사가 유통시장의 수급조절수단으로 매매와 관련하여 고객에게 금전의 융자 또는 유가증권을 대여해 주는 행위를 말한다. 신용거래 융자 및 대주, 주식청약자금대출, 유가증권담보대출 등이 있다.

② 증권저축업무

증권저축은 증권저축취급기관이 저축자를 위해 저축자가 납입한 자금을 모아서 유가증권에 투자·운용하는 것을 말한다. 이 제도는 유가증권에 대한 전문지식이 부족한 소액투자자라도 유가증권에 투자할 수 있고 투자 관리를 증권회사가 대신해 줌으로써 자산운용이 간편하다는 장점이 있다.

증권저축에는 일반증권저축과 조세특례제한법에 의한 근로자우대증권저축, 생계형저축, 비과세근로자주식저축, 장기증권저축 및 세금우대 종합저축 등이 있다.

③ 환매조건부채권매매업무

환매조건부채권매매는 채권을 일정기간 후에 일정가액으로 환매수할 것을 조건으로 매도하는 것과 환매도할 것을 조건으로 매수하는 것을 말한다. 채권을 매개로 고객으로부터 자금을 빌리거나 고객에게 자금을 대여해 주는 업무이다.

④ 수익증권판매업무

수익증권은 고객이 맡긴 재산을 투자 · 운용하여 거기서 발생하는 수익을 받을 권리가 표시되어 있는 증권이다. 투신사가 발행한 것과 신탁업법에 의해 은행이 발행한 2종류가 있다. 증권회사에서 판매하는 수익증권은 자산운용회사에서 운용하고 있으며 주식편입 여부에 따라 주식형 · 채권형 · 혼합형 수익증권으로 구분한다.

주식형은 투자신탁자산총액의 60% 이상을 주식(선물 · 옵션 포함)으로 운용하는 투자신탁상품이다. 채권형은 투자신탁에 주식이 편입되지 아니하고 자산총액의 60% 이상을 채권(금리선물 포함)으로 운용하는 상품이다. 혼합형은 채권형 및 주식형 이외의 투자신탁을 말한다.

⑤ 국제업무

국제업무로는 해외증권발행업무, 국제간 증권인수업무 및 국제증권거래업무 등이 있으며 증권회사의 자본금 규모에 따라 취급영역에 차이가 있다. 증권업무의 국제화추세에 부응하기 위해 1995년부터 외국인투자자와 거주자의 해외투자에 관련된 환전업무와 외화표시증권의 인수 또는 외국증권에 투자하기 위한 외화증권의 차입 등이 허용되었다.

(3) 겸업업무

증권업의 업무영역확장과 금융산업 간 경쟁촉진이란 의미에서 허용되었다. 현재 증권회사는 금융업법에서 증권사에 허용한 업무 또는 금융감독위원회가 인가한 금융업무를 영위할 수 있다.

증권회사의 겸업업무는 회사채지급보증업무, 양도성예금증서업무, 주식지분평가업무, 사채모집수탁업무, 기업의 인수합병(M&A)중개업무, 금고대여업무, 부동산임대업무, 외국인을 상대로 한 상임대리업무, 복권 및 입장권판매 대행업무, 증권에 관한 연수업무, 간행물 및 도서의 출판업무, 기업에 대한 경영상담업무 등이 있다.

2.2 증권회사에 대한 규제

증권회사는 기업과 투자자 사이에서 자금을 효율적으로 연결함으로써 국민경제에 이바지하는 중요한 기관으로 그 업무의 특성상 고도의 공공성과 윤리성이 요구된다. 따라서 증권거래법을 비롯한 여러 관계법규에서 증권회사의 공신력 제고와 재무구조 개선, 공정거래질서, 투자자보호를 위해 규제를 가하고 있다.

(1) 임원에 대한 규제

증권회사의 임원은 업무성격상 고도의 공공성이 요구되므로 각종 규제가 따른다.

① 임직원의 매매거래 제한

증권회사의 임직원은 월 급여액의 50% 이내에서 증권저축하는 경우, 권리행사에 따른 매매(상속, 증여, 우리사주, 국민주 등), 금융감독위원회의 승인을 얻은 경우를 제외하고는 본인의 계산으로 유가증권의 매매거래 또는 위탁을 하지 못한다.

② 임원의 겸직 제한

증권회사의 상근 임원은 고객과의 이해가 상충되거나 당해 증권사의 경영을 저해할 우려가 있다고 증권거래법시행령이 정하는 경우에는 다른 회사의 상무에 종사하거나 사업을 영위하지 못한다.

③ 정부의 제공 또는 누설의 금지

증권회사의 임직원은 위탁자의 서면에 의한 요구나 동의 없이 거래상의 비밀을 제공하거나 누설할 수 없다. 예외적으로 법원의 제출명령 또는 법관이 발부한 영장이 있는 경우, 감독기관의 검사를 받는 경우, 세무관계 조사 등의 경우에 한하여 허용된다.

(2) 재무에 관한 규제

증권회사 자산운용의 효율화와 건전한 경영을 도모하고 투자자보호를 위해 증권회사의 종합적인 재무상황을 평가하는 건전성 지표로 '영업용순자본 비율'제도를 운용하여 엄격한 관리 · 감독을 실시하고 있다.

재무에 관한 규제의 내용으로는 부채액의 제한(부채비율 5배 이하), 증권매매손실준비금(거래대금의 2/10,000 이상) 등의 적립, 자산운용준칙으로 출자의 제한, 유가증권 소유한도, 담보 및 사채보증의 제한, 부동산 소유제한 등이 있다.

(3) 업무에 관한 규제

증권회사가 회사를 합병하거나 영업의 전부를 양도 · 양수하고자 할 때는 금융감독위원회의 인가를 받아야 한다. 증권거래법에서는 증권회사의 업무에 관해 여러 가지 규제를 하고 있는데 이는 증권업의 신뢰제고와 거래의 공정을 기하여 투자자를 보호하기 위함이다.

① 거래형태의 명시

증권회사가 고객으로부터 유가증권의 거래에 관한 주문을 받은 때에는 사전에 그 고객에 대하여 당해 매매에 있어서 자기가 상대방이 되는가, 중개나 대리 또는 위탁매매방법에 의하는가의 구별을 명확히 해야 한다.

② 자기계약의 금지

증권회사는 동일한 매매에 있어서 그 본인이 됨과 동시에 상대방의 위탁매매인, 중개인 또는 대리인이 되지 못한다.

③ 매매보고서의 작성 및 교부

유가증권 특히 주식의 매매는 종목 및 명칭이 다양하고 유사할 뿐 아니라 가격이 수시로 변하기 때문에 거래결과를 명확히 해둘 필요가 있다. 따라서 증권회사는 고객의 주문에 의해 거래가 성립한 때에는 즉시 매매보고서를 작성하여 교부해야 한다.

④ 부당권유행위 등의 금지

증권회사의 임직원은 손실의 전부 또는 일부의 부담을 약속하고 매매거래를 권유해서는 안 된다. 유가증권의 발행업무와 관련하여 고객을 유치하기 위해 직접 또는 간접으로 재산상의 이익을 공제하거나 거래상의 지위를 부당하게 이용하여 고객의 사업활동을 제한하는 행위를 해서는 안 된다. 또한 투자자 보호 또는 거래의 공정을 저해하거나 증권업의 신용을 추락시키는 행위를 해서는 안 된다.

⑤ 명의대여의 금지 및 겸업의 제한

증권회사는 자기의 명의를 대여하여 타인으로 하여금 증권업을 경영하게 할 수 없으며 금융감독위원회의 허가를 받지 아니하고는 증권업 이외의 업무를 겸업할 수 없다.

⑥ 공동행위의 제한

증권회사는 유가증권의 발행 및 매매 기타 거래와 관련하여 다른 증권회사와 계약, 협정, 결의 등 어떠한 방법으로든지 공동행위를 하려면 사전에 증권관리위원회의 승인을 얻어야 한다. 금감위는 승인 이후에 유가증권의 공정한 거래질서를 위해 필요하다고 인정될 때에는 그 공동행위를 정지시키거나 승인을 취소할 수 있다.

⑦ 증권회사의 지배구조 및 경영투명성 제고

지배구조 및 경영투명성 제고를 위해 자산총액 2조원 이상인 종합증권업을 영위하는 증권회사는 사외이사 선임과 감사위원회 설치를 의무화하고 있으며, 모든 증권회사가 준법감시인을 지정토록 하고 있다.

03 증권관계기관

3.1 금융감독위원회와 금융감독원

금융감독위원회는 금융감독기구의 설치 등에 관한 법률에 의거하여 설립된 회의체기관으로서 금융기관에 대한 감독업무의 실질적 최고 감독기구이며, 금융감독을 지시·감독하는 업무를 수행한다. 국무총리 소속하에 있지만 그 권한에 속하는 사무는 독립적으로 수행한다.

주요 업무는 첫째, 금융기관 감독과 관련된 규정의 제정 및 개정, 둘째, 금융기관의 경영과 관련된 인가·허가, 셋째, 금융기관에 대한 검사·제재와 관련된 주요 사항 등에 대한 심의·의결 등이다. 또한 금융감독위원회에 증권선물위원회를 설치하여 증권·선물 시장의 불공정 거래를 조사하고, 금융감독위원회가 수행하는 증권·선물 시장에 대한 관리·감독 등의 업무에 대한 주요 사항을 사전 심의한다.

금융감독위원회 및 증권선물위원회는 금융기관에 대한 업무 및 재산상황에 대한 검사 및 제재를 실시하기 위해 집행기구로서 금융감독원을 설립하여 운영하고 있다. 아울러 금융감독위원회는 금융산업 및 기업의 구조조정을 추진하기 위해 구조개혁기획단을 설치·운영하고 있다.

금융시장의 자율화·개방화, 금융기관의 업무영역 확대, 복합금융상품의 출현 등으로 인해 세계적으로 금융환경은 급격히 변화하고 있다. 이에 대응하여 금융 전반에 걸친 감독업무를 총괄할 수 있는 효율적인 감독기구의 필요에 따라 설립된 금융감독위원회는 한국경제의 구조조정 과정에서 핵심적인 역할을 수행하고 있다.

3.2 금융투자협회

금융투자협회의 목적은 회원 상호 간의 업무질서 유지 및 공정한 거래를 확립하고 투자자를 보호하며 금융투자업의 건전한 발전에 기여하는 것이다. 회원 상호 간의 건전한 영업질서유지, 증권전문인력의 등록 및 관리업무, 증권관련제도의 조사·연구, 증권연수, 증권홍보 등을 위해 다음과 같은 업무를 수행하고 있다.

- 회원 서비스 및 금융투자업 발전 지원
- 업무질서 유지 및 투자자보호(자율규제)
- 교육 및 전문인력 관리
- 장외시장 관리(채권 및 비상장주권 등)

협회의 주된 사무소는 서울특별시에 두며, 부산광역시 지회를 포함하여 국내·외에 지회 등의 사무소 설치가 가능하다. 협회의 회원은 금융투자업 인가·등록 여부에 따라 정회원, 준회원으로 구분하고, 기타 금융투자업 관련 업무 수행자를 특별회원으로 구분한다.

〈표 1-1〉

회원구분	자 격	권 리
정회원	금융투자인가업자(투자매매, 투자중개, 집합투사업, 신탁업)	총회 의결권, 발언권
준회원	금융투자등록업자(투자일임, 투자자문업), 겸영금융투자업자	총회 발언권
특별회원	일반사무관리회사, 집합투자기구평가회사, 채권평가회사, 한국상장회사협의회, 코스닥협회, 한국예탁결제원, 협회가입 희망자 중 이사회 승인을 득한 자	총회 발언권 (당해 회원과 관련된 사항 한정)

3.3 KRX 한국거래소

(주)한국거래소는 증권거래소, 선물거래소, 코스닥위원회, (주)코스닥증권시장 등 기존 4개 기관이 통합되어 2005년 1월 27일 설립되었다.

「자본시장과 금융투자업에 관한 법률」에 의거 증권 및 장내파생상품의 공정한 가격 형성과 그 매매, 그 밖의 거래의 안정성 및 효율성을 도모하는 것이 설립 목적이다.

주요 기능 및 역할은 다음과 같다.

- 유가증권시장 · 코스닥시장 및 파생상품시장의 개설 · 운영에 관한 업무
- 증권 및 장내파생상품의 매매에 관한 업무
- 증권의 매매거래 및 파생상품거래에 따른 청산 및 결제에 관한 업무
- 증권의 상장에 관한 업무
- 장내파생상품 매매의 유형 및 품목의 결정에 관한 업무
- 상장법인의 신고 · 공시에 관한 업무
- 시장감시, 이상거래의 심리 및 회원에 대한 감리에 관한 업무 등

3.4 증권금융회사

증권금융회사는 증권거래법에 의해 기획재정부 장관의 허가를 받아 증권금융 업무를 담당하고 있는 주식회사이다. 유가증권 인수자금대출, 신용공여, 증권회사 등에 운영자금 대출, 주식매입자금 지원 등의 유가증권 담보대출 업무 및 유가증권 대여업무 등의 업무를 수행하고 있다.

증권시장에 필요한 자금을 공급하여 유가증권의 발행 및 유통을 원활하게 하고 공정한 가격형성을 도모하여 증권시장의 건전한 발전에 기여하는 증권금융을 전문으로 하는 주식회사이다.

3.5 증권예탁원

증권예탁원은 1993년 증권거래법의 개정으로 기존 한국증권대체결제가 개편되어 설립된 특수법인이다. 증권거래소와의 위임계약에 따라 증권거래소가 대체결제종목으로 지정한 유가증권을 계좌를 설정한 회원들로부터 예탁받아 계좌 간 대체결제를 수행하는 업무를 주로 한다.

또한 유가증권의 보호예수, 주식명의개서, 주식배당금 지급대행, 유가증권 발행대행, 유가증권 대차거래에 관한 중개, 유가증권 관리업무, 증권거래세 원천징수, 실질주주 의결권 대리행사, 국제간 대체결제 등의 업무를 취급한다.

3.6 투자신탁회사

투자신탁이란 다수의 투자자로부터 소액자금을 모아 형성된 거액자금을 전문투자기관이 유가증권에 분산투자하고 그 수익을 투자자에게 분배하는 제도이다. 공공투자, 투자대행, 분산투자 등과 함께 기업지배를 목적으로 하지 않는 특성이 있다.

투자신탁제도의 기능은 자금의 중개, 저축 및 투자수단의 제공, 국민소득의 공평한 배분에 기여하게 되며 이를 통해 증권시장의 기관투자가로서 물량조절과 가격조정기능을 수행하여 증권시장의 안정과 성장에도 기여하게 된다.

투자신탁은 환매 가능 여부에 따라 개방형과 폐쇄형이 있고 신탁재산의 추가설정 가능 여부에 따라 단위형과 추가형으로 구분한다. 또한 편입대상 유가증권에 따라 주식형, 채권형, 혼합형으로 분류한다.

투자신탁회사는 투자자 보호와 신탁재산의 공정한 운용을 위해 위탁자 및 수탁자의 자격, 신탁재산의 운용, 관리에 일정한 규제를 하고 있다. 투자신탁회사는 자본금 100억 이상 되는 주식회사로서 신탁재산의 운용·관리에만 한정되어 있으며 수익자 보호를 위해 타업무의 겸업을 제한하고 있다.

수탁자는 신탁업법에 의한 신탁회사 또는 신탁업을 겸영하는 금융기관으로 되어 있는데 현재까지 신탁자로 인가받은 회사는 없으며 모든 국내은행 및 외국은행 국내지점 중 신탁업을 인가받은 은행이 수탁회사가 될 수 있는 자격이 있다.

3.7 투자자문회사

(1) 투자자문업의 의의

투자자문업은 넓은 의미로 개인투자자나 기관투자가에 대해 투자에 관한 지식, 판단, 자산운용 등의 서비스를 제공하는 업무를 말한다. 우리나라 증권거래법에는 「고객에 대해 유가증권의 가치 또는 유가증권의 투자판단에 관해 구술, 문서 등의 방법으로 조언을 하는 영업」이라 정의하고 있다.

(2) 투자자문업의 형태

① 출판형 투자자문업

시장정보 및 투자정보지 발행과 판매, 유가증권의 평가를 주요 업무로 하며 우리나라에서는 1986년부터 증권회사 부설 경제연구소에서 시작하여 현재는 투자자문회사에서 이 업무를 담당하고 있다.

② 투자조언업

유가증권의 투자상담은 물론 포트폴리오 구성과 운용에 대해 조언을 하지만 최종 매매의사 결정은 고객의 자기판단과 책임하에 이루어지는 형태로 우리나라 투자자문업의 주요 업무이다.

③ 투자일임업

계약자로부터 자산운용에 관해 포괄적인 위임을 받은 후 그 범위 내에서 포트폴리오의 관리, 운용 및 성과분석 보고는 물론 증권매매 및 계좌관리 업무, 일임매매까지 하는 업무이다.

(3) 투자자문회사의 설립요건

우리나라에서는 금감위에 등록한 회사만이 투자자문업을 영위할 수 있다. 등록요건은 ① 상법상 주식회사로 투자자문업은 납입자본금 5억 이상, 투자일임업은 30억 이상 ② 증권관계 전문인력(투자자문업 3인, 투자일임업 5인)을 갖출 것 ③ 상근임원의 2분의 1 이상이 증권관계 전문인력에 해당할 것 ④ 투자자문업을 수행하기 위한 사업계획 등이 금감위가 정하는 요건에 적합할 것 등이다.

3.8 명의개서 대행회사

유가증권 발행회사와의 계약에 의해 발행회사를 대신하여 주주명부관리와 유가증권관리업무의 대행, 배당, 이자 및 상환원금의 지급을 대행하는 업무 및 유가증권의 발행을 대행하는 업무를 영위할 수 있다. 현재 명의개서 대행회사로는 증권예탁원, 서울은행, 국민은행이 있다.

3.9 증권투자회사

증권투자회사는 증권에 관한 투자 및 관리를 목적으로 하는 회사로 다른 기업이 지배를 목적으로 히지 않는 지주회사의 일종이나. 투자자들의 자금을 모아 펀드를 만들고 펀드매니저에게 주식투자를 맡기는 명목상의 주식회사로 금감위에 등록해야 한다. 최저자본금은 10억이다.

투자신탁의 한 형태로 투신사들이 판매하는 계약형 펀드와 외형상 비슷하지만 펀드 하나하나가 주식회사 형태로 투자자들이 주주로 참여한다는 점이 다르다. 일명 회사형 투자신탁이라 부른다.

투자신탁의 펀드형태로는 개방형과 회사형이 있다. 개방형은 투자자들의 펀드 가입과 탈퇴가 자유로우며, 회사형은 투자자들이 증권투자를 목적으로 하는 회사의 주식을 소유하는 형태를 말한다.

뮤추얼펀드는 법률상 독립된 회사이기 때문에 계약형에 비해 투명성이 높다는 것이 장점이다. 뮤추얼펀드 투자자들은 출자를 통해 '증권투자회사'를 만들고 이 회사의 경영을 특정 자산운용회사에게 위탁하게 된다.

투자자들은 주주로서 주주총회와 주주권 행사를 통해 자산운용이 적절하게 이뤄지고 있는지 감시하게 된다. 투자자는 펀드를 운용한 다음 결산을 해서 남은 수익을 1주당 일정액의 배당금으로 지급받는다.

관계기관으로는 자산운용회사, 자산보관회사, 판매회사 및 일반사무수탁회사가 있으며 중도에 환매가 불가능한 폐쇄형만 허용되다가 2001년 2월부터 개방형도 허용되어 판매되고 있다.

04 증권전문인력

증권전문인력제도는 고객을 보호하고 증권영업의 전문화와 고급화를 목적으로 도입한 제도이다. 증권전문인력의 종류에는 증권투자상담사, 선물거래상담사, 금융자산관리사, 재무위험관리사, 증권분석사 등이 있다.

4.1 투자상담사(CIC)

고객을 상대로 유가증권 등의 매매를 위하여 위탁을 권유하거나 투자에 관한 상담 등을 하는 자를 말하며 수행업무의 영역에 따라 증권투자상담사와 선물거래상담사로 구분하고 있다.

(1) 증권투자상담사

고객을 상대로 주식 및 채권의 매매거래에 관한 위탁을 권유하거나 투자에 관한 상담 업무를 수행하며 증권투자상담사 자격시험에 합격해야 한다.

(2) 선물거래상담사

고객을 상대로 선물시장에서 선물거래의 위탁을 권유하거나 투자에 관한 상담 업무를 수행하며 증권투자상담사 업무도 가능하다. 자격요건은 선물거래상담사 자격시험에 합격하거나 재무위험관리사 자격시험에 합격해야 한다.

4.2 금융자산관리사(FP)

고객의 재무설계와 투자규모 및 투자성향을 분석하여 종합적인 자산운용전략을 수립하여 고객의 상담에 응하거나 고객으로부터 투자일임을 받아 고객별로 투자자산을 운용하고 관리하는 업무를 수행한다.

금융자산관리사의 자격요건은 다음과 같다.

① 자산설계운용전문 인력시험에 합격한 자

② 다음 각 호의 내용에 해당하는 요건을 갖춘 자

- 증권관계기관에서 3년 이상 근무한 자로서 운용전문업무에 2년 이상 종사한 경력이 있을 것
- 경영학·경제학 등 증권관계분야 석사학위 이상의 학위를 소지한 자로서 증권관계기관 등에서 운용전문업무에 2년 이상 종사한 경력이 있을 것
- 공인회계사로서 증권관계기관 등에서 운용전문업무에 2년 이상 종사한 경력이 있을 것
- 신탁재산의 운용을 업으로 하는 외국금융기관으로서 운용자산규모가 10조원에 상당하는 금액 이상인 외국금융기관에서 신탁재산의 운용업무를 2년 이상 담당한 경력이 있을 것
- 재정경제부장관이 운용전문인력의 능력을 검증할 수 있다고 인정

하는 시험에 합격할 것

4.3 재무위험관리사(FRM)

주식, 채권, 선물·옵션 및 기타 장외파생상품 등의 운용과 관련된 재무위험을 일정한 방법에 의해 측정, 평가, 통제하여 당해 회사의 재무위험을 조직적이고 체계적으로 통합하는 관리업무를 수행한다.

FRM은 외환, 원자재가격, 이자율 및 주가의 변동성을 선물, 옵션, 스왑 등의 각종 금융상품을 이용하여 관리하는 최신기법에 능통한 전문가이다. 자격요건은 재무위험관리사자격시험에 합격하거나 선진외국의 재무위험관리사로서 국내 또는 외국 금융기관 등에서 해당업무에 2년 이상 종사해야 한다.

4.4 증권분석사(CIA)

증권투자와 관련한 다양한 정보를 바탕으로 전문적인 기업가치의 분석 및 평가를 통해 유용한 투자정보를 제공하는 업무를 수행한다. 자격요건은 증권분석사 자격시험에 최종 합격해야 한다.

4.5 기타사항

(1) 투자상담사, 자산설계운용전문인력, 재무위험관리사는 1차의 객관식 필기시험으로 하고 증권분석사는 1차의 객관식 필기시험과 1차 시험 합격자를 대상으로 2차 서술형 필기시험으로 한다.
(2) 시험과목별로 40점 이상으로 득점한 자 중에서 전체 시험과목을 100점 만점 기준으로 투자상담사는 60점 이상, 자산설계운용전문인력 및 재무위험관리사, 증권분석사는 70점 이상 득점한 자를 합격자로 한다.
(3) 전문인력으로 본 협회에 등록하고자 하는 자는 금융투자협회 연수

원의 소정 교육과정을 이수하고 등록신청일 현재 증권회사에 재직하고 있어야 한다.

(4) 전문인력으로 등록된 자는 협회가 실시하는 소정의 보수교육을 2년(등록년도 포함)마다 1회 이상 이수해야 한다.

참고 Reference

1. 보통주와 우선주

보통주는 지분에 따라 평등하게 배당이나 잔여재산을 분배받을 수 있는 주식을 말한다. 우선주는 보통주에 우선하여 배당이나 잔여재산의 분배에 참여할 수 있는 주식이다. 우선주는 재산적 내용의 권리가 우선하는 반면 의결권에 제한을 받고 있다.

우선적으로 배당을 받지 않는다는 결의가 있는 등 몇 가지 예외적인 경우에 우선주도 의결권을 갖게 된다. 우선적으로 배당을 하지 않는다는 결의가 있는 경우에는 그 결의가 있는 주주총회의 다음 주주총회부터 우선적 배당을 다시 실시한다는 결의가 있는 총회의 종료 시까지 의결권을 행사할 수 있다.

2. 대차거래

대차거래는 유가증권이 필요한 차입자가 대여해 줄 사람한테 담보를 제공하고 필요한 유가증권을 차입하는 것을 말한다. 이때 차입자는 대차수수료 등을 지급해야 하고 추후 거래 종료 시 대여자는 현금을 담보받았을 경우 운용대가로 현금담보운용료를 지급해야 한다.

대차거래가 가능한 유가증권은 거래소시장의 주식, 채권, 수익증권 및 코스닥시장의 주식과 수익증권으로 한정되어 있다. 이러한 유가증권은 주로 장외에서 대여하고 차입하게 되므로 대차거래는 일종의 장외거래라 할 수 있다.

대차거래는 기관투자자들이 차익거래나 공매도시 결제의 목적으로 증권예탁원이나 증권금융의 중개를 통해 유가증권을 서로 대여해 주고 차입하는 것을 의미하였다. 그러나 2002년 2월 증권거래법시행령이 개정되어 대차거래 및 중개, 주선, 대리의 업무가 증권회사의 부수업무로 허용되면서 기관뿐만 아니라 개인들도 증권회사를 통해 유가증권을 대여해 주고 필요한 경우 차입도 할 수 있게 되었다.

선물거래 시 현물에 비해 선물가격이 낮게 형성되는 경우 수익을 얻기 위해 고평가된 현물을 매도하고 저평가된 선물을 매입하여 대차거래를 이용한 매도차익거래를 이용할 수 있다. 또한 공매도시 결제를 위해 유가증권을 차입할 수도 있다.

개별주식옵션시장이 활성화되면 대차거래는 매우 중요한 매매수단이 될 것이다. 콜옵션을 매도한 경우 결제일에 주가가 고평가되어 있다면 시장에서 주식을 직접 매수하여 결제하는 것보다 주식을 빌려 결제하게 되면 비용이 적게 들기 때문이다.

대차거래는 매매 도중에 발생한 결제부족분을 보전하기 위해 이용할 수 있다. 또한 차익거래 및 투기거래 등과 같이 다양한 포트폴리오 운용전략에 이용하기 위해 활용될 수도 있다.

chapter

2

증시관련지표

01 종합주가지수

주식시장을 언급할 때마다 가장 먼저 나오는 말이 종합주가지수(KOSPI)일 것이다. 투자자들은 투자에 앞서 주가지수를 보면서 현 상황을 파악하고 있다. 어느 종목을 투자하기에 앞서 현 주식시장의 수준을 먼저 알고 싶어 하기 때문이다. 주가지수는 현재 경기동향이나 주식시장 등을 나타내는 중요한 지표로 이용되고 있다.

1.1 종합주가지수의 의미

종합주가지수는 주식시장에서 거래되고 있는 주식가격의 변동을 종합적으로 표시하는 지수를 말한다. 어떤 기준시점을 100으로 정하고 비교시점의 주가수준을 비교하여 지수화한 것이다.

우리나라 주가지수는 1980년 1월 4일을 기준으로 주가수준을 100으로 하여 오늘날까지 계속 사용되어 왔다. 예를 들어 2013년 8월 10일의 주가지수가 1,900pt.라 하면 지난 1980년 1월 4일의 주가를 기준으로 2013년 8월 10일의 수가가 19배 되었다는 것을 의미한다.

주가지수의 의미를 크게 두 가지로 구분해 볼 수 있다.

첫째, 주가지수는 특정시점의 경제상황을 나타내는 지표이다. 주가지수는 단순히 기업들의 주가동향만 반영하는 것이 아니라 한 나라의 경제상황을 대표하는 지표로서 미래의 경제예측까지 반영하고 있다.

둘째, 주가지수는 주식에 투자한 결과인 투자성과의 평가기준이 된다. 투자자들이 투자결과를 평가할 때 단순히 해당주식의 이익만 고려하는 것이 아니라 시장 전체의 등락을 나타내는 주가지수까지 고려해야 한다.

1.2 종합주가지수의 작성방법

주가지수의 작성방법은 종목의 선정방법에 따라 또는 각 종목별 가중치 선정방법에 따라 크게 두 가지로 구분하고 있다.

(1) 종목의 선정방법에 따라

주식시장에 거래되고 있는 주식 중에서 몇 개의 종목을 선정하느냐에 따라 주가지수가 변하게 된다. 일부 종목만 선정할 수도 있고 모든 종목을 대상으로 주가지수를 계산할 수도 있다. 선정된 종목은 시장 전체의 가격수준을 대변할 수 있어야 한다.

(2) 가중치 선정방법에 따라

주가지수를 계산하기 위해 선정된 종목 중에서 각 종목이 갖고 있는 주가, 거래량, 시가총액 등을 어떻게 고려하는 것이 시장 전체를 잘 설명할 수 있는가를 판단해야 한다. 이 방법은 주가평균식과 시가총액식 등의 두 가지로 나누어 볼 수 있다.

① 주가평균식 주가지수

ⓐ 개념

- 대상종목의 주가합계를 종목수로 나누어 산출하는 단순주가평균 개념을 그대로 사용한 지수이다.
- 권리락 등의 주가 단층요인이 발생하면 연속성을 유지시키기 위해 종목수 대신 항상제수를 사용한다.
- 미국의 Dow 30, 일본의 Nikkei225, 한경지수 등이 있다.

ⓑ 산출방법

- 대상종목의 주가합계를 항상제수로 나누어 산출

$$\text{주가평균식주가지수} = \frac{\text{대상종목의주가합계}}{\text{대상종목수(항상제수)}}$$

ⓒ 이용방법

- 시간이 경과함에 따라 항상제수가 점차 감소되어 주가가 소폭 변동해도 주가평균은 그 이상으로 확대되는 경향이 있다.
- 화폐단위에 의한 표시로 실제시장가격과 혼동될 가능성이 있다.
- 지수를 일부종목만 편입하여 산출하기 때문에 시장 전체의 흐름을 적절히 반영하는 데 미흡하므로 시가총액식 지수를 참고할 필요가 있다.
- 가격변동이 심한 종목과 고주가 종목의 영향이 크다.

② 시가총액식 주가지수

ⓐ 개념

- 일정시점의 시가총액과 현재시점의 시가총액을 대비하여 현재 주가수준을 판단하는 주가지수이다.
- 미국의 NYSE 종합, S&P500, 일본의 TOPIX, 영국의 FTSE 100, 프랑스의 CAC40, 독일의 DAX, 홍콩의 HangSeng
  우리나라 주가지수(KOSPI), 한국주가지수200(KOSPI200)

ⓑ 산출방법

$$\text{시가총액식 주가지수} = \frac{\text{비교시점의 시가총액}}{\text{기준시점의 시가총액}} \times 100$$

ⓒ 이용방법

- 시가총액이 큰 종목의 영향을 많이 받는다.

1.3 주가지수의 종류

주가지수의 종류는 작성방법에 따라 여러 가지가 존재한다. 외국에는 다우존스산업평균지수, S&P500지수, NYSE종합지수 등이 있고 우리나라에는 종합주가지수, KOSPI200지수, 코스닥지수, 한경다우지수, 매경지수 등이 있다.

(1) 종합주가지수

종합주가지수(KOSPI)는 주가에 상장주식수를 가중한 지수로서 기준시가총액에 대한 비교시가총액의 비율을 표시하고 있는데 주식자산가치의 변동을 통해 시장 전체의 주가변동을 파악할 수 있도록 하는 지표이다

KOSPI는 상장된 모든 보통주로 산출하고 있으며 기준시점인 1980년 1월 4일 이후 증권거래소가 발표하고 있다. KOSPI의 산출방법은 기준시점의 시가총액을 100으로 하고 비교시점의 시가총액과 비교하여 지수화한 것이다.

$$\text{KOSPI} = \frac{\text{비교시점의 시가총액}}{\text{기준시점의 시가총액}} \times 100$$

유상증자, 신규상장, 상장폐지, 합병 등이 발생하면 비교시점의 시가총액은 증가하거나 줄어든다. 주가지수는 주식수가 적은 고주가의 영향을 적게 받으며 상장된 보통주 모두를 대상으로 하고 있어 증권시장 전체의 동향을 나타내는 데 유용한 지표이다.

(2) KOSPI200지수

KOSPI200지수는 1996년 5월부터 시작된 주가지수선물의 대상지수이다. 증권거래소에 상장된 종목 중에서 가장 거래가 활발하며 시가총액이 일정규모 이상인 종목 200개를 선별하여 구성한 지수이다.

산출방법은 기준시점 1990년 1월 3일을 100으로 하고 비교시점의 시가총액과 비교하여 지수화한 것이다.

$$\text{KOSPI} = \frac{\text{선물지수구성종목 200개의 비교시점의 시가총액}}{\text{선물지수구성종목 200개의 기준시점의 시가총액}} \times 100$$

KOSPI200지수의 산정기준은 유동성, 시가총액, 시장대표성, 업종대표성 등을 고려하여 시가총액비중이 70% 수준인 200종목으로 구성되어 있다. 참고로 주요국 선물지수의 시가총액비중도 70% 내외로 S&P500 73%, 일경300 66%, FTSE100 65%로 구성되어 있다.

(3) 자본금 규모별 주가지수

주가지수는 시장에 상장된 모든 종목을 가중평균한 것으로 대기업과 중소기업이 모두 포함되어 있다. 증권거래소는 자본금 규모에 따라 750억 이상을 대형주, 350억 이상 700억 미만을 중형주, 350억 미만을 소형주로 구분하여 대형주, 중형주, 소형주의 주가지수를 발표하고 있다.

(4) 업종별 주가지수

각각의 업종별로 주가지수를 계산하여 발표하고 있다. 동일업종의 종목끼리 함께 묶어서 업종별 주가지수를 산출하게 된다. 업종별 지수는 업종별로 주가가 동시에 상승하거나 하락할 경우에 중요한 정보를 제공해 주고 있다. 투자자는 자신이 투자할 종목이 어느 업종에 속하는지 살펴볼 경우 업종별 주가지수는 유용한 투자지표가 될 수 있다.

02 주가관련지표

경제신문의 주식시세표를 보면 주식에 관한 여러 가지 용어를 볼 수 있다. 유가증권종목, 코스닥종목, 관리대상종목에서 시가·고가·저가·종가와 거래량 및 거래대금에 대한 항목을 볼 수 있다.

2.1 주식지표

경제신문의 주식시세표를 보면 주식에 관한 여러 가지 용어를 볼 수 있다. 유가증권종목, 코스닥종목, 관리대상종목에서부터 주가와 거래량, 거래대금에 대한 항목을 볼 수 있다.

(1) 기준가격과 가격제한폭

가격제한폭은 당일 중 주가가 변동될 수 있는 상한가와 하한가의 폭을 의미한다(정률제 가격제한폭제도 운용). 현행 가격제한폭은 유가증권시장과 코스닥시장이 각각 15%이다.

기준가격은 가격제한폭을 적용할 때 기준이 되는 가격을 말하며 특수한 경우를 제외하고 전일종가로 한다. 특수한 경우는 신규상장 시, 권리락과 배당락 시, 신주상장 시 등을 의미한다.

(2) 시가 · 고가 · 저가 · 종가

- 시가 : 하루 중 형성되는 최초 가격
- 고가 : 당일 중 형성되는 가장 높은 가격
- 저가 : 당일 중 형성되는 가장 낮은 가격
- 종가 : 하루 중 형성되는 최종 가격

(3) 상한가와 하한가

- 상한가 : 일별로 상승할 수 있는 최고가격
- 하한가 : 일별로 하락할 수 있는 최저가격

(4) 보합

보합은 시세가 특별한 변동을 보이지 않고 일정수준에서 계속 유지되는 것을 말한다. 시세가 상승한 상태에서 보합을 유지하는 것을 강보합, 시세가 하락한 상태에서 보합을 유지하는 것을 약보합이라 한다.

주가가 오랫동안 보합상태를 유지하다가 어느 순간 보합권을 벗어나 움직이게 되면 한동안 추세가 지속될 수 있으므로 향후 주가추이를 예고하기도 한다.

(5) 기세

기세는 전장 및 후장 종료 시까지 매매거래가 성립되지 아니한 경우 기준가격에 비해 낮은 매도호가가 있는 경우에는 가장 낮은 매도호가의 가격을, 높은 매수호가가 있는 경우에는 가장 높은 매수호가의 가격을 말한다.

(6) 대용증권과 대용가격

대용증권은 유가증권의 활용도를 높이기 위해 현금에 갈음하여 사용할 수 있도록 별도로 거래소가 지정한 유가증권을 말한다. 대용가격은 대용증권의 사정가격(대용가격=기준시세×사정비율)을 말한다.

여기서 사정비율은 상장주권 70%, 등록주권 70%, 수익증권의 경우 공사채형 80%, 주식형 70%, 채권의 경우 보증채 90%, 무보증채 80%이다.

(7) 유가증권종목 · 코스닥종목 · 관리대상종목

유가증권종목은 증권거래소가 유가증권시장에서 매매거래를 위해 상장된 종목을 말한다.

코스닥종목은 유가증권시장에 상장하기 어려운 벤처기업이나 유망 중소기업 등이 소속되어 있다. 장기적이고 안정적인 자금을 조달할 수 있게 히며 투자자들에게는 거래소 상장주식 외에 성장 가능성이 높은 유망기업 주식에 투자할 수 있는 기회를 주고 있다.

관리대상종목은 사고팔 수는 있으나 신용거래가 안 되고 대용증권으로 활용할 수 없도록 지정된 종목을 말한다. 상장회사의 영업정지 또는 부도발생 등으로 상장규정에 따라 상장폐지 기준에 해당되는 종목 중에서 특별히 일반 투자가의 주의를 환기시키기 위하여 증권거래소가 지정한다.

(8) 신고가와 신저가

신고가는 현재까지 거래된 가격 중에서 최고가를 의미하고 있다. 연중신고가는 연중 최고가격을 의미한다. 신저가는 현재까지 거래된 가격 중에서 최저가를 의미하며 연중신저가는 연중 최저가격을 의미한다.

2.2 시장지표

(1) 시가총액

시가총액은 상장주식을 일정한 시점에서 현재 시장가로 평가했을 때 어느 정도의 금액이 되는지 나타내는 지표다. 시가총액은 시장규모뿐만 아니라 GDP 대비 시가총액비중을 계산하여 경제지표로도 활용한다. 종목별 시가총액은 회사의 현재가치를 측정하는 척도로 M&A에 이용되기도 한다. 또한 거래대금과의 비율을 계산하여 회전율 등에 이용하고 있다.

$$\begin{aligned} \text{시가총액} &= (\text{각 종목의 주가} \times \text{상장주식수})\text{의 합계} \\ &= P_1S_1 + P_2S_2 + \cdots + P_nS_n \end{aligned}$$

(여기서 P는 주가, S는 상장주식수, $1, 2, 3, \cdots, n$은 종목)

시가총액 산출 시 적용되는 주가는 다음의 우선순위를 따른다.

① 산출시점의 매매가격(기세포함)

② 권리락 또는 배당락 기준가격

〈표 2-1〉 주요국 시가총액

(단위 : 10억US$)

거래소	한국(KSE)	미국(NYSE)	영국(LSE)	일본(TSE)	중국(SSE)	홍콩(SEHK)
시가총액	1,155	13,791	3,849	3,655	2,804	2,712

자료 : 2012년 12월 기준

(2) 상장회사수

상장회사수는 거래소시장에 상장된 기업수를 나타낸다. 2013년 7월 현재 상장회사수 774사, 상장종목수 917종목이 있다.

(3) 거래량과 거래대금

거래량은 거래가 성립된 주식의 총수량으로 일정기간 매매된 개별종목의 주식수 또는 시장 전체의 총주식수를 말한다.

거래대금은 거래된 매매대금으로 개별종목의 매매가격에 주식수를 곱하여 합계한 것으로 개별종목 또는 전체의 매매대금을 표시한 것이다.

(4) 거래량회전율

거래량회전율은 개별종목의 회전율과 전체 시장의 회전율로 구분하고 있다. 거래량회전율은 일정기간 동안 상장된 주식수 중에서 매매된 거래량이 얼마나 되는가를 나타내는 지표이다. 당일거래량에 거래일수를 곱하여 연간 거래량을 계산하는 것으로 증권의 시장성을 측정하는 지표로 이용된다.

$$\text{거래량회전율} = \frac{\text{당일거래량} \times \text{연간거래일수}}{\text{전체상장주식수}} \times 100(\%)$$

거래량회전율이 높을수록 시장은 강세를 나타내는 것으로 인식한다. 일반적으로 우리나라는 100% 이상이면 상투권으로 인식하여 시장이 과열된 것으로 보고 20% 이하이면 바닥권으로 인식하여 시장이 침체된 것으로 본다.

(5) 거래대금회전율

주식은 가격이 모두 다르기 때문에 주식의 거래량이 같다고 하더라도 거래대금은 서로 다르게 나타난다. 따라서 거래량회전율과 거래대금회전율을 동시에 살펴보는 것이 바람직하다. 거래대금회전율은 일정기간 시가총액의 평균으로 나누어 계산한다.

$$\text{거래대금회전율} = \frac{\text{일정기간 거래량} \times \text{주가}}{\text{일정기간 시가총액의 평균}} \times 100(\%)$$

거래량회전율과 거래대금회전율이 높게 나타나면 주식시장에서 매매가 활발하여 시장성이 높은 것으로 인식할 수 있다. 거래량회전율이 높고 거래대금회전율이 낮게 나타나면 저가주 거래가 활발하고 거래량회전율이 낮고 거래대금회전율이 높으면 고가주 거래가 활발하다고 볼 수 있다.

(6) 상장주식회전율과 시가총액회전율

상장주식회전율은 일정기간 동안 상장된 주식수 중에서 매매된 주식수가 얼마나 되는가를 나타내는 지표이다

$$\text{상장주식회전율} = \frac{\text{당해기간 중 거래량합계}}{\text{당해기간 중 평균상장주식수}} \times 100(\%)$$

$$\text{여기서, 평균상장주식수} = \text{기초상장주식수} + \text{기말상장주식수}$$

시가총액회전율은 일정기간 동안 시가총액 중 거래된 거래대금이 어느 정도 되는가를 나타내는 지표이다.

$$\text{시가총액회전율} = \frac{\text{당해기간 중 거래대금합계}}{\text{당해기간 중 평균시가총액}} \times 100(\%)$$

$$\text{여기서, 평균시가총액} = (\text{기초시가총액} + \text{기말시가총액})/2$$

시가총액회전율이 상장주식회전율에 비해 높게 나타나면 고가주 거래가 활발하고 반대로 시가총액회전율이 상장주식회전율에 비해 낮게 나타나면 저가주 거래가 활발한 것으로 인식한다. 국제간 유동성을 비교할 때는 각국 간 주당 주가수준 차이 때문에 일반적으로 시가총액회전율을 사용한다.

〈표 2-2〉 우리나라의 상장주식회전율과 시가총액회전율

회 전 율	2006년	2007년	2008년	2009년	2010년	2011년	2012년
상장주식회전율(%)	286.20	344.44	296.70	408.74	292.11	254.09	338.51
시가총액회전율(%)	128.74	156.70	172.64	199.60	146.32	152.25	107.43

자료 : 한국거래소「주식」 2013. 7

(7) 거래체결률

거래체결률은 시장에 제시된 주문들이 얼마나 원활하게 거래가 체결되는지 측정하는 지표이다. 하루 중 거래기간을 5분 간격으로 구분하여 매시간마다 거래량을 당해 시간대에 신규로 유입된 주문량으로 나눈 비율을 말한다.

2013년도 우리나라 거래체결률은 76.48% 수준으로 75~78% 사이에서 등락을 보이고 있다.

$$\text{거래체결률} = \frac{\text{거래량}}{(\text{신규유입 매수주문량} + \text{신규유입 매도주문량})/2} \times 100$$

(8) 거래당 거래크기

거래당 거래크기는 투자자들이 제출한 주문 중에서 실제로 주식시장에서 매매거래된 건별 거래량을 말한다. 투자자들의 평균적인 주식투자규모를 파악하고 주문량 결정에 참고지표로 이용된다.

(9) 거래형성률

거래형성률은 주가의 상승이나 하락과 관계없이 거래가 성립된 종목이 증권시장에 상장된 주식수와 비교해서 어느 정도인지 비율로 나타낸 것이다. 즉, 매매시간 중에 거래가 성립되어 가격이 형성된 종목의 비율을 말한다. 우리나라의 2013년도 가격형성률은 93~96% 사이에서 등락을 보이고 있다.

$$\text{거래형성률} = \frac{\text{거래형성종목수}}{\text{전 상장종목수}} \times 100(\%)$$

일반적으로 이 비율이 80% 정도면 보통 수준이고, 90% 정도면 높은 수준으로 매도시점이며, 70% 정도면 낮은 수준으로 매입시점이 된다.

2.3 자금지표

(1) 신용거래잔고

투자자들은 일정한 위탁증거금을 담보로 증권회사로부터 돈을 빌려 주식을 살 수 있으며(신용매입) 또한 주권을 빌려 주식을 팔 수 있는데(신용매도) 이러한 제도를 신용거래라 한다. 신용거래에는 융자와 대주가 있다.

신용거래로 현금을 빌려 주식을 산 사람이나 주권을 빌려 판 사람은 각각 소정의 기한까지 변제를 해야만 하는데 아직 변제하지 않은 주권의 수량이나 금액을 신용거래잔고라 한다.

신용융자잔고는 투자자가 증권회사로부터 융자받은 주식매입대금 중 상환하지 않고 남아있는 융자잔액을 뜻한다. 신용융자잔고가 늘어나면 향후 매도주문이 증가할 것이기 때문에 주가를 하락시킬 수 있는 잠재적인 매도세력이라 할 수 있다.

대주잔고는 투자자가 증권회사로부터 주식을 빌린 후 아직 상환하지 않고 남아있는 물량을 말한다. 대주잔고가 늘어나면 향후 매수주문이 증가할 것이기 때문에 주가를 상승시킬 수 있는 잠재적인 매수세력이라 할 수 있다. 대주잔고가 증가한다는 것은 많은 투자자들이 향후 주가하락을 예상하고 있다고 볼 수 있다.

(2) 신용거래보증금과 미상환융자금

신용거래보증금은 신용거래를 하고자 할 때 투자자가 증권회사로부터 신용거래융자 또는 신용거래대주를 받기 위해 미리 제공하는 현금담보를 의미한다. 미상환융자금은 신용거래 상환만기일까지 신용거래융자금을 상환하지 않은 금액을 말한다.

미상환융자금은 상환만료인 익일에 투자자의 의사와 관계없이 증권회사가 강제적으로 매도(반대매매)하도록 되어 있다. 따라서 미상환융자금은 단기간 내에 매도될 대기매물이므로 미상환융자금이 증가할 때는 주가하락을 예상해야 한다.

(3) 고객예탁금

고객예탁금은 투자자들이 주식을 사기 위해 증권회사에 예탁해 놓은 대기성자금을 말한다. 고객예탁금은 투자자들이 주식을 매입하고자 맡겨둔 일시적인 자금이기 때문에 향후 증권시장에 유입될 수 있는 자금이다. 따라서 고객예탁금이 많다는 것은 향후 주식을 매수할 수 있는 여력이 많다는 것을 의미한다.

고객예탁금은 향후 장세를 예측하는 데 중요한 지표로 사용한다. 따라서 예탁금의 증가는 주식시장의 상승을 의미하고 예탁금의 감소는 주식시장의 하락을 예고하는 지표가 된다. 일반투자자는 주식시장이 과열된 상태에서 진입하는 것이 일반적이므로 지나친 고객예탁금의 증가는 조만간 주식시장이 하락세로 반전될 시기가 가까워지고 있음을 의미하고 있으므로 주의해야 한다.

(4) 위탁증거금과 미수금

위탁증거금은 증권회사가 고객으로부터 매매거래의 위탁을 받았을 때 징수하는 증거금으로 결제이행을 확보하기 위한 담보기능을 하고 시장 안정화의 수단으로 운용되고 있다.

미수금은 증권사의 고객이 주식투자와 관련하여 증권회사에 납부해야 할 매수대금의 미납분, 신용거래의 결제 부족분, 유상증자 청약대금의 미납분 등을 말한다. 미수금이 발생하면 증권회사는 고객에게 상환할 것을 통보하고 수탁계약원칙에 의거하여 강제로 반대매매를 처리한다. 따라서 미수금이 증가하는 경우에는 대기성 매도물량이 증가하여 조만간 주가하락이 나타날 수 있으므로 장세흐름을 파악하는 데 중요한 지표가 된다.

2.4 배당지표

배당금이 어떤 형태로 지급되느냐에 따라 현금배당과 주식배당으로 구분한다. 또한 대주주와 소액주주를 구분하여 배당금을 달리 지급할 수 있는데 지급되는 배당률이 같은 경우에는 균등배당이라 하고 다른 경우에는 차등배당이라 한다.

(1) 배당수익률

배당수익률은 주식에 투자한 최초의 투자자금과 배당수익과의 비율을 나타내는 지표를 말한다. 주당배당금을 주가로 나눈 값으로 주가에 대한 주당배당금의 비율이다. 실전투자에서 가장 의미 있는 지표로 사용되고 있다.

$$\text{배당수익률} = \frac{\text{주당배당금}}{\text{주가}} \times 100(\%)$$

여기서, 배당금은 현금배당금만을 대상으로 하고 주식배당금은 포함되지 않는다.

(2) 배당률

배당률은 주당배당금을 액면가로 나눈 값으로 현재 우리나라에서 배당지급의 기준으로 사용하고 있는 지표이다. 배당률은 투자결정에 중요한 지표로 이용되고 있으며 차입금평균이자율, 적립금비율 등과 검토하여 이해집단 간의 분배수준을 대비하는 지표로도 이용할 수 있다.

$$배당률 = \frac{주당배당금}{액면가} \times 100(\%)$$

(3) 배당성향

배당성향은 주당순이익 중에서 배당금이 차지하는 비율이다. 기업의 당기순이익 중에서 주주에게 지급한 배당금이 어느 정도 되는지 나타내고 있다.

배당성향은 기업이 당기순이익 중에서 어느 정도나 배당금으로 지급할 것인가를 미리 예측해 볼 수 있는 지표로서 기업의 배당률만으로 배당금의 크기를 알 수 없기 때문에 배당률과 함께 중요한 지표로 이용된다.

$$배당성향 = \frac{배당금}{당기순이익} \times 100(\%)$$

참고 Reference

1. 가격제한폭 산출방법(기준가격 : 9,000원)

- 등락폭 : 기준가격 × 등락률 : 9,000 × 0.15 = 1,350원
- 상한가 : 기준가격 + 등락폭 : 9,000 + 1,350 = 10,350원
- 하한가 : 기준가격 − 등락폭 : 9,000 − 1,350 = 7,650원

2. 종합주가지수 및 코스닥지수

종합주가지수와 코스닥지수는 기준시점의 시가총액과 비교시점의 시가총액을 비교하여 산출하는 시가총액식 주가지수를 사용하고 있다. 종합주가지수는 1980년 1월 4일을 100으로, 코스닥지수는 1996년 7월 1일을 100으로 기준하여 산출하며 산출방법은 다음과 같다.

$$\text{종합주가지수 및 코스닥지수} = \frac{\text{비교시점의 시가총액}}{\text{기준시점의 시가총액}} \times 100$$

시가총액은 보통주 주가에 총주식수를 곱하여 산출한다. 지수산정에 우선주는 제외하고 관리종목은 포함하며 신규상장 된 기업의 주식은 거래소시장에서는 신규상장일, 코스닥시장에서는 매매일 기준으로 30일 동안 지수에 산입하지 않는다.

시가총액은 가격변동 이외의 요인 즉, 신규상장 및 등록, 유상증자, 상장 및 등록폐지, 인수·합병, 소속부업종 변경 등으로 변동하는 경우 기준시점의 시가총액을 수정하여 지수의 연속성을 유지시키는데 기준시점의 시가총액을 수정하는 산식은 다음과 같다.

$$\text{신기준시가총액} = \text{구기준시가총액} \times \frac{\text{변동전일의 시가총액} \pm \text{비교시가총액변동액}}{\text{변동전일의 시가총액}}$$

신규상장 또는 등록이 있어도 기준시점의 시가총액이 증가하므로 종합주가지수는 전일종가와 당일 장 시작시점에서는 동일하다.

3. 다우존스 주가평균

다우존스 주가지수는 가장 오래된 주가지수 산출방식으로 1884년 7월 미국의 뉴욕증권거래소와 이웃해 있는 다우-존스(Dow-Jones)라는 증권회사에 의해 처음으로 발표된 주가지수 산출방식이다. 우리나라 증권거래소는 1982년까지 다우존스 주가지수방식을 사용하다가 1983년 1월 4일부터 시가총액식으로 변경하여 사용하고 있다. 미국의 다우지수, 일본의 일경500 평균주가지수가 현재 사용되는 대표적 다우존스 주가지수이다.

미국의 다우존스 주가평균에는 공업주 30종목 평균, 철도주 20종목 평균, 공공주 15종목 평균과 65종목의 종합주가평균 등 4가지가 이용되고 있는데 이 중 공업주 30종목 평균이 가장 널리 이용되고 있다.

다우존스 주가평균은 거래가 활발하고 대표적인 소수의 우량주를 채용하여 시황을 민감하게 파악할 수 있는 반면 채용 종목수가 한정되어 있고 가격이 변동하기 쉬운 종목에 영향을 많이 받게 되어 전체 시장을 충분히 반영시키지 못하게 되는 경우가 있다.

다우존수 주가지수 산출방식은 다음과 같다.

$$\text{다우존스 주가지수} = \frac{\text{비교 시 수정 주가평균}}{\text{기준 시 수정 주가평균}} \times 100$$

4. 시가총액

시가총액은 전 상장주식을 시가로 평가한 것이다. 개별종목의 시가총액을 말하기도 하고 주식시장 전체의 총 시가총액을 말하기도 한다.

개별종목의 시가총액은 종목의 주가에 상장주식수를 곱한 것으로 그 회사의 규모를 평가할 때 사용한다. A기업의 주가가 5만원이고 발행주식수가 1백만 주인 경우 시가총액은 5백억원이 된다. A기업을 매수하기 위해서는 5백억원의 자금이 필요하다는 것을 의미한다. 그러나 시장에서 A기업을 매수할 경우 대주주의 경영권 방어와 주가상승으로 인해 추가자금이 더 필요할 것이다. 따라서 시가총액은 이론적인 매수가격으로 볼 수 있다.

상장종목의 총 시가총액은 어느 특정일 각 종목의 주가에 상장주식수를 곱하고 이것을 모두 합계한 금액이다. 시가총액은 GDP와 비교하여 국가별 증시규모를 비교해 볼 수 있으며 각국의 경제지표로도 유용하게 사용되고 있다.

예를 들어 은행의 수탁고, 보험의 계약고 등과 비교하여 시가총액의 증가율이 높다는 것은 주식시장으로 자금유입이 활발하다는 것을 의미할 수 있다.

5. 고객예탁금

고객예탁금은 증권회사가 유가증권매매 등과 관련하여 고객으로부터 예탁받아 일시 보관 중인 자금을 말한다.

고객예탁금에는 위탁매매 등과 관련하여 위탁자로부터 받은 위탁증거금, 위탁자 유가증권에 대한 배당금 등의 위탁자예수금, 증권저축자의 저축금 및 유가증권에 대한 배당금 등의 저축자예수금, 조건부예수금, 수익자예수금, 주가지수선물옵션거래와 관련된 선물옵션거래예수금 등이 있다.

고객예탁금의 증가는 증권시장 내부에 매수세가 커지고 있음을 의미하고 고객예탁금의 감소는 매수세가 약해지고 있는 것으로 해석할 수 있다. 고객예탁금은 예금자보호법에 따라 보호되고 있으며 증권금융에 전액을 별도 예치하여 관리하고 있다. 따라서 증권회사가 지급불능 등의 사유가 발생하더라도 곧바로 찾을 수 있다.

6. 배당금

배당은 회사가 경영활동을 통해 얻은 이익을 주주에게 분배하는 것으로 결산기말일 현재 주식을 가진 주주에게 주어진다. 배당에 관한 사항은 이사회의 의결을 거쳐 결산일 이후부터 3개월 이내에 주주총회를 개최하여 결정한다.

배당금은 주주총회의 재무제표 승인 결의 후 1개월 이내에 주주에게 지급해야 하며 5년간 청구권을 행사할 수 있다. 배당금은 액면가를 기준으로 지급하며 증권회사 계좌가 개설되어 있는 경우에는 자동으로 입금된다.

주권을 직접 보유하고 있는 주주는 명의개서 대행기관에서 명의개서를 하고 지정된 장소에서 수령해야 한다. 명의개서를 하지 않는 경우에는 실기주가 되어 실소유자가 아닌 명의상 주주가 배당금을 수령하게 된다.

배당소득세는 법인의 이익이나 잉여금의 배당 또는 자본전입으로 인한 무상주식 등 배당소득이 발생한 경우에 부과되는 세금을 말한다.

배당소득은 15%(주민세 포함 16.5%)의 세율을 적용하고 이자 및 배당 소득이 4천만원 이하인 경우는 분리과세, 4천만원 초과인 경우에는 종합과세를 한다.

7. 중간배당

년 1회 결산기를 정한 상장법인 또는 등록법인은 영업연도 중 1회의 기준일을 정해 주주에게 이사회의 결의로서 금전으로 중간배당을 지급하도록 정하였다. 중간배당을 위한 이사회의 결의는 정관이 정한 기준일로부터 45일 이내에 해야 한다. 배당금은 이사회결의가 있는 날로부터 1개월 이내에 지급한다.

중간배당은 직전결산기의 대차대조표상의 순재산액에서 직전결산기의 자본액, 직전결산기까지 적립된 자본준비금과 이익준비금의 합계액, 직전결산기의 정기총회에서 이익배당하기로 정한 금액, 중간배당으로 적립해야 할 이익준비금을 공제한 잔액을 한도로 할 수 있다.

8. 주식배당

배당은 지급하는 형태에 따라 현금으로 지급하는 현금배당과 현물이나 증권으로 배당하는 비현금배당이 있다. 비현금배당에는 주식배당, 사채배당, 배당지급을 약속하는 어음이나 증서에 의한 배당 등이 있으며 주식배당은 이익배당의 전부 또는 일부를 지분비율에 따라 주주들에게 신주를 발행하여 주식을 무상으로 주는 것이다.

주식배당으로 받은 이익잉여금이 자본으로 전입되어 기업은 자본증가와 함께 자금의 사외유출을 막고 현금배당을 위한 자금압박에서 벗어나는 장점이 있다. 그러나 주식수의 증가로 인해 차후 배당압력의 부담감이 증가한다. 주식배당은 권면액으로 발행하므로 주가가 액면가를 웃돌 때에는 주주들은 현금배당보다 유리한 조건으로 주식을 현금화할 수 있어 이익이 더 커질 수 있다.

수식배당을 위한 요건으로는 배당이 가능한 이익이 있어야 하고 정관에 규정해 놓은 주식발행 가능 주식, 즉 수권주식의 범위 내에서만 가능하다. 주주총회의 결의를 거쳐야 하며 단주에 대해서는 금전으로 배당한다. 주식배당은 이익배당 총액의 2분의 1을 초과할 수 없으나 상장법인 또는 등록법인은 이익배당 총액에 상당하는 금액까지 주식배당이 가능하다. 단 주가가 액면가에 미달되는 경우에는 제외한다.

우리나라는 1984년 상법이 개정되면서 주식배당제도가 도입되었다. 주식배당은 주가에 상당한 영향을 미칠 가능성이 많으므로 공정한 거래질서를 확립하기 위해 주식배당을 하려는 상장기업이나 등록법인은 이사회 결의가 있는 때 당일 직접공시하도록 되어 있다. 또한 결산기말 15일 전까지 주식배당을 금융감독원장에게 신고하도록 되어 있다.

9. 명의개서

명의개서는 주식을 갖고 있는 사람이 회사로부터 주주로 인정받기 위해 주주명부에 성명과 주소 등을 기재하는 것을 말한다. 명의개서는 발행회사에서 선임한 명의개서 대리인이 발행회사와의 위탁계약에 의해 유가증권의 명의개서 업무에 관한 일체의 업무를 대행하기 때문에 수수료는 없다. 현재 명의개서 대행회사는 증권예탁원, 국민은행, 하나은행이다.

주권을 실물로 소유하고 있는 경우에는 명의개서 대행기관에 명의개서청구서와 신분증, 주권, 인감을 제출하여 명의개서를 신청하면 되고, 증권회사에 주권을 맡긴 경우에는 주주명부상에 증권회사 명의로 등재가 되어 증권회사가 실질주주의 권리를 대행하게 된다. 따라서 증권회사는 고객을 대신하여 명의개서 및 배당금 수령, 유·무상증자 청약 등을 대행하게 된다.

주주로서 배당이나 증자에 참여하려면 해당 기준일까지 명의개서 절차를 거쳐 주주명부에 기재되어 있어야 한다.

chapter

3

증권거래제도

01 주 식

1.1 주식의 개념

기업이 발행하는 증권에는 주식, 채권, 출자증권, 신주인수권증서 등 여러 종류가 있지만 대표적인 것이 주식이다. 주식은 보통 자금을 조달하기 위한 목적으로 발행한다. 주식발행으로 조달된 자본은 회사의 재산이 되며 주식의 소유자는 주주로서 회사에 대해 법률상 권리를 갖는다.

1.2 주식의 종류

(1) 보통주와 우선주

① 보통주

회사는 이익이나 이자의 배당 또는 잔여재산의 분배에 관해 내용이 다른 수종의 주식을 발행할 수 있는데 이때 표준이 되는 주식을 가리킨다.

② 우선주

우선주는 이익이나 이자의 배당 또는 잔여재산의 분배 등과 같은 재산적 이익을 받는데 이때 보통주에 비해 우선적 지위가 인정된 주식이다.

(2) 액면주와 무액면주

① 액면주

액면주는 주권에 액면금액이 기재되어 있는 주식이다. 액면금액의 의미는 첫째, 회사 자본금의 구성단위이고 둘째, 회사에 자본을 출자한 주주의 출자자본액을 나타내고 주주의 유한책임 한도를 표시한다. 액면금액은 균일해야 하며 100원 이상으로 규정하고 있다.

② 무액면주

주권에 금액이 기재되어 있지 않고 주식수만 기재되어 있는 주식이다. 현재 미국과 같은 선진국에서는 무액면 주식의 발행이 보편화되고 있으나 우리나라 상법에서는 인정되지 않고 있다.

(3) 유상주와 무상주

신주를 발행하는 경우 주금의 납입이 있느냐 없느냐에 따른 구분으로 주금의 납입에 의해 발행되는 주식을 유상주라 하고 주금의 납입 없이 무상으로 배정하는 주식을 무상주라 한다.

1.3 주 주

(1) 주주의 개념

주주는 주식을 취득(신주발행 등)하거나 승계하여 취득(양수, 상속 등)함으로써 주식의 권리·의무의 주체가 되는 자를 말한다. 주주의 자격은 제한이 없으므로 자연인, 법인, 무능력자, 외국인 모두 주주가 될 수 있다.

(2) 주주평등의 원칙

주주평등의 원칙은 주주가 갖는 주식의 수에 따라 평등한 취급을 받아야 한다는 원칙이다. 주주평등의 원칙은 강행법적인 성질이 있는 기본적인 원칙으로 이에 위반한 정관의 규정이나 주주총회의 결의는 무효가 된다.

그러나 상법에는 주식회사의 자금조달의 편의를 위해 정관의 규정에 의한 주주평등의 원칙의 예외를 인정하고 있는데 우선주, 전환주식, 상환주식, 의결권 없는 주식 등의 발행을 들 수 있다.

(3) 주주의 책임과 권리

① 책임

주주는 자본의 출자의무를 지며 예외적인 경우를 제외하고 출자한 자본액을 한도로만 회사에 대한 경제적 책임을 지는 유한책임의 원칙이 있다.

② 권리

우리나라 상법에는 주주에게 많은 권리를 인정하고 있다. 경제적 이익을 얻는 것을 목적으로 하는 자익권과 회사의 관리 · 경영에 참여할 수 있는 공익권, 1주만 있어도 행사가 가능한 단독주주권, 일정비율 이상의 주식을 가지고 있어야 행사가 가능한 소수주주권, 주주의 동의 없이 박탈할 수 있는가 여부에 따라 구분하는 고유권과 비고유권 등으로 구분할 수 있다.

ⓐ 자익권

주주가 회사로부터 재산적 이익을 얻을 것을 목적으로 한 권리이다. 이익배당청구권, 잔여재산분배청구권, 신주인수권, 주식매수청구권 등이 있다.

ⓑ 공익권

주주 및 회사의 이익을 위한 권리이다. 의결권, 회계장부열람청구권, 주주총회소집청구권, 이사 및 감사 해임청구권 등이 있다.

02 매매거래제도

증권거래소가 개설하는 증권시장은 매매대상에 따라 주식시장, 채권시장, 수익증권시장으로 구분한다. 매매시간에 따라 오전장과 오후장으로 나누고 있다. 증권시장에 직접 참가할 수 있는 자는 제정경제부장관으로부터 증권업 허가를 받고 증권거래소에 회원으로 가입한 증권회사에 한정되어 있다.

〈표 3-1〉 매매거래시간

구분		요일	매매거래시간		
			전장	후장	시간외거래
주권 및 수익증권		월~금	09:00~12:00	12:00~15:00	15:00~15:30
채권	당일결제거래	월~금	09:00~12:00	12:00~15:00	
	보통거래	월~금	09:00~12:00	12:00~15:00	

〈표 3-2〉 주식매매거래시간

구 분	주식매매거래시간
정규매매	09:00 ~15:00
시장 전 시간외 매매	07:30 ~08:30
시장 후 시간외 종가매매	15:00 ~15:30
시장 후 시간외	15:30 ~18:00

2.1 우리나라의 매매거래 형태

(1) 당일결제거래

매매계약을 체결한 당일에 결제가 이루어지는 거래방법으로 소액채권의 경우 당일 결제거래로 이루어진다.

(2) 보통거래

매매계약을 체결한 날로부터 3일째 되는 날(영업일 기준) 결제가 이루어지며 주식의 일반적인 거래에 적용된다.

2.2 코스닥시장과 유가증권시장 비교

〈표 3-3〉 코스닥시장과 유가증권시장 비교

구 분	코스닥시장	유가증권시장
운영주체	한국거래소	좌동
상장종류	신규상장, 변경(추가)상장, 재상장	신규상장, 신주상장, 변경상장, 재상장
매매단위	1주	- 주가 5만원 미만 : 1주 단위 - 주가 5만원 이상 : 10주 단위 - 시간외 매매 : 1주
매매방법	동시호가제도 및 접속매매 시간외매매제도, 시간외 대량매매, 지정가, 시장가, 조건부지정가, 최유리지정가, 최우선지정가	좌동
증 거 금	자율화 당일매매 가능	좌동
신용거래	허용	좌동
체결원칙	가격우선, 위탁매매우선, 수량우선, 시간우선	좌동
증권회사 수 수 료	자율화	좌동
증 권 거래세 등	양도가액의 0.3% (탄력세율)	증권거래세 : 양도가액의 0.15% (탄력세율) 농어촌특별세 : 양도가액의 0.15% (증권거래세 비과세일 경우 비과세)
수도결제	매매일로부터 3일째(T+2) 증권예탁원 통해 수도결제	좌동
가격제한폭	정율제(기준가격대비 15%)	좌동
기 타	신구주 병합 시 거래량 기준에 관계없이 구주가격이 배당부 가격	신구주 병합 시 거래량 기준에 의해 배당부 가격 결정

2.3 매매거래의 절차

증권시장에서 거래를 할 수 있는 자는 증권업의 허가를 받고 한국거래소 회원으로 등록된 증권회사(금융투자회사)에 한정되어 있다. 일반투자자가 거래하기 위해서는 증권회사에 위탁하여 시장대리인을 통해야 한다.

(1) 계좌설정

증권회사가 고객의 위탁을 받아 거래를 처리할 때에는 고객과 사전에 거래계좌를 설정해야 한다. 이 경우 증권회사와 고객은 거래계좌 설정계약을 체결해야 한다. 고객이 도장, 주민등록증, 현금 또는 유가증권을 가지고 증권회사에 가서 계좌개설 신청을 하면 증권회사는 증권카드(ID) 또는 통장을 교부하게 된다.

(2) 매매주문방법

거래계좌가 설정되면 고객은 증권회사에 문서나 전화, PC통신이나 인터넷을 통한 온라인거래로 주문할 수 있다. 매매주문방법에는 지정가주문과 시장가주문이 있다.

① 시장가주문

현재가격 중 가장 좋은 가격으로 주식을 사거나 팔라는 주문방식이다. 미국에서 가장 보편화된 주문방식으로 증권의 종목과 수량은 지정하되 가격은 지정하지 않는 주문방식이다.

② 지정가주문

주식을 사거나 팔고자 할 때 가격을 지정하여 주문하는 방식으로 증권의 종목, 수량, 가격을 지정하고 있다.

(3) 위탁증거금

증권회사가 고객으로부터 거래의 위탁을 받을 경우 고객으로부터 징수하는 증거금의 징수비율은 각 증권사마다 자율화되어 있다. 증거금을 차감한 나머지 잔액은 3일째 되는 날 결제할 때 입금하면 된다.

(4) 신용거래보증금

약정대금의 일정률만 가지고 외상매매 할 수 있는 거래를 말하는데 그 일정률을 신용거래보증금률이라 한다. 보증금률이 60%인 경우 고객은 현금 60만원으로 100만원까지 매입할 수 있다. 나머지 40만원은 신용융자금액이며 매수한 주식을 담보로 제공한다. 주가하락으로 담보유지비율이 하회할 경우 증권사는 반대매매를 취한다.

(5) 위탁수수료

거래가 성립되었을 때 증권사는 투자자로부터 받는 수수료를 받게 되는데 수수료율은 증권사가 자율적으로 결정한다. 주식의 경우 0.4~0.5%이며 온라인거래를 이용하면 0.1% 내외의 저렴한 수수료율이 적용된다.

2.4 매매계약의 체결

(1) 매매계약의 체결방법

① 경쟁매매 : 복수의 매도자와 매수자 사이의 매매거래(주식시장)
② 상대매매 : 단일의 매도자와 단일 매수자 사이의 매매거래(장외시장)
③ 경매매 : 단일의 매도자(매수자)와 복수의 매수자(매도자) 사이의 매매거래

(2) 경쟁매매의 원칙

① 가격우선의 원칙 : 저가 매도호가가 고가 매도호가에 우선하고, 고가 매수호가가 저가 매수호가에 우선한다.
② 시간우선의 원칙 : 동일가격호가에 대하여는 먼저 접수된 호가가 우선한다.

(3) 단일가격매매의 경우

① 수량우선의 원칙 : 동일가격호가 간 시간의 선후가 분명치 않을 경우 다수수량의 호가가 우선한다.
② 위탁매매우선의 원칙 : 고객의 위탁매매 호가가 증권회사의 자기매매 호가보다 우선한다.

(4) 동시호가

동시에 접수된 호가 또는 시간의 선후가 분명치 않은 호가를 말한다.

① 매매거래 개시 전 일정시간에 접수된 호가
② 매매가 중단된 후 매매재개 시 재개시점부터 일정시간 내에 접수된 호가
③ 일정시간 동안 접수하여 매매거래가 성립되지 않은 때

이 경우에는 최초의 가격 결정이 있을 때까지 모든 호가를 동시호가로 간주하고 단일가매매로 체결시킨다.

단일가매매는 접수된 호가 중 가장 낮은 매도호가와 가장 높은 매수호가 간 순차적으로 체결하여 거래가 가장 많이 이루어질 수 있는 하나의 가격을 말하며, 이 가격으로 매매체결이 이루어진다.

(5) 대량매매제도

대량물량에 대해 일시적인 수급불균형과 시세급변을 방지하면서 매매

를 원활하게 처리할 수 있도록 도입한 제도이다. 신고대량매매, 장중대량바스켓매매, 시간외대량매매, 시간외바스켓매매로 구분하고 있다. 여기서, 바스켓매매는 다수 종목을 대량으로 매매하는 것을 의미한다.

신고대량매매는 일정 수량 이상의 호가(10억원 또는 5만주 이상)에 대해 시가로 거래하는 경우에는 시장 개시 전에, 종가로 거래하는 경우에는 시장 종료 전에 각각 신청해야 한다.

2.5 매매거래의 관리

(1) 가격폭 제한

유가증권(코스닥)시장은 증권의 공정한 가격형성과 급격한 시세변동에 따른 투자자의 피해방지 등 거래질서를 확립하기 위해 하루 변동 상·하한폭을 일정한 범위로 제한하고 있다.

(2) 기준가격

① 일반종목의 경우 : 전일종가(기세 포함)

② 신규상장의 경우 : 동시호가에 평가가격[1]의 90~200% 수준에서 매도·매수호가를 접수하여 결정된 최초 가격이 기준가격

③ 권리락의 경우 : 새로 형성되는 가격에 권리락 이전의 주식가치와 증자로 인한 권리락 이후의 주식가치가 같아지도록 조정한 가격

$$\text{권리락 기준가격} = \frac{(\text{권리부종가} \times \text{증자전 주식수} + \text{신주납입금액})}{\text{증자후 주식수}}$$

---

1) 평가가격
- 모집·매출에 의한 신규상장의 경우 모집·매출 시의 발행가액(보통 공모가액)
- 코스닥종목의 신규상장의 경우 최종 10일간 평균가격
- 분할에 의한 재상장종목의 경우 분할 전 회사의 시가총액을 분할 후 회사에 이전된 순자산비율과 주식수를 감안하여 산정한 가격
- 우선주의 경우 보통주가격

④ 배당락의 경우 : 주식배당의 경우 배당 전·후의 1주당 가치를 일치시키는 방법으로 조정한 가격

$$기준가격 = \frac{배당부종가 \times 배당전\ 주식수}{배당전\ 주식수}$$

⑤ 신주상장의 경우 : 이미 상장되어 있는 종목의 기준가격에서 경과배당금[2]을 공제하고 신주의 경과배당금 또는 경과이자를 합한 가격

2.6 시장운영 및 관리

(1) 배당락 및 권리락

① 배당락

배당기준일이 경과하여 배당을 받을 수 없는 상태를 말한다. 주식회사는 이익잉여금을 처분하고자 주주총회를 개최하게 되는데 이때 주주총회에서 주주권을 확정하기 위해 권리확정일을 정하고 그 다음날부터 주주총회 종료일까지는 주주명부를 폐쇄하고 주식의 명의개서를 정지하게 된다.

배당기준일이 지난 후 주식을 매수한 자는 이익배당을 받을 권리가 없게 되므로 거래소는 이날부터 당해 주식에 대해 배당락을 행하여 주가가 합리적으로 형성되도록 관리한다.

② 권리락

신주의 배정기준일이 경과되어 구주에 부여되어 있는 신주인수권 또는 신주의 무상교부권이 소멸됨에 따라 이론적으로 계산된 가격만큼 주가를 떨어뜨리는 것을 말한다.

---

2) $경과배당금 = 배당금액 \times \frac{사업년도기초부터\ 권리배당일까지\ 일수}{사업년도기초부터\ 기말까지\ 일수}$

증자를 하는 경우 신주인수권을 확정하기 위해 신주배정 기준일을 정하는데 이때 기준일의 익일 이후에 결제되는 주권에는 신주인수권이 없어진다. 거래소는 배당락과 마찬가지로 신주배정 기준일 전일에 권리락을 행하여 주가가 합리적으로 형성되도록 관리한다. 신주인수권을 받으려면 신주배정 기준일 이틀 전까지 주식을 보유해야 한다.

(2) 매매거래중단제도

주식시장에서 매매거래중단(circuit breakers)은 종합주가지수가 직전거래일의 종가보다 10% 이상 하락하여 1분간 지속되는 경우 주식시장의 거래를 중단할 수 있다. 1일 1회 발동으로 제한하고 장 종료 40분 전 이후에는 중단하지 않는다.

주식시장에서 거래중단이 발동되면 20분 동안 시장 내 호가접수와 선물·옵션시장도 호가접수 및 거래를 중단한다. 거래중단 중에는 신규호가의 제출은 불가능하지만 거래중단 전 접수한 호가에 대해 취소주문은 가능하다.

거래소는 거래중단 후 20분이 경과하면 거래를 재개한다. 거래가 재개되면 최초 가격은 재개시점부터 10분 동안 동시호가를 접수하고 단일가로 체결하며 그 이후에는 접속매매로 매매를 체결한다.

사이드카(side car)는 프로그램 매매호가 관리제도이다. 선물시장에서 기준종목의 가격이 기준가 대비 5% 이상 상승 또는 하락하여 1분간 지속되는 경우, 프로그램 매매의 호가효력을 5분간 정지시킨다.

(3) 개별종목의 매매거래중단

거래소(코스닥)는 투자자보호와 시장관리상 필요하다고 인정하는 경우 특정종목의 매매거래를 일시적으로 중단할 수 있다. 중단요건은 풍문과 관련하여 주가 및 거래량이 거래시간 중에 급변하거나 시장개시 전에 급변이 예상되는 종목이다.

중단요건의 풍문으로는 어음 또는 수표의 부도발생, 은행과의 거래정지 또는 금지, 영업활동의 전부 또는 일부정지, 법률의 규정에 의한 파산, 해산 또는 회사의 정리절차개시신청, 사실상 정리절차개시종목으로 거래소는 상기사유 발생 시 당해 기업에 조회공시를 요구할 수 있다.

매매거래 재개는 중단사유에 대한 조회결과를 공시한 시점부터 1시간이 경과한 후 재개하게 된다. 13시 30분 이후에 공시하는 경우에는 다음날 거래가 재개된다. 해당 풍문 등이 공시 후에도 해소되지 않거나 공시내용이 관리종목 지정사유에 해당하는 경우에는 매매거래의 재개를 연기할 수도 있다.

(4) 프로그램 매매

시장분석 · 투자시점판단 · 주문제출 등의 과정을 컴퓨터로 처리하는 거래기법을 말한다. 시장상황별로 투자전략을 미리 수립하여 그 내용을 컴퓨터에 프로그래밍하고 시장상황의 분석과 분석내용에 따른 주문 등을 프로그램에 따라 컴퓨터로 처리하는 매매방법이다.

(5) 공매도의 제한

공매도는 증권을 소유하지 않고 매도하거나 소유한 경우라도 매도에 따른 결제를 자기소유의 증권으로 하지 않고 차입하여 결제하는 것이다. 공매도는 차입한 주식으로 결제하는 거래를 말한다.

매도호가의 제한제도는 결제불이행 위험이 있는 공매도를 금지함으로써 시장의 안정화를 도모하고 있다. 따라서 증권회사는 증권을 예탁하지 않은 고객으로부터 거래의 위탁을 받아 매도주문을 할 수 없다.

2.7 관리 및 감리종목 지정

(1) 관리종목

거래소는 기업이 일정한 관리종목 지정기준에 해당하게 되는 경우 해당종목을 관리종목으로 지정할 수 있으며 투자자의 주의를 위해 1일간 거래를 정지한다. 관리종목의 매매체결은 09:00부터 15:00까지 30분 단위로 단일가매매로 이루어지며 체결방법은 일반종목과 동일하다.

관리종목으로 지정되면 다음과 같은 제약을 받게 된다. 신용거래종목에서 제외되며 위탁증거금은 100% 징수해야 한다. 대용증권의 효력이 정지되고 증권저축 가입자의 매입대상과 증권금융의 담보취득대상에서 제외된다.

(2) 감리종목

증권거래소는 주가와 거래량이 일정기간 내에 급변한 종목을 감리종목으로 지정하여 주가 급등락에 대한 투자자의 주의를 환기시킨다.

감리종목의 지정요건은 최근 5일간 주가상승률이 75% 이상인 경우가 연 3일간 계속되고 제3일째 되는 날의 종가가 최근 30일 중의 최고주가인 종목은 감리종목으로 지정할 수 있다.

또한 분석당일을 기준으로 최근 7일간 주가상승률이 동기간 동업종 산업별 수정주가평균 상승률 또는 동업종 산업별 주가지수 상승률의 4배 이상인 종목도 감리종목으로 지정할 수 있다.

감리종목으로 지정된 종목은 그 지정일로부터 기산하여 2일이 경과한 날에 지정을 해제한다. 감리종목의 경우 신용거래의 대상이 될 수 없고 대용증권의 효력정지 등의 불이익이 따른다.

우선주의 경우에는 주가상승률 외에 보통주와의 주가 괴리에 의해 감리종목으로 지정될 수 있다. 보통주보다 주가가 높은 우선주로서 최근 3일간 주가상승률이 30% 이상이면 감리종목으로 지정된다. 다만 동기간 중 우선주의 주가상승률이 보통주 상승률의 1.5배 미만인 경우는 제외한다.

코스닥의 경우에는 최근 6일간 주가상승률이 65% 이상인 경우가 연속해서 3일간 계속되고 제3일째 되는 날의 종가가 최근 30일 중 최고주가인 종목을 감리종목으로 지정한다. 다만 등록 후 1개월 미만인 종목과 관리종목은 제외한다.

03 결제제도

증권거래법에 의해 한국예탁원이 증권사로부터 증권을 예탁받아 대체결제를 한 경우에는 이를 한국거래소를 통한 것으로 본다. 결제시한은 월요일에서 금요일 16시이다.

3.1 결제방법

(1) 실물결제와 대체결제

실물결제는 매매거래의 결제 시 현물로 직접 결제하는 방법이며 대체결제는 거래소의 결제기구에 집중 예탁된 현물을 계좌에 의해 결제하는 방법이다.

(2) 전량결제와 차감결제

전량결제는 회원의 결제대금 또는 결제증권을 매도와 매수별로 전량 수도하는 방법이며 차감결제는 회원의 매도와 매수를 차감한 잔액 또는 잔량만을 가지고 결제하는 방법이다.

(3) 집중결제와 개별결제

집중결제는 매매거래의 결제업무를 한국거래소의 결제기구를 통해 집중적으로 결제하는 방법이며 개별결제는 매매 당사자 간에 개별적으로 결제하는 방법이다.

(4) 우리나라의 결제제도

우리나라 결제제도는 차감결제, 집중결제, 대체결제제도로 이루어진다.

3.2 대체결제제도

우리나라 한국거래소의 매매거래결제는 거래소의 결제기구를 통해 하도록 되어 있다. 그러므로 증권을 거래함에 있어서 계좌이용자(투자자, 증권회사, 금융기관)들은 그들이 소유하고 있는 유가증권을 미리 계좌관리기관(한국예탁원)에 집중적으로 예탁하여 거래에 수반되는 증권의 수수를 실물에 의하지 않고 이용자의 계좌 간에 대체함으로써 결제를 종료하게 된다.

이처럼 한국예탁원을 통한 계좌 간 대체결제는 증권의 실물수수에 따른 인력 및 시간을 절약할 수 있고 유통과정에서 분실이나 도난 등의 사고를 예방할 수 있다. 또한 결제업무 처리의 신속·정확을 확보할 수 있는 장점이 있다.

04 증권거래세법

4.1 과세대상

증권거래세는 주권의 양도에 부과하는 조세로 한국거래소에서 거래되는 주권의 양도를 과세대상으로 한다. 단, 다음의 외국유가증권시장에 상장된 주권의 양도나 외국유가증권시장에 상장하기 위해 인수인에게 주권을 양도하는 경우 증권거래세를 부과하지 아니한다.

- 뉴욕증권거래소(NYSE)
- 전미증권업협회중개시장(NASDAQ)

4.2 납세의무자

증권거래세의 납세의무자는 주권 등의 거래유형에 따라 다음과 같이 구분한다.

① 유가증권시장과 장외거래에서 양도되는 주권을 대체 결제하는 경우에는 당해 대체결제를 하는 회사(한국예탁원)

② ① 외에 증권회사를 통해 주권 등을 양도하는 경우에는 당해 증권회사

③ ①, ② 외에 주권 등을 양도하는 경우에는 당해 양도자

단, 국내사업장을 가지고 있지 않은 비거주자(또는 외국법인)가 주권 등을 증권회사를 통하지 아니하고 양도하는 경우에는 당해 주권의 양수인

4.3 비과세 양도

다음의 경우에는 증권거래세를 과세하지 아니한다.

- 국가 또는 지방자치단체가 주권 등을 양도하는 경우
- 증권거래법 제8조의 규정에 의해 주권을 매출하는 경우
- 주권을 목적물로 하는 소비대차의 경우
- 창업투자회사 또는 창업투자조합이 창업자에 직접 출자한 주권 등의 양도
- 신기술사업금융업자 또는 신기술 사업투자조합이 신기술 사업자에게 직접 출자한 주권 등의 양도 등

4.4 과세표준

한국거래세는 주권의 양도가액을 과세표준으로 한다. 주권의 양도가액이 객관적으로 명확히 확인되는 경우에는 그 가액으로 하지만, 양도가액이 불분명한 경우에는 법이 정한 아래의 보충적 방법으로 평가한 가액을 과세표준으로 한다.

(1) 한국거래소 · 장외시장에서 양도되는 주권은 그 양도가액의 합계액

(2) 주권의 양도가액을 알 수 없는 경우는 다음의 평가액

- 상장주식의 장외거래에서의 양도 : 한국거래소 공표기준가액
- 장외거래종목의 장외시장 밖에서의 양도 : 장외거래 공표매매기준가격
- 기타 방식에 의한 양도 : 소득세법 시행령 제165조의 규정에 의해 계산한 가액

4.5 세 율

증권거래세의 기본세율은 1,000분의 5(0.5%)이다. 그러나 자본시장육성을 위해 유가증권시장에서 거래되는 주권에 한하여 그 세율을 조정할 수 있으며 현행세율은 아래와 같다.

〈표 3-4〉 현행세율

구 분	세 율
① 증권거래소에서 양도되는 주권	0.15%
② 협회중개시장에서 양도되는 주권	0.3%
③ 상기 외의 주권	0.5%

4.6 거래징수

거래징수는 간접국세의 경우 법이 정한 과세거래가 이루어질 때 거래상대방의 세액을 징수하는 제도이다. 직접국세의 원천징수와 같은 것으로 증권거래세의 경우 증권거래세의 납세의무자 중 대체결제회사와 증권회사 및 국내사업장이 없는 비거주자(또는 외국법인)로부터 주권을 양수하는 자는 주권을 양도하는 자의 증권거래세를 징수해야 한다.

4.7 신고와 납부

증권거래세의 납세의무자는 매월분의 과세표준과 세액을 다음달 10일까지 신고·납부해야 한다.

4.8 가산세

증권거래세액을 납부할 의무가 있는 자가 납부해야 할 세액을 납부하지 아니하거나 납부할 세액보다 미달하게 납부한 경우 그 납부하지 아니하거나 납부할 세액에 미달하는 세액의 10%에 상당하는 금액을 가산세로 징수한다.

참고 Reference

1. 대용증권

대용증권은 유가증권의 활용도를 높이기 위해 현금에 갈음하여 사용할 수 있도록 일정요건에 의해 지정하는 증권을 말한다. 대용증권은 주식매매에 따른 위탁증거금, 신용거래보증금, 공탁금 등의 대용으로 사용되기도 한다.

대용증권으로는 거래소에 상장된 상장주권 및 상장지수펀드, 상장채권, 상장외국주식예탁증서, 증권투자신탁회사가 발행한 수익증권, 주택저당채권유동화회사가 발행한 수익증권, 비상장증권투자회사주권 등이 사용되고 있다. 그러나 관리종목 및 협회가 지정한 투자유의종목, 상장·등록 폐지를 위한 정리매매종목 등은 제외된다.

대용가격은 영업일로 산출하여 그 다음 매매일에 적용하고 기준시세에 사정비율을 곱하여 산출한 금액이다.

- 상장주권, 상장외국주식예탁증서의 기준시세는 적용일의 전일종가이다. 다만 적용일에 배당락 및 권리락 등으로 인해 기준가격이 조정되는 경우에는 기준가격으로 한다. 사정비율은 상장주권과 상장외국주식예탁증서는 70%이다.
- 상장채권의 기준시세는 종목별로 산출기준일부터 소급하여 매매거래 5일간의 일별종가를 단순평균한 가격이다. 사정비율은 95%이며 주식관련사채권을 제외한 사채권은 85%, 주식관련사채권은 80%이다.

2. 신용거래

신용거래는 수급균형을 조정하고자 가수금을 도입한 것으로 유가증권의 원활한 유통과 공정한 가격형성을 도모하기 위해 증권회사가 고객에게 신용을 공여하는 것이다. 신용거래는 증권회사로부터 자금을 빌려 주식을 사고 나중에 이를 팔아 상환하는 신용거래융자와, 증권회사에서 주식을 빌려 팔고 이후 그 주식을 사서 갚는 신용거래대주가 있다.

신용거래가 가능한 종목은 상장법인과 상장지수투자신탁수익증권(ETF)이 있으나 관리종목 및 감리종목 또는 등록법인이 투자유의종목으로 지정되면 새로운 신용거래가 중지된다. 또한 금융감독위원회는 신용거래상황의 급격한 변동이나 기타 필요하다고 인정되는 경우 신용거래 종목별 신용거래한도를 정할 수 있다.

신용거래를 위해서는 증권회사에 신용거래계좌설정약정서와 주민등록증사본 또는 여권사본 및 계좌설정보증금 100만원을 납부해야 하고,

신용거래 수탁 시에도 증권회사가 정한 일정액의 신용거래보증금을 납부한다.

신용거래융자의 경우 매수한 주식을, 신용거래대주의 경우 매도대금을 담보로 징구한다. 시세변동으로 증권회사가 정한 담보유지비율에 미달하는 경우 증권회사는 위탁자에 대해 추가납부를 요구하고 요구일로부터 4일(영업일 기준) 이내에 담보의 추가납부가 이루어지지 않으면 임의상환 정리한다.

신용거래에서 신용공여이자율, 연체이자율, 담보유지비율, 신용거래보증금율 등은 증권회사 자율로 정하며 이를 정하거나 변경하는 경우에는 금융감독원장에게 보고해야 한다.

3. 단주매매

단주는 거래소에서 거래되는 최소매매단위인 10주 미만의 주식을 의미한다. 단주매매는 거래소시장에서 매매할 수 있는 경우와 거래소시장 이외에서 증권회사와 상대매매에 의한 경우로 구분된다.

거래소시장에서 시간외시장에 참여하여 매매하는 경우 매매수량단위를 1주로 처리한다. 이때 가격은 당일종가로 되며 종가가 기세인 경우에는 제외된다. 또한 고객과 증권회사와 합의에 의한 상대매매가 있는데 증권회사는 고객의 편의를 위해 영업점에 단주매매창구를 마련하고 주문을 받으면 이를 우선적으로 처리한다. 장외에서 단주매매의 경우는 고객이 주문을 낸 다음날 종가로 가격을 정한다.

다음 경우에는 증권회사와 고객이 매매단가를 협의하여 결정한다.

- 주문 다음날 종가가 형성되지 않은 경우
- 고객이 주문 다음날 종가로 하지 않겠다는 의사를 표시한 경우
- 주문 다음날 종가가 상·하한가를 기록해 증권회사가 매매의 거절 의사를 표시한 경우

수도결제는 장외거래의 경우 매매단가가 결정된 날의 다음날이 되며 증권회사와 고객이 합의하여 가격을 결정한 경우에는 매매일에 할 수 있다.

4. 대량매매

증권시장에서는 일반매매방법으로 처리하기 어려운 대량물량에 대해 일시적인 수급 불균형과 시세급변을 방지하고 원활한 매매를 위해 대량매매제도를 시행하고 있다. 대량매매제도에는 신고대량매매와 시간외대량매매 그리고 시간외바스켓매매제도가 있다.

신고대량매매는 사전에 상대방이 정해져 있고 종목 및 수량이 동일한 대량주문에 대해 신청을 받아 당사자 간 단일가매매 시 형성되는 가격으로 매매를 체결시켜 주는 제도로서 1만주 이상 또는 2억원 이상인 경우 이용할 수 있다.

시간외대량매매는 정규매매시간 종료 후 시간외매매시간 동안 종목 및 수량이 동일한 대량주문에 대해 당일의 상한가와 하한가를 한도로 하여 당일종가를 기준으로 7% 높은 가격과 7% 낮은 가격 이내의 가격 및 당일의 거래량가중평균가격(총거래대금을 총거래량으로 나눈 금액) 중 선택이 가능하며, 1만주 이상 또는 2억원 이상일 경우 이용할 수 있다.

시간외바스켓매매는 시간외매매시간 동안 구성종목이 5종목 이상이고 거래대금이 10억원 이상인 바스켓을 당일의 상한가와 하한가 범위 내에서 당일종가를 기준으로 5% 높은 가격과 5% 낮은 가격 이내의 가격 중 선택하여 신청하는 경우 거래를 체결시켜 주는 제도이다. 시간외대량매매 및 시간외바스켓매매의 매매수량단위는 1주이다.

5. 주식대량보유 신고제도 : 5% Rule

증권시장의 투명성을 확보하고 유익한 투자정보를 제공하기 위해 의결권이 있는 일정규모 이상 주식의 보유와 변동사항이 있을 경우 반드시 신고하도록 되어 있다.

상장법인 주식 등을 5% 이상 대량보유[3]하게 되는 경우 주식의 보유내역 등을 기재한 보고서를 대량보유한 날로부터 5일[4] 이내에 관계기관(금융감독위원회, 한국거래소, 투자금융협회)에 제출해야 한다.

3) 본인과 그 특수관계자가 보유하게 되는 주식수의 합계가 당해 주식 총수의 100분의 5 이상인 경우

4) 대량보유자가 기관투자자로서 경영참가 또는 지배권 획득의 목적이 없는 경우는 그 다음달 10일

또한 대량보유자는 주식 등의 보유비율이 1% 이상 증가하거나 감소해도 변동보고서를 5일 이내에 제출해야 하며 관계기관은 이 보고서를 비치하여 일반인들이 열람할 수 있도록 해야 한다. 보고서를 제출하지 않거나 허위기재한 경우 형사처벌 이외에 의무위반 주식 등에 대해 일정기간 의결권 행사가 금지되며 당해 주식의 처분명령이 내려질 수도 있다.

6. 동시호가, 시장가호가, 조건부지정가호가, 시간외매매

유가증권시장의 동시호가시간은 매매시간 개시 전 60분과 장 종료 직전 10분간을 말한다. 또한 거래소가 시장관리상 시장의 전부 또는 일부를 정지시킨 후 정지사유가 해소되어 재개된 때와 주가하락으로 매매거래 중단 이후 재개된 때에는 매매거래의 재개시점부터 10분간 동시호가시간을 적용한다.

시장가호가는 종목과 수량은 지정하되 가격은 지정하지 않는 호가로서 주문된 시점에서 가능한 가장 유리한 가격으로 매매를 성립시키려는 호가이다. 지정가호가는 종목이나 수량 및 가격을 지정하여 내는 호가를 말한다. 시장가호가는 지정가호가보다 가격적으로 우선하며 매도시장가호가와 하한가의 매도지정가호가, 매수시장가호가와 상한가의 매수지정가호가는 동일한 가격의 호가로 처리한다.

조건부지정가호가는 종료 시 가격을 단일가격에 의한 개별경쟁매매의 방법으로 결정하는 경우 시장가호가로 전환할 것을 조건으로 하는 호가이다. 장중에 가격을 정해 호가를 냈으나 매매체결이 안 된 경우 마감 동시호가에 자동적으로 시장가호가 방식으로 전환되는 호가를 말한다. 이 호가는 마감 동시호가에서 시장가호가로의 전환을 조건으로 하는 호가로서 시간외종가매매의 참여는 장 종료 후 시간외시장의 호가접수시간 동안 별도로 주문을 내야 한다.

7. 호가정정 시 호가의 효력

호가정정은 이미 접수된 호가를 변경하는 것으로 그 효력은 매매거래가 성립되지 않은 수량에 한해 유효하다. 호가정정에는 총수량에 대한 정정과 일부수량을 정정하는 방법이 있는데 총수량의 가격을 정정하는 경우에는 정정호가 제출 시 새로운 호가가 접수된 것으로 보나 일부정정의 경우에는 정정된 수량만 정정호가를 제출한 시간을 접수시간으로 본다.

또한 유가증권시장에서 지정가호가, 시장가호가, 조건부지정가호가를 각각 다른 종류의 호가로 정정하는 경우 그 효력은 정정호가를 접수한 때로 보고 있다.

8. 관리종목

상장회사가 다음과 같은 경우에 해당되면 거래소는 투자자들이 투자에 참고하도록 이 기업들의 주식을 별도로 관리시키는데 이를 관리종목이라 한다.

- 사업보고서나 반기보고서 또는 분기보고서 미제출
- 감사의견이 감사범위 제한으로 한정이거나 검토의견이 부정적 또는 의견거절
- 영업활동의 정지
- 자본 50% 이상 잠식
- 소액주주의 수가 200명 미만 또는 소액주주 소유주식이 유동주식수의 10%미만
- 최대주주 등이 소유하고 있는 주식총수가 발행주식 총수의 80% 이상
- 분기의 월평균거래량[5]이 당해 분기말 현재 유동주식수의 1% 미만
- 사외이사수 미달[6] 또는 감사위원회[7] 미설치
- 공시의무위반[8]

---

5) 월평균거래량=[(분기 중 매매거래일/분기 중 당해 법인의 매매거래일)× 분기 중 총거래량]/3

6) 이사총수의 1/4, 자산총액이 2조원 이상인 경우 3인 이상으로 이사총수의 1/2 이상

7) 총위원의 3분의2 이상을 사외이사로 구성

8) 고의 또는 중과실에 의하거나 과거 2년 이내 불성실공시 법인지정 2회 이상

- 회계처리기준 위반행위 사유로 검찰에 의해 기소되거나 증권선물 위원회로부터 검찰고발 또는 검찰통보 된 사실이 확인된 때

관리종목은 일반종목과 동일한 방법으로 매매되지만 신용거래가 허용되지 않고 대용증권의 지정이 제외되어 있어 투자자의 경우 이들 종목투자에 주의해야 한다.

9. 주식매수청구권

주식매수청구권은 주식회사 주주총회의 특별결의사항에 대해 반대하는 주주가 회사에 대해 그 결의가 문제되지 않았다면 형성되었을 공정한 가격으로 보유주식을 매수할 것을 청구하는 권리를 말한다.

여기에서 말하는 특별결의사항은 다음과 같다.

① 영업의 전부 또는 일부 양도
② 영업 전부의 임대 또는 경영을 위임하거나 타인과 영업의 손익 전부를 같이하는 계약을 체결, 변경 또는 해약을 한 경우
③ 다른 회사의 영업 전부의 양수
④ 회사의 합병
⑤ 간이합병, 분할·합병 등

이 결의에 반대하는 주주는 주주총회 전에 당해 법인에 서면으로 반대의사를 통지해야 한다. 그리고 주주총회 결의일로부터 20일 이내에 주식의 종류와 수를 기재한 서면을 제출해 회사에 매수청구를 통지한다. 매수청구를 받은 회사는 매수의 청구기간이 종료하는 날부터 1월 이내에 당해 주식을 매수해야 하며 매수한 주식은 3년 내에 처분해야 한다.

매수청구권에 의한 매수가격은 주주와 당해 법인 간 협의에 의해 결정하는 것이 원칙이다. 그러나 협의가 이루어지지 않거나 당해 법인이나 매수청구 주주의 30% 이상이 매수가격에 반대하는 경우에는 금융감독위원회가 매수가격을 조정할 수 있다.

매수청구권은 주주의 시세차익을 도와주기 위한 것이 아니고 주주총

회에서 다수결의에 반대하는 소수주주의 권리를 보호하기 위한 제도이다. 주식매수청구 이후의 취소는 불가능하지만 당해 법인에서 매수청구권의 취소에 동의하는 경우에는 가능하다.

주식매수청구 절차를 거쳐 매도대금을 받게 되면 증권거래세를 납부해야 한다. 증권회사를 통해 양도하는 경우에는 당해 증권회사가 납세의무자가 되며 주주가 직접 기업에 양도하는 경우에는 당해 양도자가 납세의무자가 된다.

10. 증권카드

유가증권을 사고팔 때는 전화로도 주문이 가능하지만 계좌에서 예탁금이나 유가증권을 인출하기 위해서는 반드시 증권카드와 인감이 필요하다. 인감을 분실했을 경우에는 신속히 해당 증권회사에 분실 신고하여 피해를 줄여야 한다.

인감변경을 원하는 경우에는 가능한 빠른 시일 내에 본인이 직접 거래당사자임을 증명할 수 있는 신분증과 새인감을 가지고 증권회사에 가서 인감변경 신청서를 작성하여 제출하면 된다. 이때 증권회사는 고객 신분을 확인하고 즉시 예탁금과 유가증권의 인출을 허용해 준다.

증권카드를 분실해 재발급을 원하는 경우에는 신분증과 인감을 가지고 본인이 직접 증권회사에 가서 증권카드 재발급 신청서를 작성하여 제출하면 된다. 훼손 등으로 인한 재발급의 경우에는 훼손된 증권카드를 반납하면 증권회사 직원이 내용을 확인한 후 재발급해 준다.

11. 증권계좌

증권계좌에 보유잔고가 10만원 이하의 현금, 상장폐지 취소된 주권, 통합일 현재 기준가격에 의한 평가금액이 10만원 이하인 수익증권으로서 최근 6개월간 매매거래나 인출 등이 중단된 경우에는 그 계좌를 별도의 계좌로 편입하여 일괄관리 할 수 있다. 이러한 별도의 계좌를 통합계좌라 한다.

통합계좌에 편입된 계좌의 고객이 매매거래를 재개하거나 또는 보유잔고의 인출을 원하는 경우 고객계좌를 통합계좌로부터 해제한 후 통합 이전의 계좌로 환원해 준다. 고객이 증권카드를 반납하고 계좌폐쇄를 요청하거나 고객계좌의 잔고가 영(0)이 된 날로부터 6개월이 경과한 경우에는 계좌가 폐쇄된다.

통합계좌로 편입된 후 4년 6개월이 경과한 고객계좌의 보유잔고는 사업년도 말 기준으로 증권회사는 잡수익으로 처리한다. 폐쇄계좌의 고객이 배당금이나 잡수익으로 처리한 보유잔고를 돌려 달라고 요청하면 환급해 준다.

증권회사는 고객이 다른 점포로 계좌이관을 요구하는 경우 이를 받아주어야 한다. 증권사가 다른 계좌인 경우 주권의 이관은 가능하지만 현금이체는 전산망운용상의 문제로 불가능하다.

동일 증권회사 지점끼리 계좌를 이관할 때에는 옮겨갈 지점에 계좌를 개설한 후 현재 거래하고 있는 지점에서 인감과 증권카드를 제시하고 주권과 현금을 이관하면 된다. 신용거래는 그대로 이관이 가능하지만 타 증권회사로 계좌를 이관할 때에는 신용을 상환해야 한다.

증권계좌는 실명의 개인이나 법인은 누구나 개설할 수 있다. 단 미성년자가 증권계좌를 개설하려면 법정대리인의 실명증표와 관계를 입증할 수 있는 주민등록등본, 의료보험증, 호적등본 등을 제출해야 한다. 그러나 주민등록증이 발급된 만 18, 19세의 미성년자는 확정이자가 지급되는 저축상품에 법정대리인 없이 가능하다.

12. 사고증권

사고증권은 다음을 말한다.

① 도난, 분실 또는 멸실 등의 사유로 사고신고, 공시최고 및 제권판결을 받은 유가증권

② 위·변조된 유가증권

③ 법원으로부터 압류·가압류 또는 가처분을 통지받은 유가증권을 말한다.

사고증권이 발생하면 사고내용을 발행회사, 증권회사, 거래소 등에 신고해야 되고 이 내용은 곧바로 한국예탁원에 통지되고 일간신문 등에 공지된다. 또한 일정기간 사고내역이 해소되지 않으면 법원을 통해 공시최고신청을 하고 제권판결을 받아 사고증권을 무효화하고 새로운 유가증권을 발행한다.

13. 분실주권

주권을 분실했을 경우에는 우선 그 주권의 명의개서 대행기관이 한국예탁원, 국민은행, 하나은행 중에 어느 곳인가를 먼저 알아보고 주주명부의 주권내용과 주권번호 등을 정확히 확인해야 한다.

그리고 그 내용을 기재하여 가까운 관할경찰서 또는 파출소를 찾아가 분실신고를 하고 분실접수증 또는 신문의 공고내용을 발급받아 명의개서 대행기관에 서면으로 사고신고를 하면 주권발행증명원을 발급받을 수 있다.

이를 가지고 주권을 발행한 기업의 본점이 소재하고 있는 지역 지방법원에 공시최고 및 제권판결신청을 한다. 법원에서 제권판결을 받은 후에는 회사에 신분증, 등록인감, 제권판결문을 제출하고 주권의 재발행 청구를 한다.

주권을 분실하게 되면 복잡한 절차로 인해 많은 시간이 소모되므로 증권회사에 계좌를 개설하여 위탁하는 것이 좋다. 이 경우 주권분실의 염려도 없고 배당금 수령과 유·무상 증자 시 제반절차 등 모든 업무를 대행 받을 수 있어 편리하다.

14. 양도세와 증여세

세법에서 양도는 자산에 대한 등기 또는 등록에 관계없이 매도, 교환, 법인에 대한 현물출자 등으로 인해 자산이 유상으로 이전되는 것을 말한다. 양도소득세는 유상양도를 과세조건으로 하고 있으며 무상으로 이전된 자산에 대해서는 양도소득세가 아닌 높은 세율의 증여세가 과세된다.

양도소득세가 부과될 경우 양도차익의 20%(중소기업은 10%)가 부과되나 양도차익 중에서 년 250만원은 공제된다. 양도소득세는 자진신고대상이며 납부기일은 다음해 5월말이다.

법률상 증여는 무상으로 재산을 상대방에게 수여하는 의사를 표시하고 상대방이 이를 승낙함으로써 그 효력이 발생되는 것을 말한다. 법률상 증여는 증여세 과세대상이 되므로 주식의 무상양도도 증여로 간주되어 증여세를 내야 한다.

증여세는 증여받은 사람과 그 규모에 따라 차이가 난다. 증여받은 사람이 직계존비속인 경우에는 3천만원(미성년은 1500만원), 친족인 경우에는 5백만원이 기초공제 되고 배우자는 3억원을 공제받을 수 있다.

증여세액은 최근 10년 동안 증여받은 합계액 중에서 기초공제액을 제외한 잔액에 대해 과세한다. 1999년 12월28일부터 적용되고 있는 세율은 다음과 같다.

- 1억원 이하 : 10%
- 1억원 초과 ~ 5억원 : 1천만원 + 1억원 초과금액의 20%
- 5억원 초과 ~ 10억원 : 9천만원 + 5억원 초과금액의 30%
- 10억원 초과 ~ 30억원 : 2억4천만원 + 10억원 초과금액의 40%
- 30억원 초과 : 10억4천만원 + 30억원 초과금액의 50%

관할세무서에 증여개시일로부터 3개월 이내에 신고하면 10%의 세액공제 혜택을 받을 수 있으나 3개월 이후에는 신고불성실, 납부불성실에 대한 가산세가 추가되므로 신고기간 내에 납부해야 한다.

15. 무상증자 주식의 과세

무상증자는 이사회의 결의로 준비금을 자본에 전입하고 증가된 자본금에 해당하는 만큼 신주를 발행하여 구주주에게 소유주식수에 비례하여 무상으로 배정하는 것을 말한다. 재평가적립금, 주식발행초과금, 이익잉여금의 자본전입이 무상증자의 대표적인 사례가 될 수 있다.

무상증자로 인해 이익잉여금을 자본에 전입하는 경우 주주에게 실제로 배당된 소득은 아니지만 세법상으로는 실질적으로 배당한 것으로 보아 배당소득세를 과세하게 된다. 이때 증권회사에 계좌를 가지고 있는 투자자는 증권회사가 원천징수 의무자가 되어 세금을 낸다.

또한 무상증자 시 배당주식이 1주 미만일 경우에는 세금공제 후 현금으로 환산(신주상장 초일 종가기준)하여 지급되며 보통주와 우선주에 대한 차이는 없다.

chapter

4

장세 및 테마 분석

01 장세분석

02 테마분석

01 장세분석

◇ 주식시장의 상승순환과정

블루칩 중심의 고가우량주

⇒ 옐로칩 및 업종대표주 중심의 중고가 우량주

⇒ 중저가 우량주 및 중소형 우량주

⇒ 저가개별주

주식시장의 상승과정을 살펴보면 처음에는 외국인투자자에 의해 블루칩 중심의 고가우량주가 주도주로 부각되면서 상승장세가 나타난다. 이후 외국인과 기관투자자에 의해 업종대표주 및 옐로칩 중심의 중고가 우량주가 상승하고 이어 기관투자자와 개인투자자에 의해 중저가 우량주 및 중소형 우량주가 상승하게 된다. 마지막으로 투기적인 개인투자자에 의해 저가개별주들이 상승하면서 순환상승이 마무리된다.

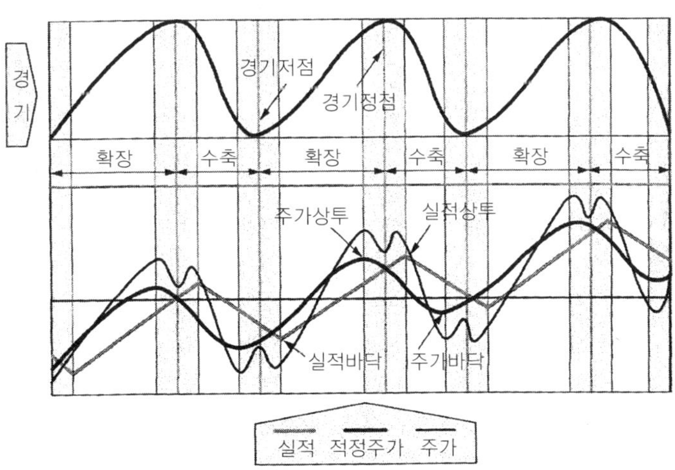

[그림 4-1] 상승순환과정

일년 4계절을 봄 · 여름 · 가을 · 겨울로 구분하듯이 주식시장의 순환과정을 「금융장세 ⇒ 실적장세 ⇒ 역금융장세 ⇒ 역실적장세」로 구분하고 있다.

1.1 금융장세

금융장세는 경기가 회복되고 기업실적이 호전될 것으로 기대하고 미리 매입하는 장세로 볼 수 있다. 경제환경이 가장 어두운 약세시장 말기부터 주가가 바닥을 확인하고 상승세로 돌아서는 강세시장 초기까지의 장세를 말한다. 금융장세는 경기가 침체되어 경기회복이 매우 불투명한 상황에서 나타난다.

이 무렵 분위기는 장기간 불경기로 실업자가 늘어나고 중소기업과 대기업의 부도발생 소식이 연일 발표되고 기업의 실적악화로 배당이 감소하는 상황이다. 기업들은 재고증가로 더 이상 설비투자를 하지 못하고 금융권에 자금이 남아돌게 되자 금리가 하락한다.

금리하락으로 투자자들은 수익률이 더 높은 금융상품을 찾게 되며 금융기관과 보험사는 채권매입을 늘린다. 연기금 등 기관투자자들은 주가하락으로 더 많은 수량의 주식을 매입할 수 있게 되었으며 약세를 보이던 주식시장은 더 이상 하락하지 않고 거래량이 증가하기 시작한다.

정부는 불경기를 벗어나고자 경기부양책을 발표한다. 재할인율 인하를 포함한 금융정책은 금융시장과 채권시장에 큰 호재로 작용한다. 재할인율 인하로 자금조달비용이 줄어들고 대출율의 마진폭이 확대되어 채권시장과 주식시장에 거래량이 증가하면서 수수료 수입이 증가한다. 공사채 수익률의 하락으로 채권가격이 상승하면서 평가이익이 증가하게 된다.

금리하락과 자금잉여로 인해 금융기관의 실적이 호전되고 금융관련주 중심의 금융장세가 나타나게 된다. 금융장세에서는 은행 · 증권 등 금융관련주를 중심으로 건설 · 토목 등 사회간접자본관련주, 금리인하수혜주인 전력 · 가스 · 운수 등 공공서비스관련주들의 상승세가 나타난다. 금융장세에서는 내수관련주 또는 경기방어주, 금리인하수혜주 중심의 상승으로 볼 수 있다.

〈표 4-1〉 금융장세

금 리	실 적	주 가
↓	↘	↑

1.2 실적장세

실적장세는 기업의 실적이 호전되면서 이익이 대폭 증가하고 지속적으로 주가에 반영되는 장세라 할 수 있다. 일반적으로 실적장세는 금융장세에 비해 상승기간이 길게 나타난다. 실적장세에서는 실적호전주, 소재산업인 화학·철강 중심의 경기민감주, 가공산업인 반도체·자동차 중심의 수출관련주의 순환상승이 나타나게 된다.

경기가 호전되어 생산과 출하가 늘어나고 재고가 감소하면서 경기전망이 상향 조정되기 시작하면 금융장세가 마감되고 실적장세로 진입하게 된다. 아직 기업실적이 호전되지 못하고 있으나 주가는 경기에 비해 6개월 정도 선행하여 나타난다고 볼 수 있다.

금융장세는 외국인과 기관투자자에 의해 지수관련주인 블루칩과 금융관련 대형주 등이 상승하면서 단기간에 주가지수의 큰 폭 상승이 가능하다. 그러나 실적장세에서는 경기회복과 기업실적의 호전을 확인하면서 중저가 대형주와 실적호전 중소형주 중심의 상승세가 나타나므로 주가지수의 상승세는 다소 완만해진다.

경기의 호황국면이 나타나면서 투자자는 주식시장의 상승추세가 당분간 더 지속될 것으로 전망하게 된다. 시장에서는 새로운 신고가가 나타나고 거래량이 폭증하는 동안 주가지수는 정점에 도달하게 된다. 이때 예상치 못한 외부충격이나 인플레이션을 억제하기 위한 긴축정책, 증시과열로 인한 피해를 줄이기 위해 증시안정책 등이 발표되기도 한다.

〈표 4-2〉 실적장세

금 리	실 적	주 가
↗	↑	↗

1.3 역금융장세

역금융장세는 강세시장이 약세시장으로 전환되는 과정으로 주가가 큰 폭 하락한 이후에 확인된다. 경기과열의 절정기를 맞이하여 인플레이션이 가시화되고 정부의 강력한 금융긴축정책 또는 증시안정책이 발표되면서 실적장세가 마무리된다. 이후 역금융장세가 나타나게 된다.

이 무렵 주식시장은 기업수익이 큰 폭 증가하고 이러한 호전추세가 당분간 더 지속될 것으로 전망되면서 투자자들이 적극 매수에 가담하는 투기장세가 연출된다. 금융긴축정책 실시로 금리가 계속 상승하면서 외부차입금이 많은 기업들을 중심으로 주가의 하락폭이 더욱 커지게 된다.

경기는 여전히 절정기에 있고 기업수익이 호전되고 있어 주가의 큰 폭 하락은 투자자에게 저가매수할 기회를 제공하는 듯 보인다. 실제로 정보가 늦은 일반투자자의 경우 뒤늦게 시장에 참여하면서 적극 매수에 가담하게 된다.

상황을 파악한 전문투자자는 매도하는 반면 일반투자자의 투기적인 매수로 인해 주가는 직적고점 가까이 반등하게 된다. 거래량이 감소하는 가운데 이러한 반등과정이 2, 3차례 또는 그 이상 나타날 수 있는데 이때의 매수는 큰 손실을 가져오게 된다.

역금융장세에서는 금리상승으로 주식시장에 유입되는 자금이 줄어들게 되므로 시가총액이 큰 지수관련주보다 중소형주 중심의 반등장세가 나타난다. 또한 투기적인 세력에 의해 저가 개별주들의 투기장세가 나타난다. 반면 금융장세와 실적장세에서 상승세를 주도한 종목들은 이미 큰 폭 하락하였다.

〈표 4-3〉 역금융장세

금 리	실 적	주 가
↑	↗	↓

1.4 역실적장세

역금융장세가 지속되는 동안 사태가 더욱 악화되면서 역실적장세가 나타난다. 역실적장세로 진입하면 자금수요가 줄고 금리가 하락세로 전환되지만 경기가 냉각되면서 기업수익이 큰 폭 감소하게 된다. 재무구조가 부실하고 차입금이 많은 기업의 경우 수익이 악화되면서 부도가 발생하기도 한다.

경기가 침체되고 주가가 큰 폭 하락하면서 향후 장세전망에 대한 비관적인 전망이 우세해진다. 증시 내외적인 악재를 모두 반영하면서 하락하고 있어 투자자들은 공포심을 느끼며 무차별적인 투매에 참여하게 된다. 매수는 사라지고 매도 일변도의 공황상태가 나타나면서 거래량은 급속히 감소하게 된다.

거래량 감소가 수익 감소로 이어지면서 증권주의 하락이 크게 나타난다. 기업의 부도발생으로 대손 위기에 놓이게 되는 은행주의 하락폭도 커지게 된다. 증권주와 은행주 등 일반투자자가 선호하는 대중주의 큰 폭 하락으로 투자심리가 냉각되고 경기불황이 지속된다.

이러한 경기불황은 정부의 재정 및 금융관련 경기부양책을 요구하게 된다. 역실적장세에서 가장 큰 손실을 본 은행주와 증권주의 경우 정부의 경기부양책 발표로 가장 큰 혜택을 보게 될 것이다. 금융장세가 다시 찾아오는 것이다. 경기에 선행하여 주식시장은 먼저 움직인다.

〈표 4-4〉 역실적장세

금 리	실 적	주 가
↘	↓	↘

02 테마분석

2.1 가치주

가치주는 주가수준을 중시하는 경향으로 PER과 PBR, EV/EBITDA 등을 이용해 저평가된 기업을 찾아 그 기업의 내재가치를 찾아가는 투자방법이다. 현 주식시장이 경기순환의 어느 국면에 있느냐에 따라 적절한 종목선정으로 뛰어난 수익률을 올릴 수 있다. 일반적으로 성장주는 경기확장국면에 높은 수익률을 보이는 반면 가치주는 경기후퇴국면에서 보다 높은 성과를 나타내는 것으로 볼 수 있다. 또한 가치주는 산업생산 증가율이 둔화되는 등 경제활동이 줄어드는 시점부터 상대적으로 부각되는 경향을 보이고 있다.

일반적으로 주식시장의 하락국면에서 내재가치에 비해 저평가된 종목이 가치주로서 투자가치의 매력이 높아진다. 주식시장에 많은 정보가 공개될수록 저평가된 가치주의 경우 투자자로부터 공정한 평가를 받게 된다. 기업의 내재가치에 비해 저평가 상태에 있는 가치주는 PER과 PBR, EV/EBITDA 등을 이용해 찾아내고 있다.

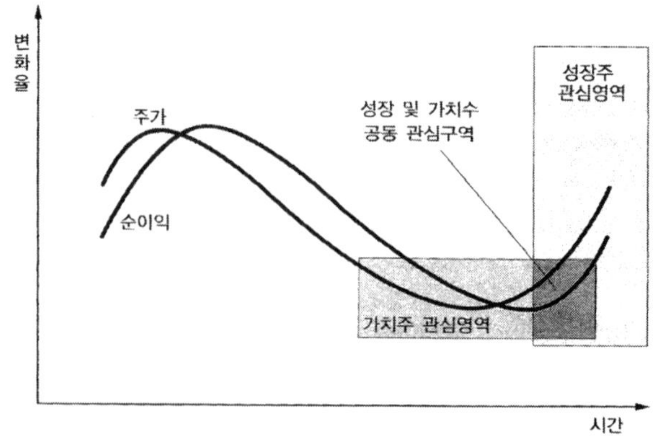

[그림 4-2] 가치주와 성장주의 상승국면

2.2 성장주

성장주는 사업의 수입증가율이 계속 높아질 것으로 예상되는 기업을 말한다. 일반적으로 성장주는 기업의 배당이나 수익 등에 비해 주가가 높게 형성되어 있다. 최근 IT관련주들이 성장주로 부각되면서 성장주의 대명사로 부르고 있다.

경기회복국면 초기와 확장국면에는 성장주의 상승세가 상대적으로 높게 나타나는 경우가 많다. 경기활황을 앞두고 저금리의 수혜를 받을 경우 성장성에 대한 프리미엄이 형성되기 때문이다.

따라서 성장주는 경기확장국면 초기와 확장국면이 지속되는 시기에 투자하는 것이 바람직하다. 이는 산업생산 증가율이 둔화되는 경기침체국면에서 가치주의 상승세가 상대적으로 우세하게 나타나는 것과 비교되고 있다.

성장주는 매출액 및 영업이익 증가율과 EPS 증가율을 분석하여 투자판단의 기준으로 삼고 있다.

2.3 자산주

자산주는 PBR이 낮은 기업으로 보유현금이 풍부하고 향후 실적호전이 기대되며 지분법 강화에 따라 지분을 보유한 기업들을 말한다. 기업합병이나 청산 시 기업가치가 현재의 시가총액을 넘어서는 기업으로서 자산가치가 우수한 기업을 자산주라 한다.

자산주는 기본적으로 PBR이 1 이하, 자본금 750억 이하의 중소형주, 부채비율 100% 이하, 매출액증가율과 영업이익률의 증가세, 높은 시장점유율 등 유무형 자산가치를 보유하고 있어야 한다. 보유현금이 풍부하고 수익성이 좋으며 우량기업의 지분을 많이 보유한 기업으로 PBR이 낮은 기업이 자산주의 기본요건이 될 수 있다.

〈표 4-5〉 자산주 주요 종목

구 분	자 산 주
현금자산과 실적호전주 우량기업의 지분을 보유 저 PBR주	성창기업지주, 롯데삼강, 경방, 만호제강, 성안 신세계, CJ, 대성산업, 대한방직, 충남방적, 아세아제지, 방림, BYC, 태광산업, 대한화섬

기업가치는 수익가치와 자산가치로 구분하는데 자산가치는 유형의 부동산과 무형의 기술적 가치도 포함하고 있다. 자산주는 기업의 성장성보다는 안정성에 더 비중을 두고 있다. 또한 기업가치가 우수하므로 경기회복국면보다는 상대적으로 경기수축국면에 부각되는 경향이 있으며 주가하락 추세에 상대적으로 안전한 투자대상이 될 수 있다.

2.4 실적호전주

기업의 실적은 주가와 매우 밀접한 연관성을 보이고 있다. 주가는 기업의 미래가치를 반영하고 있으므로 향후 기업의 실적전망은 주가에 커다란 영향을 미치게 된다. 최근에는 공정공시로 인해 모든 투자자가 동시에 기업의 실적을 확인할 수 있어 주가에 미치는 영향은 더욱 커지는 추세이다.

기업의 실적을 분석할 때는 절대적인 수치보다는 실적의 추세가 증가세를 보이는지와 일시적 이익과 안전적 이익을 구분해야 한다. 또한 실적을 분석하는데 중요한 사항은 경상이익과 순이익의 추이보다는 매출액과 영업이익의 추이에 관심을 가져야 한다.

순이익은 구조조정과 관련하여 부동산매각이나 지분매각과 같은 특별이익 등이 영업실적과 관계없이 일시적으로 실적에 포함될 수 있다. 그러나 매출액과 영업이익의 증가는 기업의 경쟁력 있는 분야의 육성으로 실적이 호전되고 있는 것으로 분석할 수 있다.

매출액과 순이익의 절대적인 수치보다도 전년 동기 대비 또는 전분기 대비 증가율을 더 중요하게 분석해야 한다. 또한 자기자본 대비 수익의 수준이 얼마나 되는지도 투자판단에 참고해야 한다. 분기실적은 45일 이내 결산실적은 90일 이내 공시하도록 되어 있으므로 투자에 앞서 살펴보아야 한다.

실적호전주는 해마다 종목에 변화가 있을 것으로 예상되어 종목선정의 사례는 생략하도록 하겠다.

2.5 블루칩

블루칩은 업종대표주와 유사한 개념으로 사용되는데 오랜 기간 동안 꾸준한 이익실현과 배당을 지급해온 기업의 주식으로 우량주라 부른다. 세계화 개방화로 인해 기업의 국가경쟁력이 주식시장에 가장 큰 투자판단의 지표로 부각되면서 업종을 대표하는 우량주에 대한 선호도가 높다.

〈표 4-6〉 블루칩

(단위 : 천주, 십억원, %)

종 목 명	해당업종	상장주식수	시가총액	시가총액비중	외국인비율
삼성전자	전기전자	147,229	226,104	17.86	49.18
현대차	자동차	220,276	44,495	3.52	43.72
POSCO	철강	87,186	27,594	2.18	51.44
현대모비스	자동차부품	97,343	25,309	2.00	49.59
기아차	자동차	405,363	22,943	1.81	33.83
삼성생명	보험	200,000	21,400	1.69	10.58
한국전력	전기전력	641,964	20,863	1.65	24.08
SK하이닉스	반도체	694,167	20,512	1.62	28.67
신한지주	은행	474,199	17,569	1.39	62.80
SK텔레콤	통신	80,745	17,077	1.35	44.73
LG화학	화학	66,271	17,031	1.35	32.88
현대중공업	조선	76,000	14,972	1.18	17.65
NHN	인터넷포털	48,127	14,390	1.14	53.28
LG전자	전자	163,647	13,877	1.10	19.75
KB금융	은행	386,351	13,483	1.07	65.66

기준 : 2013년 5월

블루칩은 주식시장 전체 시가총액의 상위권에 속하거나 각 업종별 시가총액 상위 1, 2위의 업종대표성을 나타내고 있다. 블루칩은 시가총액 상위종목으로 시장영향력이 높아 주도주로서의 위치를 차지하고 있어 기관투자자나 외국인투자자가 포트폴리오를 구성하는 경우 우선적으로 편입종목에 포함하고 있다.

블루칩은 시장 전체나 업종흐름에 커다란 영향을 미치는 선도주로서의 역할을 맡고 있다. 증권시장이 선진화 개방화되면서 업종 내 후발주와의 주가차별화 현상이 더욱 커지고 있으며 강세장이나 약세장의 경우 지수대비 상승률이 더 높게 나타난다.

블루칩이 주식시장이나 선물시장에 미치는 영향력이 갈수록 커지고 있어 투자자들의 관심이 집중되고 있다.

2.6 업종대표주

업종대표주는 업종 내 높은 시장점유율과 높은 지명도를 보유한 기업을 말한다. 업종 내 시가총액이 상위에 속해 있으며 재무구조와 수익성이 상대적으로 안정되어 있으며 시장지배력과 제품가격의 결정력이 높은 기업으로 알려져 있다.

블루칩과 옐로칩으로 알려져 있으며 시장의 주도주로써 기관투자가와 외국인투자자의 포토폴리오에 우선 편입대상종목이 되고 있다. 유통주식수가 제한적이어서 기관투자자와 외국인투자자의 매매동향에 주가가 민감하게 반응한다.

업종대표주는 주식시장의 상승국면이나 하락국면 모두 지수대비 초과수익률을 보이고 있어 비교적 안정적인 투자수익이 확인되고 있다. 업종대표주로서의 높은 지명도와 시장지배력이 기업의 선호도에 좋은 영향을 미치는 것으로 보인다.

〈표 4-7〉 업종대표기업

업종	대표기업	업종	대표기업
음식료	농심, 하이트맥주, CJ	운수창고	대한항공, 한진해운
섬유의복	코오롱, 제일모직	전기가스	한국전력, 한국가스공사
제지목재	한솔제지, 한국제지	통신	SK텔레콤, KT
화학	LG화학, SK, 호남석유	건설	LG건설, 대림산업
의약	종근당, 대웅제약, 동아제약	무역	삼성물산, 신세계
비금속	한일시멘트, 전기초자	은행	국민은행, 신한지주
철강	POSCO, 동국제강	증권	삼성증권, 대신증권
기계	두산중공업, 현대중공업	보험	삼성화재, LIG
전기전자	삼성전자, LG전자, 삼성전기	서비스	에스원, 제일기획
운수장비	현대차, 기아차, 현대모비스		

2.7 옐로칩

옐로칩은 업종대표주와 비슷한 개념으로 시가총액이나 시장점유율 등에 있어 블루칩보다 다소 낮은 업종대표주를 일컫는다. 블루칩이 고가우량주라 하면 옐로칩은 중가우량주라 할 수 있다. 블루칩에 비해 시가총액이 작으며 업종 내 대표성도 블루칩에 미치지 못하지만 재무구조가 안정적인 업종대표 우량주이다.

옐로칩은 블루칩에 비해 주가가 낮아 가격부담이 적고 기관이나 외국인은 물론 일반투자자도 선호하는 종목이다. 유동물량이 많아 거래량이 많이 형성되며 금융장세와 실적장세에서 모두 주도주로 부각되기도 한다.

업종대표주는 업종을 대표하는 주식이라 하면 옐로칩은 그룹을 대표하는 주식이 된다. 삼성전기, 삼성증권, LG화학, SK, 신한지주, CJ, 기아차, 대한항공, 호남석유, 대림산업 등이 대표적인 옐로칩에 속한다.

블루칩 상승이 외국인들의 매수에 의해 시작되고 이어 외국인과 기관투자가에 의해 옐로칩 상승으로 확산되면서 대세상승국면을 맞이하게 된다. 재무위험 없이 안전한 투자대상으로 유동성이 풍부하므로 단기등락을 이용하기보다는 추세적인 매매가 바람직하다.

〈표 4-8〉 옐로칩

(단위 : 천주, 십억원, %)

종 목 명	해당업종	상장주식수	시가총액	시가총액비중
신한지주	은행	474,199	17,569	1.39
롯데쇼핑	유통	31,490	12,423	0.98
하나은행	은행	289,894	10,349	0.83
LG	지주회사	172,557	11,095	0.88
현대모비스	운수장비	97,343	25,309	2.00
신세계	유통	9,845	2,161	0.18
삼성화재	보험	50,566	11,346	0.91
기아차	자동차	405,363	22,943	1.81
강원랜드	서비스	213,940	6,022	0.45
LG화학	화학	66,271	17,031	1.35
한국가스공사	전기가스	77,284	4,451	0.40
KT&G	담배제조	137,192	10,887	0.86
삼성물산	유통	160,865	8,248	0.69
아모레퍼시픽	화학	6,900	5,320	0.43

기준 : 2013년 5월

2.8 외국인선호주

외국인투자자는 블루칩, 옐로칩, 업종대표주를 1차 매매대상으로 선정하고 이어 재무구조와 실적이 양호한 중소형주를 중심으로 포트폴리오에 편입한다. 외국인선호주의 수익률은 일반적으로 시장수익률을 상회하며 외국인 매수에 이어 기관투자자의 매수세가 뒤따르는 경향이 있다.

외국인이 선호하는 기업의 특징을 살펴보면 재무구조가 안정되고 수익성과 유동성이 우수하며 성장업종 내 선도기업으로 높은 성장성을 보유하고 있어야 한다. 경기회복의 1차적인 수혜주로서 매매규모에 적절한 유통물량이 확보되어야 한다.

외국인투자자는 뉴욕증시의 등락에 민감하게 반응하며 경기상승국면에 앞서 매수폭을 확대한다. 블루칩과 업종대표주는 중장기에 걸쳐 추세적인 매매를 시도하며 실적호전 중소형주나 성장주의 경우 공격적인 단기매매를 시도하기도 한다.

〈표 4-9〉 외국인선호주

(단위 : 천주, %)

순위	종목	외국인한도	보유주식수	보유율
1	SK텔레콤	39,565	36,666	92.67
2	KT	127,9446	112,846	88.20
3	GS홈쇼핑	3,215	2,274	85.04
4	한국유리	10,079	8,124	80.61
5	웨이포트	55,880	39,830	71.28
6	한국셀석유	1,300	909	69.97
7	현대홈쇼핑	5.880	3,903	66.38
8	국민은행	386,351	249,141	64.49
9	일성건설	5,340	3,384	63.38
10	신한지주	474,199	297,391	62.71

기준 : 2013년 8월

2.9 환율관련수혜주

원화가치의 상승(환율하락)은 외화표시 수출가격의 상승으로 국내 수출기업의 경쟁력이 약화되는 반면 원화가치의 하락(환율상승)은 외화표시 수출가격의 하락으로 국내 수출기업의 경쟁력이 강화되는 현상을 가져온다.

원화가치가 하락하여 수출여건이 개선되는 경우에 수출비중이 높은 업종과 기업들이 수혜주로 떠오른다. 수출비중이 높은 자동차, 반도체, 조선, 섬유, 전기전자 등이 수혜업종이다.

이와 반대로 원화가치가 상승할 경우에는 해외에서 원재료 등을 수입하거나 외화부채가 많은 업종이나 기업들이 수혜를 받게 된다. 수입비중이 높은 업종으로는 커피, 밀, 설탕 등 음식료와 철강업종 등이 있으며 외화표시 부채가 많은 업종으로는 은행업과 운수창고업 등이 해당된다.

주식시장에 영향을 주는 거시경제변수로 이자율, 환율, 통화량, 물가 등이 있지만 이 중에서 환율의 중요성이 갈수록 높아가고 있다. 따라서 환율 변동을 정확하게 예측하여 관련수혜주에 투자할 수 있다면 높은 수익률이 가능할 것이다.

〈표 4-10〉 환율관련수혜주

<table>
<tr><th>구 분</th><th>환율상승기(원화약세)</th><th>환율하락기(원화강세)</th></tr>
<tr><td rowspan="2">업 종</td><td rowspan="2">자동차, 반도체, 조선, 전기전자, 섬유</td><td>(수입비중) 음식료, 철강</td></tr>
<tr><td>(외화표시) 은행, 운수창고</td></tr>
<tr><td rowspan="2">종 목</td><td rowspan="2">현대차, 삼성전자, 현대중공업, 영원무역, 삼성SDI, 전기초자, 한세실업, 고덴시, 대덕GDS</td><td>(수입비중) 삼양사, CJ, 하나투어, 신동방, 농심, 하이트맥주, 대상, 대한제분, 오리온, 한국제지, SK, 현대제철, 동국제강</td></tr>
<tr><td>(외화표시) 은행, 한국전력, 대한항공, 아시아나, 한진해운, 현대상선, LG석유화학, 오뚜기</td></tr>
</table>

2.10 금리관련수혜주

금리가 상승하면 기업들은 이자부담이 가중되므로 자금차입을 줄이고 설비투자나 생산투자를 줄이려 할 것이다. 이로 인해 기업의 수익성이 낮아지면서 주가는 하락할 것이다. 반대로 금리가 하락하면 기업들의 이자부담이 줄어들어 설비투자를 증가시키고 이로 인해 수익성이 높아지면서 주가는 상승할 것이다.

금리와 주가는 서로 상반된 모습을 보이고 있어 금리가 내려가면 주가가 상승한다는 것은 일반적인 사항이다. 금리하락으로 기업들의 실적이 호전되면서 부도위험이 줄어들어 은행의 수익성이 좋아지고, 부채비율이 높은 건설주도 이자비용이 줄어들면서 실적이 호전된다. 따라서 은행주와 건설주 등이 대표적인 금리하락수혜주라 할 수 있다.

반대로 금리가 상승하는 경우에도 수혜가 예상되는 기업이 있다. 금리상승수혜주로는 이자수익이 이자비용을 초과하는 기업 또는 예금을 포함한 현금성자산이 총부채를 초과하는 기업 등이 해당된다.

대세상승 초기에는 금리가 하락하면서 주가가 상승하지만 강세국면에서는 금리와 주가가 동시에 상승세를 보이기도 한다. 금리상승으로 인한 금융부담보다는 경기회복에 따른 기업의 수익성 개선이 더 크게 나타나기 때문이다.

〈표 4-11〉 금리관련수혜주

<table>
<tr><th>구 분</th><th colspan="2">수 혜 주</th></tr>
<tr><td>금리하락 시</td><td colspan="2">대다수 기업, 특히 은행주 건설주
전북은행, 기업은행, 대한항공, 조비, 동양건설, 현대시멘트 등</td></tr>
<tr><td rowspan="2">금리상승 시</td><td>이자수익이 이자비용을 초과하는 기업</td><td>삼성전자, 제일기획, 롯데삼강, 롯데칠성, 아모레퍼시픽, 에스원, LG애드, 한국담배인삼공사, 호텔신라</td></tr>
<tr><td>현금성자산이 총부채를 초과하는 기업</td><td>신도리코, 일성신약, 대덕전자, 삼영</td></tr>
</table>

2.11 경기민감주

경기민감주는 기업의 수익이 경기순환 사이클에 의해 많이 영향을 받는 주식을 말한다. 일반적으로 정유, 화학, 은행, 정보기술(IT), 조선, 내구소비재, 기계, 운송업종 등이 경기민감주에 포함된다. 경기민감주 투자는 향후 경기회복에 대한 전망과 회복국면에서 어느 업종의 수익률이 가장 높게 나타날지를 파악하는 것이 중요하다.

경기가 회복국면에 진입하는 경우에는 경기방어주보다 경기민감주에, 내수관련주보다 수출관련주에 투자하는 것이 유리하다. 과거 경기회복국면의 주가흐름을 살펴보면 전기전자와 기초소재관련주(철강, 화학)의 상승세가 돋보였다. 또한 금융 및 건설주가 풍부한 유동성을 앞세우고 대세상승 초기국면에 주도주로 부상하는 모습을 보였다.

경기회복국면에서 전기전자업종은 반도체, 휴대폰, PC 등의 수요량이 증가하는지, 화학업종은 유가가 안정되고 있는지, 조선업종은 선가의 바닥권 인식과 발주량의 증가가 예상되는지, 건설업종은 경기회복으로 건설경기가 살아나고 있는지를 먼저 살펴보아야 한다.

〈표 4-12〉 경기민감주

경 기 민 감 주
삼성전자, 호텔신라, 인터플렉스, SKC, 현대글로비스, 호남석유화학, LG화학, 한전KPS, 삼성중공업, 현대중공업, POSCO, 국민은행, 코웨이, SK하이닉스, 대우건설, 롯데케미칼

2.12 경기방어주

경기방어주는 경기의 상승국면 또는 하락국면과 무관하게 제품의 수요가 일정하여 안정적인 실적을 보이는 주식을 말한다. 결과적으로 경기수축국면에서 경기민감주에 비해 양호한 실적으로 보이게 된다.

일반적으로 음식료, 유틸리티, 제약주, 유통업, 홈쇼핑이나 전기, 가스, 의료/제약, 주류, 담배, 방송, 엔터테인먼트 등의 주식을 말한다. 최근 IT 소프트웨어와 게임 등이 경기방어주에 추가되고 있다.

음식료업종은 밀, 커피, 설탕 등 국제곡물가격과 환율 변동에 가장 큰 영향을 받고 있다. 라면이나 제분 등 음식료업종은 가격인상에 따른 탄력성이 적은 생필품으로 경기국면에 큰 영향을 받지 않고 있다. 오히려 경기하락국면에 매출액이 더 증가하기도 한다.

유틸리티업종은 전력과 가스업종으로 구분한다. 전력은 전력수요, 전력요금, 유가, 환율, 금리수준에 의해 수익성이 영향을 받는다. 전력요금이 가장 큰 변수이지만 우리나라의 경우 한국전력이 독점적인 위치를 차지하고 있다. 가스사의 수익성은 판매마진에 의해 좌우된다. 이 업종은 경기상황에 따라 큰 영향을 받지 않는 경기방어주이다.

제약업종은 정부의 약가인하정책과 업체 간 경쟁심화로 마케팅비용의 증가가 예상되지만 경기상황에 따라 큰 영향을 받지 않는 대표적인 경기방어주이다.

〈표 4-13〉 경기방어주

경 기 방 어 주
강원랜드, 엔씨소프트, 한국전력, 부산도시가스, 서울도시가스, 풀무원, 동양제과, CJ, 롯데제과, 빙그레, 광동제약, 대웅제약, 동아제약, 한미약품, 종근당, 한글과컴퓨터, 신세계, SK텔레콤, LG생활건강, 아모레퍼시픽

2.13 내수관련주

내수관련주는 수출비중이 낮고 내수비중이 높은 은행, 증권, 보험, 건설, 통신, 제약, 음식료, 유통업 등이 있다. 수출비중이 높은 수출관련주와 상반되는 의미로 볼 수 있다.

유통업은 백화점과 할인점, 홈쇼핑업체, 전자상거래업체 등으로 구분하고 있다. 과거 백화점과 할인점 중심의 유통업이 최근에는 홈쇼핑과 전자상거래로 확산되고 있다.

전자상거래는 컴퓨터와 통신망을 통해 상거래가 이뤄지는 것을 말한다. 전자상거래의 가장 큰 장점은 고객에게는 시간과 공간의 제약이 없이 온라인을 통해 재화나 서비스를 구매할 수 있고, 판매자에게는 건물 임차료, 유통 비용 등이 전혀 없이 모든 인터넷 가입자를 대상으로 판매행위를 할 수 있다는 점이다. 거래대금은 주로 신용카드로 결제된다.

〈표 4-14〉 내수관련주

내 수 관 련 주
국민은행, 신한은행, 삼성증권, 삼성화재, LIG화재, SKT, KT, 신세계, 다음, 대웅제약, 풀무원, 다음, NHN, CJ홈쇼핑, 제일모직, 한섬

2.14 남북경협 관련주

남북한 경제협력은 1988년 이후 남한과 북한이 공동으로 행하는 경제적 이익을 주된 목적으로 하는 경제적인 '교류'와 '투자'가 이루어지는 제반활동을 말한다.

남북경협의 활성화로 개성공단 조성, 남북철도 · 도로 연결, 금강산 관광사업 등 3대 경협 사업이 성과를 보이면서 일반교역 및 위탁 가공교역 중심에서 경공업과 광업 분야로 확대되고 있다.

앞으로 남북경제 협력사업은 경제적 유인에 따라 상호이익 증대를 위해 남북이 교류와 협력을 활성화하여 사람과 물자가 자유롭게 남북을 오갈 수 있는 상황을 만들어 나가야 할 것이다.

〈표 4-15〉 **남북경협 관련주**

관련주	종 목 명
개성공단	인디에프, 로만손, 좋은사람들, 삼천리자전거, 혜인, 재영솔루텍, 신원, 씨엔플러스
금강산관광	에머슨퍼시픽, 현대상선, 현대엘리베이터, 현대건설
대북송전	광명전기, 선도전기, 이화전기, 대원전선, 세명전기, 제룡전기, 제룡산업, 일진전기, 보성파워텍, 비츠로테크
비료지원	남해화학, 조비, 효성오앤비
농업지원	경농, 동양물산, 아세아텍
철도연결	대호에이엘, 대아티아이, 리노스, 세명전기
남북러시아 가스관연결	대동스틸, 하이스틸, 동양철관, 스틸플라워
부동산개발	성지건설, 이화공영
대북사업	일성건설, 일신석재

자료 : 다음 블로그에서

2.15 M&A관련주

기업의 생존 및 성장전략으로 M&A의 중요성이 강조되고 있다. 우리나라의 M&A 역사는 1990년대 중반부터 진행되었으며 IMF 이후 기업의 구조조정의 수단으로 인식되면서 많은 관심을 끌게 되었다. 주식시장에서 M&A가 중요한 테마로 떠오르면서 투자자의 관심이 높아가고 있다.

M&A의 가능성이 높은 기업의 특징은 다음과 같다.

첫째, 시너지 효과를 극대화 할 수 있는 기업

시너지 효과에는 운용시너지 효과와 재무시너지 효과가 있다. 운용시너지 효과는 M&A로 인해 현금흐름이 증가해야 한다. 수익이 증가하고 비용이 감소하기 위해서는 시장점유율이 높은 기업을 인수하는 것이 좋다. 재무시너지 효과는 M&A로 인해 자본비용이 작아지면서 기업가치가 증대되는 것으로 현금 등 유동성이 풍부하고 부채가 적어 차입비용이 낮아 재무구조가 건전한 기업을 인수하는 것이 좋다.

둘째, 저평가되어 있는 기업

PER이 낮은 기업은 저평가된 기업이므로 M&A 이후 주가상승의 가능성이 높다. 또한 고가의 부동산을 많이 보유하고 있으나 주가가 매우 낮은 기업의 경우 M&A 이후 자산평가나 매각 때 차익을 얻을 수 있다.

셋째, 경영자의 능력이 부족한 기업

비합리적인 경영으로 효율성이 낮으므로 M&A 이후 경영의 효율성을 살릴 수 있다.

넷째, 주주들의 방어능력이 부족한 기업

전환사채, 신주인수권부사채, 전환우선주, 주식예탁증서, 교환사채 등을 많이 발행한 기업은 주식매집이 쉬우므로 비교적 M&A가 쉽다.

다섯째, 대주주 지분이 낮은 기업

유통주식수가 많거나 부도위기에 있거나 대주주 지분이 낮아 안정화 비율이 낮은 기업은 M&A의 대상이 된다.

〈표 4-16〉 M&A의 기능

구 분	내 용
순기능	- 신규 사업에 참여하는 시간절약 - 새로운 시장으로 진입이 쉬움 - 기존회사의 경영정보와 유능한 인력확보 등 투자비용 절감
역기능	- 경영자나 대주주의 이익극대화를 위해 부의 집중화 가능 - 기업의 경쟁제한으로 재무구조 악화 가능

2.16 계절수혜주

계절수혜주는 세계적으로 나타나는 현상이다. 계절수혜주를 구성하고 있는 기업들의 주가를 보면 기온이나 강수량과 연관되어 나타나고 있다.

황사가 발생하는 봄에는 소독업종, 방역업종, 구제역관련업종이나 농번기와 관련된 업종들이 투자자의 관심을 끌게 된다.

무더위가 찾아오는 여름에는 엘리뇨현상, 열대야현상, 태풍이나 집중호우, 전염병관련 업종들이 부각되고 있다. 가을은 큰 특징이 없으나 여행관련업종이 관심을 끌기도 한다. 겨울에는 추위가 극심할수록 난방관련업종들이 상승하기도 한다.

여름에는 무더위관련 수혜주인 빙과류 · 청량음료 · 맥주 · 냉방기 관련주들의 매출액이 증가하면서 주가도 상승하게 된다. 이들 주가는 계절에 2~3개월 앞서 선행하는 경향을 보이므로 주로 5월을 전후하여 봄철에 반영되고 있다. 그러나 여름철 무더위의 변수인 열대야가 강하게 나타날수록 청량음료나 맥주관련주들의 상승세가 강하게 나타난다.

또한 여름에 예기치 않게 찾아오는 태풍이나 집중호우로 인해 피해가 발생할 경우에는 수해관련주들의 상승이 눈길을 끌게 한다. 시멘트, 라면, 생필품 등 피해복구관련주와 상대적으로 맥주에 비해 소주의 판매량이 증가하게 된다.

봄철에는 황사나 구제역, 농번기와 관련하여 공기청정, 비료 및 농약주, 제약주, 참치관련주들의 순환상승이 나타나기도 한다.

〈표 4-17〉 계절수혜주

구분	수혜주	구분	수혜주
빙과류	롯데제과, 빙그레	농약주 비료주	동부한농, 경농, 동방아그로, 성보화학
청량음료	롯데칠성		
맥주	하이트맥주, 두산	참치관련	오양수산, 동원수산
냉방기	센추리, 신일산업	여행	하나투어, 대한항공
공기청정	웅진코웨이, 위닉스	도시가스	삼천리

2.17 광우병/구제역

구제역은 소나 돼지 등의 입과 발굽 주변에 물집이 생기는 질환으로 치사율이 5~55%에 달하는 가축의 제1종 바이러스 법정전염병이다. 광우병은 4~5세의 소에서 주로 발생하는 전염성 뇌질환으로 소의 뇌에 구멍이 생겨 갑자기 미친 듯이 포악해지고 난폭해지는 등의 행동을 보이는 것이 특징이다.

광우병과 구제역이 특정기업에 직접적인 영향을 미치지 않지만 확산될 경우 닭고기 및 수산업 관련업체가 수요확대에 따른 반사이익을 얻을 수 있다. 소독제를 파는 동물약품업체와 축사 등 소독용으로 사용되는 생석회업체 그리고 소독용 방제기 생산업체도 일시적으로 수혜가 예상된다. 반면 사료업체와 동물약품업체는 사육가축의 감소로 피해가 우려된다.

광우병과 구제역 발생은 주식시장에 단기테마로 관심을 모으고 있으나 실질적으로 큰 수혜를 받는 기업이 부각되지는 못하고 있다. 과거 주식시장을 보면 닭고기 및 수산물업체와 소독관련업체가 단기적인 순환상승을 보여주었다.

〈표 4-18〉 광우병/구제역

구 분	기 업
닭고기업체	하림, 마니커
소독업체	백광소재
동물약품업체	중앙바이오텍, 대성미생물연구소, 이글벳
양계사료업체	케이씨피드, 동아원
돼지사료업체	도드람B&F, 선진
사료첨가제업체	이지바이오, 대성미생물연구소
수산업체	오양수산, 사조산업, 동원수산
소독용 방제기업체	한성에코넷, 파루

2.18 그 외 다양한 테마주들

앞에서 살펴본 테마주 외에 반도체장비, 인터넷 홈쇼핑, 엔터테인먼트, 게임, 휴대폰용품, 무선인터넷, 디지털방송 등의 테마주는 다음과 같다.

〈표 4-19〉 다양한 테마주

테마주	종 목
반도체장비	디아이, 신성이엔지, 미래산업, 케이씨텍, 삼우이엔씨, 아토, 피에스케이, 디지웨이브텍, 넥사이언, 라셈텍, 유니셈, 동양반도체, 심텍
보안주	싸이버텍, 장미디어, 한국정보공학, 퓨처시스템, 싸이더스, 시큐어소프트, 안철수연구소, 소프트포럼, 이니텍, 인젠
인터넷 홈쇼핑/택배관련	대한통운, 수출포장, 동양건설, 한솔CSN, 태림포장, 한익스프레스, GS홈쇼핑, 코리아텐더, 인터파크 CJ홈쇼핑
엔터테인먼트	영실업, 소예, 엔터원, CJ인터넷, 포이보스, 코코, 에스엠, 오로라, 예당, YBM서울, 대원씨앤에이, 강원랜드
게임	써니YNK, 엔씨소프트, 이오리스, 엔틱스소프트, 소프트맥스, SNH, 액토즈소프트, 세고, 한빛소프트, 웹젠
바이오	선진, 조아제약, 이지바이오, 대성미생물, 라이브코드, 마크로젠, 자원메디칼, 솔고바이오, 중앙바이오텍, 바이오스페이, 대한바이오
휴대폰용품	한성엘컴텍, 유일전자, 세코닉스, 피앤텔, 서울반도체, 인탑스, KH바텍, 디스플레이텍, 재영솔루텍, 아모텍
반도체	동진세미컴, 우영, 아큐텍반도체, 메디아나전자, 원익, 네패스, 유원컴텍, 에프에스티, 테크노세미컴, 피케이엘, 풍산마이크론
교육	웅진씽크빅, 이디, 인투스, 에듀박스, 이루넷, 클레어링크, 케이스
전쟁관련	한화, 풍산, 현대상사, 삼성테크윈, 중앙에너비스, 흥구석유, 해룡실리콘, 두산인프라코어
무선인터넷	야호, 지어소프트, 옴니텔, 필링크, 소프텔레웨어, 유엔젤, 코원
디지털방송	쌍용정보통신, 휴맥스, GS홈쇼핑, 유니와이드, 디씨씨, 큐릭스, 한빛아이앤비, 포스데이타, LG마이크론, 한단정보통신, 한국트로닉스
유가상승수혜	대림산업, 삼환기업, 삼성물산, LG상사, FNC코오롱, 동원, SK, 효성, 대성산업, GS건설, 현대중공업, 현대상사
공기청정기	웅진코웨이, 위닉스, 크리앤사이언, 크린에어텍

참고 Reference

1. 지주회사

지주회사(holding company)는 다른 회사의 주식 또는 지분을 소유함으로써 그 회사의 사업활동 지배를 목적으로 하는 회사를 말한다. 일반적으로 지주회사는 다른 회사의 주식을 소유하기 위한 목적으로 설립된 회사를 말한다.

독점 규제 및 공정거래에 관한 법률에서는 "주식 소유를 통해 국내 회사의 사업내용을 지배하는 것을 주된 사업으로 하는 회사로, 자산총액이 1,000억원 이상이면서 소유하고 있는 자회사의 주식가액의 합계액이 당해 회사 자산총액의 100분의 50 이상인 회사"를 지주회사로 규정하고 있다.

지주회사는 회사 자신이 다른 사업을 영위하고 있는가에 따라 순수지주회사와 사업지주회사로 나누어진다. 순수지주회사는 별도의 사업을 영위하지 않으면서 오직 다른 회사의 지배·관리만을 목적으로 하는 회사를 말한다. 사업지주회사는 고유의 사업을 영위하면서 부수적으로 주식의 소유를 통해 다른 회사를 지배하려는 것을 목적으로 하는 회사를 말한다.

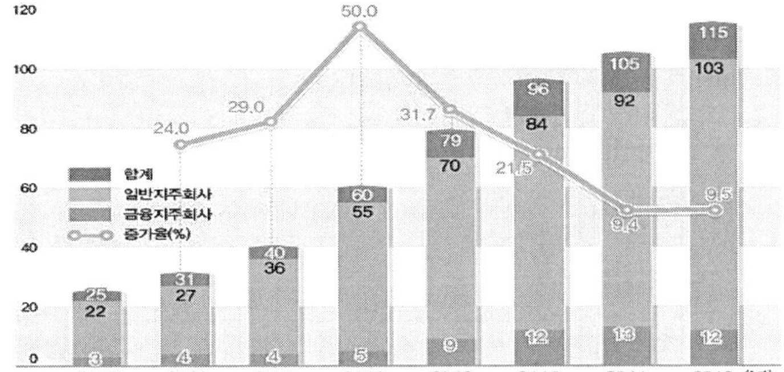

자료 : 공정거래위원회

[그림 4-3] 연도별 공정거래법상 지주회사수 현황(단위 : 개, 누적)

공정거래위원회가 2013년 9월 기준으로 발표한 지주회사는 127개로 이는 2012년도 115개에서 10.4% 증가한 것이다. 자산 규모 5조원 이상 대기업 집단 62개 가운데 16개가 지주회사인 것으로 조사되어 대기업 집단 4곳 중 1곳은 지주회사로 인식되고 있다.

〈표 4-20〉 각 지주회사별 자회사 현황

지주회사	자회사
한화	한화케미칼, 대한생명보험, 한화호텔앤드리조트, 한화건설, 한화테크엄
두산	두산중공업, 디아이피홀딩스, 두산타워, 두산동아
SK	SK에너지, SK E&M, 케이파워, SK가스, SKC, SK텔레콤, SK가스, SK네트윅스, SK건설, SK해운
CJ	CJ제일제당, CJ프레시웨이, CJ푸드빌, CJ엔터테인먼트, CJ CGV, CJ인터넷, CJ오소핑, CJ GLS, CJ창업투자, CJ미디어, CJ올리브영, CJ건설, CJ시스템즈, 엠넷미디어, 오미디어
LG	LG전자, LG화학, LG하우시스, LG생활건강, LG CNS, LG솔라에너지, 서브원, LG생명과학, LG MMA, LG 유플러스, 리투알
삼성물산	삼성SDS
삼성카드	삼성에버랜드
두산인프라코어	밥캣, 두산중국유한공사
온미디어	오리온시네마네트워크, 바둑텔레비전, 온게임네트워크, 동구케이블방송, 수성케이블방송
CJ E&M	온미디어, CJ미디어, 엠넷미디어
GS	GS칼텍스, GS리테일, GS홈쇼핑, GS스포츠, GS이피에스, GS글로벌
신한금융지주	신한은행, 제주은행, 신한카드, 신한금융투자, 신한생명보험, 신한캐피탈, 신한비엔피파리바자산운용, 신한신용정보, 신한프라이빗에쿼티, SHC매니지먼트, 신한데이타시스템
농심홀딩스	농심, 율촌화학, 태경농산, 농심기획, 농심엔지니어링, 농심개발
태평양	아모레퍼시픽, 태평양제약, 아모스, 에쿼드, 이니스프리
하나금융지주	하나은행, 하나대투증권, 하나캐피탈, 하나SK카드, 하나HSBC생명보험
녹십자홀딩스	녹십자, GC헬스케어, 녹십자EM, 상아제약, 녹십자백신
대웅	대웅제약, 알앤피코리아, 대웅생명과학, 이지메디컴, 대웅상사

chapter

5

금융상품

01 금융상품

1.1 증권저축

증권저축은 미리 저축기간을 정하고 정기 또는 수시로 일정액 이상의 저축금을 납입한 후 저축자가 직접 유가증권에 투자하는 상품이다. 세제상 우대혜택이 주어지기도 하며 소액투자자가 투자에 대한 지식과 재산을 증식하는 데 적합하다.

(1) 일반증권저축

증권회사가 1975년에 개발하였으며 저축자로부터 저축금을 받아 이를 대가로 자기가 보유하고 있는 상품유가증권 중 저축자가 지정하는 유가증권을 장외거래의 방법으로 매도한 후 이를 보관하는 것을 원칙으로 한다. 현재는 저축자가 증권회사를 통해 직접 주문을 내어 매매하며 저축재산의 입출금이 자유롭고 세제상 혜택은 없다.

저축한도는 제한이 없으며 저축자는 저축계약기간 중이라도 저축재산의 일부 또는 전부의 반환을 청구할 수 있다. 이때 저축자의 특별한 의사표시가 없는 한 계좌가 해지된 것으로 간주한다.

(2) 근로자우대증권저축

근로자의 저축을 장려하기 위해 1997년 10월 정부가 마련한 상품으로서 비과세 혜택을 주고 있다. 연간 급여총액이 3천만원 이하인 근로자로서 1인 1통장만 가능하며 저축기간은 3년, 4년 또는 5년으로 되어 있다. 이자소득 및 배당소득에 대해 비과세한다.

1.2 수익증권

고객을 대신하여 CD, CP 등 단기금융상품에 투자하여 그 수익금을 투자자에게 지급하는 상품으로 확정금리형이 아닌 실적배당형이다. 수익증권은 원래 투신사의 고유업무이나 1996년 7월 증권회사의 업무영역 확대와 자본시장의 효율성을 높이고자 허용하였다.

수익자는 수익증권의 소지인을, 판매회사는 수익증권을 판매하는 증권회사를, 위탁회사는 고객을 대신하여 유가증권에 투자·운용하는 투자신탁회사를, 수탁회사는 위탁자의 지시에 따라 유가증권의 보관과 관리를 담당하며 신탁업허가를 받은 은행 등을 말한다.

수익증권의 매매가격은 수익자와 판매회사 사이의 수익증권매매와 판매회사와 위탁회사 사이의 신탁재산원본의 증액 또는 감액의 기준이 된다. 매매가격은 매일 일정한 방법에 따라 평가한 결과를 영업장소에 공고하며 1,000좌당 가격을 사용한다.

수익증권의 결산은 신탁재산의 운용성과와 손익을 확정하고 신탁재산의 재산상태를 명확히 하기 위한 일련의 절차로서 신탁기간 종료 시나 신탁계약 해지 시에 실시한다. 통상 1년 동안 발생한 수익금을 분배하여 지급한다.

분배금 지급은 현금지급방법과 지금 즉시 추가 설정하여 수익증권으로 수령하는 재투자방법이 사용된다. 공사채형은 재투자방식을 사용하며 주식형수익증권은 고객에 따라 양자를 선택한다.

수익증권의 저축금액은 원칙적으로 제한이 없으며 제한 없이 입출금이 가능한 임의식과 저축원금을 정한 후 일정기간을 예치하는 거치식, 일정금액의 저축금을 월납하는 적립식이 있다.

1.3 세금우대 종합저축

2000년까지 10%로 저율과세 되던 여러 금융기관의 다양한 저축이 통합되어 '세금우대 종합저축'으로 2001년부터 시행되었다. 세금우대 종합저축은 저축기간이 1년 이상 거치식 또는 적립식으로 투자하며 1년 미만인 경우에는 세금우대에서 제외된다.

가입한도는 1인당 4천만원 이하이지만 장애인, 경로우대, 상이자는 6천만원까지 가능하다. 세금우대 적용이자 및 배당소득은 비과세상품과 마찬가지로 금융소득 종합과세 비대상이다.

1.4 환매조건부채권

환매조건부채권(RP)은 일정기간 후 일정가격으로 다시 매도하거나 매수한다는 계약으로 장외에서 매매하는 상품을 말한다. 초기 매도자는 일단 환매조건부매도 후에 환매수하는 것이고 초기 매수자는 일단 환매조건부매수 후에 환매도하는 것이다.

환매조건부채권의 매매는 채권의 시장실세를 기준으로 매매하며 약정기일이 도래하면 양 당사자는 별도의 의사행위 없이 채권의 인도 또는 대금지급 등 재매매를 이행해야 한다.

환매조건부채권의 매매제도는 투자자에게 고수익성 확보, 거래의 안전성 및 환금성의 보장 등으로 우량한 단기자금 운용수단을 제공하였다. 증권시장은 채권유통시장의 개발을 촉진하는 계기가 되어 채권의 인수업무와 발행업무가 활성화되었다. 증권회사는 운용자금의 대부분을 증권금융, 은행, 종금사 등 금융기관에서 벗어나 자체자금조달 능력이 향상되었다.

환매조건부채권은 증권회사, 은행, 종금사, 증권금융, 우체국 등에서 취급한다.

대상은 환매조건부채권매도의 경우 거래상대방을 제한하지 않지만 환매조건부채권매수의 경우에는 거래상대방을 국가, 지방자치단체, 특수법인, 금융기관, 공공기금 등으로 제한하고 있다.

투자금액은 1만원 이상 제한이 없으며 투자기간은 1일 이상, 투자수익률은 가입당시 약정이율로 확정한다. 상품의 종류는 약정형과 예금형이 있으며 특징은 입출금이 비교적 자유롭고 금액과 기간에 따라 차등 확정금리가 적용된다.

1.5 기업어음

기업어음(CP)은 원래 종합금융사의 고유업무였으나 금융기관 간의 업무영역 조정이 이루어지면서 1997년 8월부터 증권사도 기업어음의 할인과 매매 중개업무가 허용되었다. 가입대상은 제한이 없으며 투자기간은 CP실물의 잔존일수에 따라 달라지고 거래금액은 1억원 이상 원단위이다.

취급대상 기업어음은 상장법인 또는 협회등록법인으로 두 개 이상의 신용평가 전문기관으로부터 B등급 이상의 평가를 받은 기업어음 중 증권사가 선별한다. 만기 전 중도 환매할 경우 투자수익률이 낮아질 수 있으므로 만기상환 받는 것이 유리하다.

1.6 양도성예금증서

양도성예금증서(CD)는 정기예금에 양도성을 부여한 예금증서로 무기명 할인식으로 발행되며 만기일에 증서를 제시하는 사람에게 예금을 지급한다. 증서만기일 전에는 증권회사를 통하여 자유로이 양도가 가능하다.

투자기간은 CD 실물의 잔존일수에 따라 달라지며 거래금액은 액면 5천만원 권이 주종을 이루고 있어 5천만원 단위로 투자해야 한다.

02 신종 금융투자상품

2.1 주가연계증권(ELS)

ELS는 주가연계증권(Equity Linked Securities)으로 국내 금융시장에서 많이 거래되고 있는 금융투자상품이다. ELS는 주가지수 및 특정주식의 움직임에 연계하여 사전에 정해진 조건에 따라 조기 및 만기 상환수익률이 결정되는 만기가 있는 증권이다.

(1) 정의

ELS는 투자원금을 보전하면서 주가상승에 따른 이익까지 챙길 수 있는 신종금융상품이다. 운용자산의 일부분은 국공채에 투자하고 나머지 일부를 파생상품에 투자하여 원금보전은 물론 주가흐름에 따라 확정된 수익률을 보장한다. ELS는 증권거래법상 유가증권으로서 국내증권사 중 장외파생상품 인가를 받은 증권회사만이 발행 가능하다.

ELS를 구성요소별로 구분하면 다음과 같다.

첫째, ELS에는 기초자산이 있다. 기초자산은 주가지수나 주식으로 보통 하나 또는 둘로 구성된다.

둘째, ELS에는 사전에 정해진 수익구조가 있다. 조기 또는 만기상환구조 등이 다양하게 정해져 있다.

셋째, 파생상품 성격이 포함된 파생결합증이다. 국내 금융시장에서 많이 거래되면서 자본시장법에서 파생결합증권으로 재분류되어 있다.

(2) 종류

ELS는 원금이 보장되고 주가지수에 따라 수익률을 추가할 수 있다는 점에서 은행에서 판매하는 주가지수연계정기예금(ELD)과 유사하다. 또한 투신사에서 판매하고 있는 ELF는 운용사가 발행한 주식워런트를 편입한 펀드다. 이 상품도 은행의 ELD와 비슷한 특징을 가지고 있다.

〈표 5-1〉 ELS관련 상품 비교

	ELS	ELD	ELF
정식명칭	Equity Linked Securities	Equity Linked Deposit	Equity Linked Fund
운용회사	국내 인가 증권사	은행	자산운용사/투신사
상품형태	유가증권(청약)	은행(예금)	펀드(수익증권)
상품구조	채권+옵션 등 파생상품	예금+주식워런트	채권+주식워런트
상품성격	유가증권	예금	채권형 펀드
예금자 보호	없음(증권사 파산 시 원금보장 불가능)	원금보장(예금자보호법 적용 : 5천만원 한도)	없음(채권운용성과에 따라 원금보존 여부 결정)
중도해지 및 환매 여부	제한적(거래소 상장이나 판매사 통해 현금화 제한적)	중도해지 가능(해지 시 원금손실 발생)	중도환매 가능(해지 시 원금손실 발생)
과세 여부	배당소득세	이자소득세	소득원천에 따라 배당 또는 이자소득세

(3) 유형 및 수익구조

ELS는 넉아웃형, 리버스 컨버터블형, 디지털형, 불스프레드형 등으로 구분한다.

〈표 5-2〉 ELS 유형 및 수익구조

유 형	수 익 구 조
넉 아 웃 형	만기까지 주가지수 상승률이 단 한 번이라도 미리 정해 놓은 수준에 도달하면 만기수익률이 결정
불스프레드형	만기시점 주가지수 상승률에 비례해 수익률 결정
리 버 스 컨버터블형	미리 정해 놓은 하락폭 밑으로만 빠지지 않는다면 주가지수가 일정부분 하락해도 약속한 수익률 지급
디 지 털 형	만기시점 주가지수가 미리 정해 놓은 상승률 구간을 넘어설 때마다 수익률이 뛰어오르는 형태

2.2 상장지수펀드(ETF)

ETF는 상장지수펀드(Exchange Traded Fund)로 주식처럼 거래소에 상장되어 주식매매와 유사한 방법으로 거래되는 펀드이다. ETF는 일반 펀드보다 투자의 효율성과 투명성 등에서 장점이 있고 일반 주식에 비해 매도 시 거래세가 없다.

(1) 정의

2002년 9월 26일 개설된 ETF 시장은 주가지수와 연동하여 운영하는 인덱스펀드를 기초로 발행한 ETF 증권을 유가증권시장에 상장해 일반 주식과 동일하게 매매하는 것이다. 투자위험의 분산을 추구하면서 주식투자의 간편함과 높은 유동성을 확보할 수 있는 차세대형 인덱스펀드로 다음과 같이 정의된다.

첫째, 거래소에 상장되어 일반 주식처럼 거래되는 펀드이다. 각 ETF는 일반 종목처럼 종목코드가 부여되어 있어 종목을 사고파는 것과 동일하게 증권사 주식위탁 계좌를 통해 펀드를 사고팔 수 있다.

둘째, ETF는 인덱스펀드이다. ETF 대부분 KOSPI200과 같은 특정지수나 국제 금가격과 같은 특정자산의 가격움직임에 연동되는 것을 목표로 한다.

셋째, ETF는 새로운 투자수단이다. ETF는 그 자체로 투자상품이지만 주가지수선물과 같이 차익거래 · 자산배분전략 · 옵션복제전략 등에 사용 가능한 새로운 투자수단이 된다.

(2) 특징

ETF는 기존의 인덱스펀드와 달리 거래소에 상장하여 거래되기 때문에 주식과 같은 방법으로 거래가 가능하다. ETF는 일반 주식과 같이 거래되지만 특정 주가지수를 따라 수익을 내는 특징이 있다.

① ETF 장점

첫째, 유동성이 뛰어나다. 보유한 ETF를 현금화하기 위해 은행이나 증권사 지점창구를 방문할 필요 없이 HTS를 통해 즉시 매도 가능하다. 일반 주식과 같이 T+2일 T의 결제주기를 따르기 때문에 유동성이 매우 뛰어나다.

둘째, 투자판단이 용이하다. 대부분의 ETF는 지수연동형 상품으로 시장 전체 또는 특정산업의 지수수익률에 따라 움직이므로 TV와 신문에 나오는 주가지수 등의 움직임만으로 특정 ETF의 수익률을 가늠할 수 있다.

셋째, 적은 비용으로 투자가 가능하다. 일반 주식형 펀드의 보수율 연 2~3%에 비해 ETF의 보수는 연 1% 미만으로 매우 저렴하며 일반 주식에 비해 매도 시 증권거래세 및 농어촌특별세가 부과되지 않아 아주 적은 비용으로 투자할 수 있다.

넷째, 분산투자가 가능하다. 주식형 ETF의 경우 한주만 매수해도 KOSPI200 지수·섹터지수·해외주가지수와 같이 해당지수를 구성하는 구성종목 전체를 매수한 것과 동일한 효과를 낸다. 그래서 적은 투자금액으로 효율적인 분산투자가 가능하다.

다섯째, 운용의 투명성이 보장된다. 일반 펀드의 경우 자신이 선택한 펀드의 운용내역을 2~3개월 후 사후적으로 확인할 수 있지만 ETF의 경우 PDF(Portfolio Deposit File) 공시제도를 통해 매일 포트폴리오 내역을 확인할 수 있다.

② ETF 단점

ETF는 인덱스펀드와 마찬가지로 단기투자보다는 장기투자에 더 적합한 상품임에도 불구하고 매매가 너무 용이하여 투자가 단기화될 가능성이 있다.

(3) ETF와 뮤추얼펀드의 비교

ETF는 주식과 같이 시장에서 계속 거래되므로 투자자는 원하는 가격과 시간에 시장에서 매매하면 되므로 의사결정과 투자 간 차이를 없앴다. 투자자들은 펀드의 설정과 환매를 통해 투자하는 것이 아니라 거래소를 통해 ETF를 매매하게 된다.

〈표 5-3〉 ETF와 뮤추얼펀드의 비교

	E T F	뮤추얼펀드
장중 매매 가 능 성	투자자들은 장중 시작가격을 보면서 시장가격으로 매매 가능하기 때문에 투자자들이 의사결정을 하고 즉시 실행 가능	투자자들은 종가에 의해서 결정된 펀드 순자산가치에 따라서 설정방법으로 투자하기 때문에 자신의 투자가격을 모르는 상태에서 투자의사결정을 하게 됨
환 매	시장에서 매도하게 되므로 자신의 환매가격을 즉시 결정 가능	환매신청일 다음 날 종가로 환매금액이 결정되므로 투자자는 정확한 금액을 모르고 환매
공 매 도	ETF는 주식과 같이 공매도 또는 대주에 의한 매도가 가능	공매도 또는 대주에 의한 매도 불가능
보 수	ETF의 보수는 일반펀드에 비해 낮음. 매매 시에 매매수수료 부담	일반적인 뮤추얼펀드의 보수는 높음.
거 래 비 용	ETF는 현물로 설정·해지하기 때문에 펀드 내에서 설정·해지에 따른 매매 수수료 부담이 없음.	설정·해지에 따른 거래비용을 다른 투자자가 분담
시상충격 비 용	시장에서 형성되는 ETF의 매수·매도 호가 사이의 시장충격 비용이 있음.	의사결정과 실행 간의 불일치로 인한 기회비용의 손실이 있음.

(4) ETF와 다른 금융상품과의 비교

ETF는 일반 주식에 비해 분산투자를 통한 위험의 감소와 증권거래세 등의 면제를 통한 저비용의 효율적 투자가 가능하다. 또한 일반 주식형 펀드에 비해 펀드운용의 투명성과 환금성이 뛰어나며 전체적인 보수수준이 상대적으로 낮다. 그리고 주가지수선물과 비교할 경우 소액으로 지수 전체를 사는 효과를 얻을 수 있어 매우 효율적인 투자수단이라 할 수 있다.

〈표 5-4〉 ETF와 주식 · 일반펀드 · 주가지수의 비교

구분	ETF	주식	일반 펀드	주가지수 선물
소액투자	가능	가능	가능	불가
분산투자	가능	불가	가능	가능
투명성	높음	높음	낮음	높음
유동성	높음	높음	낮음	높음
결제주기	T+2	T+2	T+3	T+1
레버리지	가능	가능	불가	매우 높음
거래처	전 증권사	전 증권사	판매사	전 증권사
거래비용	위탁수수료+ 총보수(1% 이내)	위탁수수료+ 매매 시 거래세 0.3%	위탁수수료+ 총보수(2% 이내)	위탁수수료

참고 : 금융투자협회 전국투자자교육협의회에서

2.3 주식워런트증권(ELW)

ELW는 주식워런트증권(Equity Linked Warrant)으로 주가지수 및 개별 주식의 가격에 연계하여 사전에 정해진 만기시점에 미리 정해진 행사가격에 사거나 팔 수 있는 권리를 나타내는 증권이다.

파생상품의 성격을 지녀 법적으로는 '파생결합증권'의 한 종류이며 장외파생상품 겸영인가를 취득한 증권회사만이 발행할 수 있도록 하고 있다. 대부분의 ELW는 거래소에 상장되어 있어 주식거래와 유사한 방식으로 비교적 쉽게 매매할 수 있다.

(1) 정의

ELW는 ELS와 더불어 국내 금융시장의 대표적인 금융투자상품이다.

2005년 12월에 처음 상장된 이후 2011년 현재 일 거래대금이 2조원에 이를 정도로 급성장하고 있다. ELW를 정리하면 다음과 같다.

첫째, ELW는 주식과 같은 유가증권으로 유가증권시장에서 상장되어 활발하게 거래되고 있다. 유가증권시장 거래대금의 20~40%에 이르고 있다.

둘째, 파생상품옵션 성격의 파생결합증권으로 사거나 팔 수 있는 권리자체를 거래한다. 주식 및 주가지수를 기초자산으로 하는 다양한 ELW 종목들이 거래되는데 ELW의 가치는 각 기초자산의 가격에 연계하여 변한다.

셋째, 기초자산의 상승을 예상할 때 콜 ELW를 거래하며 기초자산의 하락을 예상할 때 풋 ELW를 거래하면 된다. 만기 이전에 기초자산의 가격변동에 따라 ELW의 가격이 따라서 변동하므로 언제든지 사고팔 수 있다.

(2) 특징

ELW의 투자를 선호하는 이유는 여러 가지 ELW 특징들이 갖는 장점이 많기 때문으로 보인다. 그러나 위험과 수익에는 항상 상충관계가 있어 많은 장점뿐만 아니라 투자위험과 관련된 단점들도 상존하고 있다.

① 레버리지효과

ELW 투자의 가장 큰 장점은 적은 금액으로 짧은 기간에 고수익을 올릴 수 있는 레버리지효과가 있다. ELW의 레버리지효과는 기초자산의 가격변동에 비해 ELW의 가격이 더 큰 폭으로 움직이게 된다. 기초자산에 직접 투자할 때보다 적은 금액을 투자하고도 더 높은 수익을 얻을 수도 있다.

② 위험헤지기능

ELW는 상승과 하락장세에 무관하게 투자수단을 제공한다. 주식 투자자는 계속 상승하기를 원하지만 ELW 투자자는 상승과 하락에 관계없이 수익을 올릴 수 있는 투자기회를 제공하고 있다. 상승장이 예상되면 콜

ELW를, 하락장이 예상되면 풋 ELW에 투자하면 된다.

③ 소액투자 가능

ELW는 적은 돈으로 주가지수나 고가 대형주에 투자할 수 있는 소액투자가 가능하다. 대부분의 ELW가 1,000원 미만에서 거래되므로 주가지수나 고가 대형주를 기초자산으로 하는 ELW를 매수할 수 있다.

또한 ELW를 통해 여러 대형주를 동시에 매수하는 분산투자가 가능하게 할 수 있다. 삼성전자 등 시가총액 상위 대형주 ELW를 적은 금액으로 5~10 종목 매수하는 것이 가능하기 때문에 분산투자를 위한 포트폴리오 구성이 가능하다.

④ 한정된 투자위험

일반적으로 ELW 투자를 고위험·고수익 투자로 분류하지만 동일한 주식수에 대한 투자효과를 비교해 보면 ELW 투자가 주식투자에 비해 안전하고 효율적인 투자효과를 얻을 수 있다.

동일한 주식수로 제한하는 경우 ELW의 투자원금은 주식의 투자원금보다 훨씬 적은 금액이 되며 손실을 입는 경우에도 주식투자 손실보다 적을 수밖에 없다.

⑤ 높은 편의성 및 풍부한 유동성

ELW의 매매제도는 주식과 매우 유사하다. 매매시간도 주식시장과 동일하며 기존의 주식투자자가 별도의 증거금 납입 없이 주식매매와 유사하게 ELW 매매를 할 수 있다.

주식매매의 경우 각 증권사에 내는 거래수수료 외에 주식매도 시 총 0.3%(거래세 0.15%+농특세 0.15%)의 세금이 부과되지만 ELW의 경우는 0.3%의 세금이 면제되어 주식투자에 비해 상대적으로 거래비용을 줄일 수 있다.

(3) ELW와 주식 및 주식(주가지수)옵션과 비교

ELW를 그냥 싼 주식으로 오해할 수 있지만 ELW는 분명히 주식과 다른 파생결합증권이다. 그 중요한 특징들을 비교해 보면 다음과 같다.

〈표 5-5〉 ELW와 주식의 비교

구분	주식	EWL
법적형태	증권(지분증권)	증권(파생결합증권)
거래단위	거래소 10주(단주거래 가능)	증권(단주거래 불가능)
호가주문	시장가/조건부지정가/지정가호가 등	지정가호가(주문)만 허용
가격제한폭	15% 상한가 및 하한가 제한	높은 가격변동성을 고려하여 미적용
신용거래	가능(대용 가능)	미적용(현금거래만 가능)
권리행사	해당사항 없음	만기 행사가치가 있는 경우 자동권리행사
최종거래일	해당사항 없음	최종거래일 있음(만기일 이전 2영업일)
만기 여부	해당사항 없음	만기 있음

참고 : 금융투자협회 전국투자자교육협의회에서

ELW는 파생상품 성격을 갖고 있지만 파생상품인 주식(주가지수) 옵션과 매매나 결제방식에서 많은 차이점을 가지고 있다. 그 중요한 특징들을 비교해 보면 다음과 같다.

〈표 5-6〉 ELW와 주식(주가지수)옵션의 비교

구분	주식(주가지수)옵션	EWL
법적형태	파생상품	증권(파생결합증권)
거래시장	파생상품시장(옵션시장)	유가증권시장(주식시장)
발행주체	옵션매도자(불특정다수)	장외파생상품 겸영업무 인가증권사
투자형태	투자자가 매수/매도 모두 가능	투자자는 매수만 가능
결제계좌	선물옵션계좌(증거금 있음)	주식위탁계좌와 동일(증거금 없음)
결제방식	T+1일 결제(증거금유지 의무)	T+2일 결제(주식과 동일)
신용위험	거래소(청산소)가 결제이행보증	발행자 신용위험에 노출되지만 거의 없음
손실 가능성	무제한	제한적
만기 여부	표준화된 만기	3개월~3년으로 다양

참고 : 금융투자협회 전국투자자교육협의회에서

03 랩어카운트

온라인증권거래로 인해 수익이 감소하고 있는 증권회사들이 부유층을 상대로 종합자산관리서비스를 시작했는데 이것이 바로 랩어카운트(wrap account)이다.

3.1 랩어카운트 이해

(1) 랩어카운트 개념

Wrap account는 wrap(포장하다, 정리하다)과 account(계좌)를 결합한 말로 다양한 투자업무와 자문서비스를 하나로 묶어 하나의 보수를 받는 증권회사의 서비스이다.

랩어카운트는 증권회사가 투자자의 투자성향과 투자목적 등을 분석한 후 고객에게 적합한 주식, 채권, 수익증권, 뮤추얼펀드 등을 대상으로 가장 적합한 포트폴리오를 추천하고 운용하여 수수료가 아닌 일정한 보수를 받는 '종합자산관리계좌'이다.

(2) 랩어카운트 운영절차

투자자 성향분석 ⇒ 투자계획 작성 ⇒ 계좌개설 ⇒ 투자실행 ⇒ 계좌관리 ⇒ 성과평가 ⇒ 투자조정 ⇒ 관리감독 ⇒ 보수계산 ⇒ 투자 및 자문서비스 지속

(3) 랩어카운트 발전과정

랩어카운트는 1970년대 말 세계적인 유가파동 직후 경기불황기에 미국에서 개발되었으며 1987년 10월 블랙먼데이 이후 투자자들의 직접투

자가 위축되면서 그 대안으로 크게 활성화되었다. 1990년대 이후 주식시장이 지속적으로 성장하고 투자자의 수요가 다양화지면서 미국 증권사들의 주력상품으로 성장하게 되었다.

주요 성공요인으로는 저렴한 거래비용, 개인별 종합적인 투자분석 서비스, 투자성과에 대한 평가와 감독 등이 있다. 제공되는 자산운용서비스는 투자자문서비스, 운용보고서 통보, 투자결과의 평가, 질의응답 등을 제공하고 있다.

3.2 랩어카운트 특징

첫째, 유가증권 투자에 관한 자산관리서비스이다. 랩어카운트는 모든 금융자산을 포함하는 금융자산관리서비스보다 좁은 개념으로 유가증권 투자에 관한 서비스만 다루는 개인별 종합적인 자산관리서비스이다.

둘째, 개인별 투자성향과 투자목적에 따른 맞춤형 투자자문서비스이다. 고객의 투자성향이 안정성 또는 수익성을 선호하는지에 따라 채권과 주식의 보유비율을 조정하는 자산운영서비스를 제공한다.

셋째, 자산잔고를 기준으로 보수를 받는다. 위탁영업은 거래대금에 의해 수수료를 받지만 랩어카운트는 자산잔고를 기준으로 보수를 받게 된다. 자산규모가 클수록 많은 보수를 받게 된다.

3.3 랩어카운트 종류

랩어카운트는 자산운용방식에 따라, 투자대상에 따라, 투자일임의 정도 등에 따라 다양한 종류가 존재하고 있다.

(1) 투자일임 정도에 따라

투자일임의 정도에 따라 자문형 랩어카운트와 일임형 랩어카운트로 구분하고 있다.

자문형은 증권사가 고객에게 자산관리에 대한 자문만 해주고 있어 고객은 이를 참고하여 스스로 유가증권을 운용한다.

일임형은 증권사가 고객의 투자와 관련하여 완전한 일임 및 대리권을 가지는 것으로 증권사의 맞춤형 자산관리업무가 가능하다.

절충형은 고객과 증권사가 계좌운용을 공유하도록 고객의 참여범위를 확대하였다.

(2) 자산운용방식에 따라

자산운용방식에 따라 컨설턴트형 및 펀드형으로 구분한다.

펀드형은 증권사가 고객과의 상담을 통해 고객의 성향 등을 파악하여 고객에게 최적의 포트폴리오를 구성하는 투자전략을 제안해 준다.

컨설턴트형은 고객의 적극적이고 다양한 투자목적을 반영하기 위해 증권사가 상담을 통해 여러 자문회사 중에서 하나 또는 복수의 자문회사를 소개해 준다.

〈표 5-7〉 기존영업과 랩어카운트의 비교

구 분	위 탁	투신상품	랩
업무분야	증권업(매매중개)	투신업(투신상품판매)	증권업+투신업+ 투자자문업(컨설팅)
수 익	매매수수료	Fee-based 수수료	Fee-based 보수
영업직원 자격요건	2종 투자상담사 1종 투자상담사	-	FP(금융자산관리사) 일반운용전문인력
영업핵심	종목 및 매매타이밍선정 매매기술	자금 유치력	자금 유치력 포트폴리오 관리능력
주요 고객	직접투자고객	간접투자고객	직접투자 및 간접투자고객 맞춤형 서비스희망 고객

〈표 5-8〉 랩어카운트의 장단점

구 분	장 점	단 점
증 권 회 사	• 자산기준의 운용수수료 수입 가능 • 안정적인 수익기반 확보 • 이익상충 적음(고객의 신뢰획득 가능) • 고객의 관계 긴밀화 및 장기화 • 영업사원의 독립성 약화	• 영업직원의 재교육 등 Wrap 업무에 대응하기 위한 시스템구축 비용 소요 • 수수료 수입총액의 감소 우려
영 업 직 원	• 이익상충 문제 해결 (고객 유인효과)	• 회사로부터 독립성 약화 • 수입감소 우려
고 객	• 이익상충 가능성 적음 • 소액으로 전문가의 서비스 가능 • 주문형 상품으로 고객수요 부응 • 다양한 서비스 이용 가능	• 주가하락 시 상대적으로 수수료 부담 증가 • 일괄 수수료로 불필요한 서비스대가 지불
투 자 자문사	• 고객저변의 확대 • 수수료와 무관한 신축적 운용 가능 • 사무비용 절감	• 운용보수의 감소 • 시장상황에 관계없이 수수료 이상의 운용성적 요구부담

04 자산유동화증권 상품

자산유동화는 증권을 통한 자산유동화를 나타내며 자산유동화증권, 주택저당대출유동화증권, 부동산증권상품 등이 있다.

4.1 자산유동화증권(ABS)

(1) 의미

ABS는 자산유동화증권(Asset-Backed Security)으로 기업이나 금융기관이 보유하고 있는 자산 중 유동성이 낮은 부동산, 유가증권, 매출채권, 주택저당채권 등의 자산을 표준화하고 조건별로 그룹화하여 이를 기초로 증권을 발행하고 기초자산의 현금흐름을 이용하여 증권을 상환하는 상품이다.

ABS의 발행주체는 은행이나 금융회사로 일반 사채와 달리 특정자산의 신용력을 담보로 하기 때문에 신용등급이 높고 안정성이 뛰어나 유통시장에서 활발하게 거래되고 있다.

미국에서는 제2차 세계대전 이전부터 주택금융을 대상으로 대출채권의 유동화정책이 시행되었으며 1975년 주택저당대출자산 유동화증권(MBS)을 발행하면서 유동화시장이 급속도록 보급되었다. 우리나라는 IMF 이후 자산유동화증권에 대한 관심이 늘면서 1998년 9월에 자산유동화에 대한 법률이 제정되었다.

최근에는 컴퓨터 리스채권, 항공기 리스채권 등 다양한 자산을 기초자산으로 하는 유동화증권의 발행이 급증하고 있다. 그 이유는 기업이나 금융기관이 보유하고 있는 부실채권 문제를 해결하고 자금조달방안으로 자산유동화증권이 적극 활용되고 있기 때문이다.

자산유동화증권은 기초자산이 주택저당대출채권인 경우 주택저당대출유동화증권(MBS), 채권인 경우 CBO(Collateralized Bond Obligation), 은행대출채권인 경우 CLO(Collateralized Loan Obligation), 신용카드대출인 경우 CARD(Certificates of Amortizing Revolving Debts), 자동차할부대출인 경우 Auto-loan ABS 등으로 부른다.

(2) 특징

첫째, 자산유동화증권은 자산보유자의 신용도와 관련이 없으며 자산 전체의 신용도로 발행되는 증권이다.

둘째, 자산유동화증권의 신용도는 기초자산의 신용도와 신용보강 등에 의해 결정된다.

셋째, 자산유동화증권은 다양한 구조와 보강 등을 통해 일반적으로 자산보유자보다 높은 신용도를 지닌 증권으로 발행된다.

4.2 주택저당대출유동화증권(MBS)

(1) 의미

MBS는 주택저당대출유동화증권(Mortgage Backed Security)으로 주택자금대출에 따라 발행된 저당권이나 대출채권을 근거로 발행된 일종의 자산유동화증권이다. 여기서 저당대출은 신용대출과 대비되는 부동산담보대출을 의미하나 경우에 따라 저당증서, 저당금융제도 등의 의미로 사용되기도 한다.

은행은 MBS를 발행함으로써 자금을 회수하고 다른 사람에게 또 다시 주택자금을 대출해 주며 주택구입자에게 보다 쉽게 장기자금을 빌릴 수 있는 기회를 만들어 주게 된다. 투자자는 간접적으로 주택담보를 갖고 자금을 이용할 수 있어 MBS는 부동산시장을 활성화시키는 역할이 있다.

(2) 특징

첫째, 주택저당대출의 만기와 직접적으로 연계되어 있기 때문에 일반적으로 MBS는 장기로 발행되는 금융상품이다.

둘째, 조기상환 여부에 따라 수익이 변동된다.

셋째, 채권구조가 복잡하고 현금흐름이 불확실하기 때문에 국채나 회사채보다 일반적으로 수익률이 높다.

넷째, 자산담보에 의한 별도의 신용보강이 보장되어 있기 때문에 회사채보다 높은 신용등급의 채권을 발행한다.

다섯째, 매월 대출원리금 상환액에 기초하여 매월 발행증권에 대한 원리금을 상환한다.

4.3 부동산증권상품(REITs)

(1) 의미

REITs는 리츠(Real Estate Investment in Trusts)로 다수의 투자자로부터 자금을 모아 부동산에 투자한 후 운용수익을 투자자에게 배당하는 부동산 간접투자상품이다. 리츠는 부동산 뮤추얼펀드라 부르기도 한다. 다수의 투자자로부터 모은 자금을 부동산이나 부동산관련 유가증권(ABS, MBS, 부동산투자회사의 주식) 등에 투자하거나 운용하여 발생된 수익을 투자자에게 배당하는 간접투자의 형태이다.

REITs는 침체되어 있는 부동산경기를 활성화하고 기업의 구조조정과 금융기관의 부실자산정리를 목적으로 도입되었다. 우리나라는 2001년 7월 1일부터 부동산투자회사를 설립할 수 있는 근거가 마련되었다. 여기서 부동산투자회사는 주식을 발행하여 투자자의 자금을 모집한 후 이를 부동산 등에 투자하여 운용한 후 그 수익을 투자자에게 배당하는 주식회사를 말한다.

REITs는 채권보다 높은 수익을 기대할 수 있지만 안정성이 떨어지는 상품이다. 그러나 주식보다는 안정적인 상품이다. REITs는 수익률이 하락하더라도 부동산이 남아 있기 때문에 원금을 잃어버릴 수 있는 주식에 비해 안정적이라 할 수 있다.

(2) 특징

첫째, REITs는 주로 부동산을 투자하므로 주식에 비해 장기성 투자상품이다.

둘째, REITs는 수익성은 채권보다 높아 주식과 채권의 중간 정도이다.

셋째, REITs는 수익성이 높으면서 안정성이 보장되는 상품이다.

넷째, REITs는 부동산을 주식으로 전환시킨 것으로 거래가 자유롭고 현금 확보가 쉬어 높은 유동성이 보장되고 있다.

05 간접투자상품 : 수익증권 및 뮤추얼펀드

간접투자상품인 수익증권과 뮤추얼펀드는 실제로 투자신탁운용회사가 운용하지만 대부분 증권회사에서 위탁 판매되고 있다.

5.1 신종 MMF와 클린 MMF

신종 MMF는 가입자격이 제한 없으며 투자기간은 1일 이상으로 수시 입출금이 가능하다. 환매수수료가 없으며 편입가능자산은 국채, 통안채 50% 이하, BBB-이상 회사채, A3-이상 CP이다.

클린 MMF는 가입자격이 제한 없으며 투자기간은 30일 이상으로 환매수수료는 29일까지 이익금의 70%가 부과된다. 편입가능자산은 국채, 통안채 50% 이하, A-이상 회사채, A3-이상 CP이다.

5.2 채권형 펀드

국공채 펀드는 국채, 통안채, 지방채, 정부투자기관채권 등 국공채로만 60% 이상, CD · CP · 콜 등 유동성자산 40% 이하로 운용한다.

우량회사채 펀드는 국공채 외에 금융채, 카드채, A-이상 회사채 등으로 60% 이상, CD · CP · 콜 등 유동성자산 40% 이하로 운용한다.

일반채권형 펀드는 국공채, 우량채권 외에 BBB-이상 회사채 등으로 60% 이상, CD · CP · 콜 등 유동성자산 40% 이하로 운용한다.

가입자격과 가입금액은 제한이 없으며 투자기간은 단기 3개월 이상, 중기 6개월 이상, 장기 1년 이상으로 구분한다.

5.3 혼합형 펀드

채권혼합형은 주식 20%~30% 또는 50% 미만, 채권 및 유동성자산 70%~80% 또는 50% 이상으로 운용하며 채권의 안정성과 주식투자의 추가이익을 기대하는 펀드이다.

주식혼합형은 주식 40%~60% 또는 80% 미만, 채권 및 유동성자산 60%~40% 또는 20% 이상으로 운용하는 펀드이다. 펀드운용특징에 따라 인덱스펀드, 전환형 펀드, 원금안정펀드, 테마형 펀드 등이 있다.

주식형은 주식편입비율이 60% 이상이고 기타 특징은 주식혼합형과 유사하다.

하이일드형은 투기등급 BB+ 이하 채권을 의무적으로 편입하여 고수익 달성을 목표로 하므로 위험성이 크다(High Risk High Return).

가입금액이 제한 없으며 투자기간은 단기 3개월 이상, 중기 6개월 이상, 장기 1년 이상으로 구분한다. 단 하이일드형은 6개월 이상이다.

5.4 생계형 저축

가계 생계유지형 저축자금에 대해 비과세 혜택을 부여하므로 다음 대상자가 해당상품에 저축하는 경우 저축기간에 관계없이 비과세혜택을 부여한다(2000. 10. 21시행).

가입대상은 경로우대, 장애인, 상이자, 생활보호대상자, 독립유공자 가족이며 가입한도는 1인당 2천만원으로 중복가입이 가능하다. 대상상품은 수익증권상품과 증권저축상품이 있다. 가입시한과 저축기간의 제한이 없어 중도해지 시에도 비과세 적용을 받는다.

06 예금보험제도

예금보험제도는 금융기관이 파산 등으로 인해 고객의 예금을 지급하지 못하게 될 경우를 대비하여 예금자보호법을 제정하여 고객들의 예금을 보호하는 제도를 말한다. 예금보험에 가입한 금융기관은 증권회사, 은행, 보험회사, 종합금융회사, 저축은행의 5개 금융권이다.

농·수협 중앙회나 외국은행 지점은 은행법에 의한 은행이므로 예금보험 금융기관이다. 그러나 농·수협의 단위조합 및 새마을금고는 예금보험 금융기관이 아니며 각 중앙회 및 새마을금고 연합회에서 자체적으로 적립한 기금을 통해 보호하고 있다.

현재 원금과 소정의 이자를 합하여 1인당 최고 5천만원까지 보호를 받는다. 예금보험공사로부터 보호받지 못한 나머지 예금은 파산한 금융기관이 선순위채권을 변제하고 남는 재산이 있는 경우 이를 다른 채권자들과 함께 채권액에 비례하여 분배받음으로써 그 전부 또는 일부를 돌려받을 수 있다.

1인당 한도 5천만원은 동일한 금융기관에서 예금자 1인이 보호받을 수 있는 총금액이므로 금융기관을 분할하여 가입할 경우 각각 보호받을 수 있다. 만일 해당 금융기관에 대출이 있는 경우에는 예금에서 대출금을 먼저 상환시키고 남은 예금을 기준으로 보호한다.

참고 Reference

1. 환매조건부채권

환매조건부채권(RP)은 현시점에서 거래의 일방이 상대방에게 채권을 매도 또는 매수하면서 동일한 채권을 미래의 특정시점에 일정가액으로 반대로 환매하기로 약정한 거래로 매매와 환매가 하나의 매매계약으로 동시에 이루어지는 유가증권의 매매계약이다.

① 대상유가증권

국채 / 지방채 / 특수채 / 상장법인, 등록법인, 금융감독위원회 등록법인이 공모한 사채(전환사채, 신주인수권부사채, 이익참가부사채) / 은행 등 금융기관이 보증하는 보증사채

② 취급기관 : 증권회사 / 은행 및 종금사(매도업무만 가능)

③ 가입대상 및 거래방식 : 개인 및 일반법인

④ 매매단위 및 약정기간 : 1만원 이상 제한 없음

⑤ 매매약정단가

(a) 증권회사의 대고객조건부 매수단가는 액면 1만원을 기준으로 감독원장이 지정한 채권가격평가기관 중 2 이상의 기관에서 제공하는 수익률을 적용하여 복할인의 방법으로 산정, 원미만 절사

(b) 증권회사 등의 대고객조건부 매도단가는 (a)항의 방법으로 산정된 금액과 동금액을 백원 단위에서 4사5입한 금액범위 내에서 얻어진 금액과의 범위 내에서 원단위로 정함

⑥ 환매이율

약정기일 전/후 이율 등 환매채 매매와 관련된 모든 이율은 고객과 취급기관이 협의하여 결정

⑦ 매도채권의 보관·관리

고객의 위탁을 받거나 요구가 있는 경우 취급기관이 보관·관리할

수 있고 전액을 증권예탁원에 고객예탁분이라는 것을 명시하여 예탁하며 일일정산을 통해 매도채권의 시장가치가 환매가격을 하회(상회)하는 경우 차액에 상응하는 채권을 고객에게(으로부터) 제공(이전)해야 함.

⑧ 매도채권의 대체

환매수의 이행에 지장을 초래하지 않는 범위 내에서 등가 이상의 채권으로 대체 가능

⑨ 매도채권의 수입이자 처리 : 환매일에 환매가와 정산

2. 소액국공채

거래소에서는 투자자가 등기 등과 관련하여 의무적으로 매입하는 국공채 등 첨가소화채권의 환금성을 제고하고 매입자의 편익을 제고하기 위해 소액채권을 거래소에서 매매하도록 하고 있다.

거래대상채권

- 제1종국민주택채권
- 서울도시철도공채증권
- 지역개발공채증권
- 지방도시철도채권(광역시) 및 부산교통채권증권

이 중 거래일 기준으로 당월 및 전월에 발행된 1계좌당(소액채권전용 공동계좌의 경우 1인당) 호가수량이 액면 5천만원 이하에 해당된다. 거래소는 소액채권의 거래를 원활히 하기 위해 의무적으로 매수호가를 제시하는 소액채권전담회원을 지정 · 운영한다.

또한 장외시장을 통한 소액채권 매매도 가능한데 증권회사는 본점 및 지점에 채권전담창구를 설치하고 채권에 관한 전문적인 지식을 갖추고 있는 임직원을 배치하여 소액채권(매매금액 5백만원 미만) 업무를 취급하고 있다. 증권회사가 고객으로부터 소액채권에 대한 주문을 받은 때에는 반드시 응해야 하고 첨가소화채 중 경과물 등의 환금성을 부여하고 있다.

chapter

6

발행시장

01 발행시장의 개요

증권시장은 발행시장과 유통시장으로 구성되어 있다. 발행시장은 새로운 증권을 발행하여 발행주체가 장기자본을 조달하는 시장이다. 발행주체는 기업, 공공단체, 국가기관으로 주식, 국공채, 회사채 등을 투자자에게 매각하여 자금을 조달한다. 유통시장은 이미 발행된 증권이 투자자들 사이에서 매매되는 시장이다.

1.1 발행시장의 의의

발행시장은 자금을 필요로 하는 발행주체가 투자자에게 새로 발행되는 증권의 취득을 권유하거나, 이미 발행된 증권의 매도의 청약을 하거나 매수의 청약을 권유하여 자금을 조달하는 시장을 말한다. 발행시장은 유가증권의 모집과 매출의 기능을 수행하고 있다.

- 유가증권 모집 : 신규로 발행하는 유가증권의 취득을 권유하는 행위
- 유가증권 매출 : 이미 발행된 증권을 대중에게 판매하는 행위

발행시장은 자금의 수요자인 발행주체가 자금의 공급자인 투자자에게 유가증권을 매각함으로써 자금을 조달하는 추상적인 시장으로 제1차 시장(primary market)이라 부르기도 한다.

1.2 발행시장의 기능

(1) 자금조달기능

발행시장은 발행주체의 측면에서 볼 때 수많은 투자자로부터 거액의 장기자금을 일시에 조달할 수 있도록 기회를 제공하고 있다. 또한 이러

한 자금공급에 따라 창출되는 부가가치를 배당 또는 이자 등의 형태로 투자자에게 적절히 배분하는 창구기능을 담당하고 있다.

(2) 자본집중기능

수많은 투자자로부터 증권을 매개로 하여 자금의 수요자에게 자본을 집중시켜 주는 역할을 한다.

(3) 최초 소유분산기능

새로이 발행되는 증권의 최초 분산을 가능하게 하여 기업의 소유구조를 분산시키게 된다.

(4) 경제안정기능

정부는 증권시장에서 공개시장조작 등을 통해 통화량을 조정하여 경기를 조절하는 등 경제안정기능을 한다.

(5) 투자수단 제공기능

투자자는 주식과 채권 등을 매입함으로써 기업에 자금을 제공하고 배당과 이자를 제공받아 투자자금의 증식이 이루어진다.

02 발행시장의 구조

발행시장은 자금의 수요자인 증권의 발행주체, 자금의 공급자인 투자자, 증권발행 시 위험을 부담하고 사무절차를 주도함으로써 자금의 수요자와 공급자를 연결시켜 주는 인수기관으로 구성되어 있다.

[그림 6-1] 발행시장의 구조

2.1 발행주체

발행주체(발행자)는 주식이나 채권 등 증권을 발행하여 자금을 조달하는 주식회사, 국가 및 지방자치단체, 한국은행 등 특수법인 등이 있다.

2.2 발행기관

발행기간은 증권의 발행자와 투자자 사이에서 증권발행에 대한 사무적인 일과 발행자를 대신하여 증권발행에 따르는 여러 가지 위험에 대한 책임을 진다. 또한 증권을 매출하거나 모집할 때 인수기능을 담당한다. 인수기능이란 발행자로부터 유가증권을 매입하는 기능을 말한다.

유가증권의 발행에 대한 책임과 위험을 분산하고 원활한 발행업무를 위해 여러 발행기관이 공동으로 참여하게 되는데, 이러한 발행기관의 집단을 넓은 의미로 인수단(syndicate)이라 한다. 발행기관은 간사단, 인수단, 청약단으로 그 역할을 구분한다.

(1) 간사단

증권의 발행자와 투자자 사이에서 증권이 원활하게 이동 배분될 수 있도록 인수단을 구성하고 증권발행에 따른 사무처리, 발행자에 대한 조언 및 사무절차의 대행을 행하는 기관이다. 이 중 책임을 지고 모든 업무를 관장하는 회사를 주간사회사라 하며 나머지 발행기관을 공동간사회사라 한다.

간사단으로는 증권회사와 종합금융회사만 가능하나 채권의 경우 산업은행 등 일부 은행도 간사회사가 될 수 있다.

(2) 인수단

인수단은 유가증권을 발행주체로부터 직접 취득하거나 공모를 주선하는 등 인수기능을 하는 자로서 주간사회사가 정한 자를 말한다. 인수형태는 총액인수와 잔액인수, 공모주선이 있다. 인수단으로는 증권회사와 종합금융회사, 증권투자신탁회사, 은행의 신탁계정, 증권투자회사(뮤추얼펀드) 등이 있다.

(3) 청약단

수많은 투자자를 대상으로 청약을 대행해 주는 기관이다. 자기의 책임과 계산 없이 단순히 청약만 대행하며 모집내역을 집계하여 인수단에 직접 청약하므로 특별한 자격요건이 없으며 투자자를 모집할 수 있는 기관이면 모두 가능하다.

2.3 투자자

발행시장에 참여하는 투자자는 크게 기관투자자와 개인투자자로 구분할 수 있다. 기관투자가는 대부분 법인형태로 은행, 증권회사, 종합금융회사, 보험회사, 투자신탁회사, 연기금, 증권투자회사, 각종재단 등이 있다. 또한 외국인투자자의 비중이 점점 높아지고 있다.

03 증권발행의 형태

증권발행의 형태는 수요자를 모집하는 방법에 따라 공모발행과 사모발행으로 구분한다. 또한 발행에 따른 위험부담과 발행모집사무를 누가 부담하느냐에 따라 직접발행과 간접발행으로 구분한다.

3.1 공모발행과 사모발행

(1) 공모발행

발행주체가 새로이 발행된 주식이나 발행회사의 대주주 등이 소유한 주식을 다수의 투자자(50인 이상)에게 인수(매도)시키는 것을 말한다. 공모발행은 사모발행보다 비용은 증가하나 다수의 투자자를 상대로 복잡한 업무처리를 해야 하므로 간접발행의 형태를 취하게 된다.

(2) 사모발행

발행주체가 특정 투자자에게 유가증권의 취득을 권유하는 방법으로 증권을 인수(매도)시키는 것을 말한다. 사모발행은 특정 투자자를 상대하므로 인수절차가 비교적 간단하여 대부분 직접발행의 형태를 취한다.

3.2 직접발행과 간접발행

(1) 직접발행

발행주체가 스스로 발행위험을 부담하고 직접 사무처리를 하여 증권을 발행하는 방법이다. 직접공모는 비상장·비등록 법인이 주식을 공모할 때 종종 사용하는데 발행주체가 자기점포망이나 공고를 통해 투자자를 직접 모집하고 인수 위험부담과 발행사무를 직접 부담하여 증권을 발행한다.

(2) 간접발행

간접발행은 증권발행에 따른 위험부담을 줄이기 위해 발행주체가 인수단 및 청약단 등 중개기관의 도움을 받아 발행하는 방법이다. 발행위험부담방법에 따라 총액인수, 잔액인수, 모집주선 등의 방법으로 나누어진다.

① 총액인수

총액인수는 발행된 증권의 전부 또는 일부를 인수단이 자기의 책임과 계산하에 인수하고 이에 따른 발행위험을 부담하는 방법이다. 가격변동에 따르는 손해 등 모든 위험은 발행기업으로부터 인수단에게 이전된다.

인수단은 인수에 필요한 많은 자금이 필요하며 투자자에게 매도할 때까지 증권을 보유해야 하므로 공모실패에 따른 위험과 가격변동에 따른 위험을 부담해야 된다. 이 방식이 공모에서 가장 널리 이용되고 있다.

② 잔액인수

잔액인수는 공모에 따른 사무처리와 인수에 따른 위험을 분리하여 처리하는 방법으로 일정기간 공모를 한 다음 부족액이 발생했을 경우 그 잔량에 대해 인수기관에 인수시키는 방법이다.

모집사무를 처리하는 기관과 인수하는 기관이 다를 수 있다. 증권을 투자자에게 공모하고 응모총액이 공모총액에 미달할 경우 잔액은 인수기관이 자기의 책임하에 인수계약서상에 정한 조건으로 인수해야 한다.

③ 모집주선

증권의 모집·매출에 대한 사무처리와 투자자에 대한 권유 등을 증권회사 등에 위탁하지만, 발행증권에 대해 투자자를 모집할 수 없는 경우에 발생하는 위험에 대해 발행회사가 책임지는 방법이다. 발행회사는 투자자를 모집할 수 없는 만큼 자금조달을 못하게 된다.

04 기업공개와 상장

증권이 거래소시장에서 투자대상으로 거래되기 위해서는 기업공개가 이루어지고 발행증권이 상장되어야 한다.

기업공개가 이루어질 때는 증권회사 등에 의해 발행증권이 투자자에게 균일한 조건으로 공모된다.

4.1 기업공개의 의의

기업공개(IPO : Initial Public Offering)는 주식회사가 발행한 주식을 다수의 투자자에게 널리 분산하고 재무내용을 공시함으로써 주식회사의 체제를 갖추는 것을 말한다.

새로운 주식을 발행하여 다수의 투자자에게 균일한 조건으로 공모하거나, 이미 발행되어 대주주 등이 소유하고 있는 주식을 투자자에게 분산시키기 위해 매출하는 것이다. 이를 통해 기업의 자금조달을 원활하게 하고 자본과 경영을 분리하여 경영합리화를 도모하고자 한다.

〈표 6-1〉 기업공개 현황

(단위 : 개)

연 도	공 개 회사수	상 장 회사수	연 도	공 개 회사수	상 장 회사수
1972	7	66	1993	7	693
1973	45	104	1994	25	699
1974	19	128	1995	36	721
1975	62	189	1996	40	760
1976	87	274	1997	23	776
1977	49	323	1998	3	748
1978	33	356	1999	15	725
1979	5	355	2000	-	704
1980	1	352	2001	3	689
1981	2	343	2002	11	683
1982	-	333	2003	10	684
1983	3	328	2004	-1	683
1984	14	336	2005	19	702
1985	11	342	2006	29	731
1986	16	355	2007	15	746
1987	44	389	2008	19	765
1988	112	500	2009	5	770
1989	126	626	2010	7	777
1990	36	669	2011	14	791
1991	21	686	2012	-7	784
1992	8	688			

자료 : 증권거래소『상장주식총괄』

4.2 상장의 의의

발행증권이 거래소시장에서 매매할 수 있도록 등록하는 것을 상장(listing)이라 한다. 이때 매매대상으로 인정된 증권을 상장증권이라 하며 상장증권을 발행한 회사를 상장회사라 한다.

거래소시장에 거래대상으로 선정된 상장증권은 일정한 기준에 따라 상장심사를 거쳐야 하는데 그것은 증권의 원활한 유통과 공정한 가격형성과정에서 투자자를 보호하기 위해서이다. 상장된 유가증권은 거래소시장에서 매매를 통해 기업에 대한 신뢰성을 높여 주식가치의 향상, 자금조달의 용이, 담보가치의 향상, 기업의 지위향상 등 부수적인 효과를 얻을 수 있다.

4.3 상장의 유형

(1) 상장대상 유가증권

주식, 채권, 수익증권 등을 말한다.

(2) 상장형태에 따른 분류

① 신규상장 : 거래소시장에 유가증권을 최초로 상장하는 것
② 신주상장 : 상장법인이 유·무상증자 등으로 새로 발행한 주권을 상장하는 것
③ 변경상장 : 기상장된 주권의 종목, 종류, 액면금액, 수량 등을 변경한 경우
④ 주권의 재상장 : 주권이 상장폐지, 합병·분할 또는 분할·합병된 후 일정기간 내에 당해 주권을 다시 상장하는 경우

4.4 상장요건

기업공개는 다수의 투자자에게 주식을 분산시키는 데 목적이 있다. 또한 분산된 주식에 대한 환금성을 보장하기 위해 증권거래소에 상장함으로써 기업공개의 절차가 완료된다. 따라서 증권거래소의 유가증권 상장규정상의 요건인 기업규모, 재무내용, 유통성, 건전성 및 공익과 투자자보호 등에 관한 요건을 구비하고 있어야 한다.

기업의 규모와 산업의 특성에 따라 일반회사 요건과 지주회사 요건의 2가지가 있으며, 상장을 원하는 기업은 그중 하나를 선택하여 상장신청을 할 수 있다.

〈표 6-2〉 신규 상장요건

상장요건		일반회사	지주회사
규모요건	기업규모	자기자본 300억원 이상	좌동
	상장주식수	100만주 이상	좌동
분산요건	주식수	다음 중 하나만 충족하면 됨 ① 일반주주 소유비율 25% 이상 또는 500만주 이상 ② 공모주식수 250% 이상 또는 500만주 이상(다만, 상장예정 주식수 5천만주 이상 기업은 상장예정주식수의 10% 해당 수량) ③ 자기자본 500억원 이상 법인은 10% 이상 공모하고 자기자본에 따라 일정규모 이상 주식 발행 • 500억원~1,000억원 : 100만주 이상 • 1,000억원 이상~2,500억원 : 200만주 이상 • 2,500억원 이상 : 500만주 이상 ④ 국내외 동시공모법인은 공모주식수 10% 이상 & 국내 공모주식수 100만주 이상	좌동
	주주수	일반주주 1,000명 이상	좌동
	의무공모	상장예비심사 신청 후 5% 이상 & 10억원 이상 공모	좌동(금융지주회사 제외)
	양도제한	발행주권에 대한 양도제한이 없을 것	좌동
경영성과요건(택1)	매출액 및 이익 등	최근 매출액 1,000억원 이상 및 3년 평균 700억원 이상 & 최근 사업연도에 영업이익, 법인세차감전계속 사업이익 및 당기순이익 각각 실현 다음 중 하나를 충족하면 됨 ① ROE : 최근 5% & 3년 합계 10% 이상 ② 이익액 : 최근 30억원 & 3년 합계 60억원 이상 ③ 자기자본 1천억원 이상 법인 : 최근 ROE 3% 또는 이익액 50억원 이상이고 영업현금흐름이 양(+)일 것	좌동 (지주회사 매출액 + 자회사매출액 x지분율) (연결재무제표 기준)
	매출액 및 기준시가총액	최근 매출액 2,000억원 이상 & 기준시가총액 4,000억원 이상 * 기준시가총액 = 공모가격 × 상장예정주식수 (시장이전기업 또는 2차상장 외국기업의 경우 증권시장 시세)	좌동 (지주회사 매출액 + 자회사매출액 × 지분율)
안정성 및 건전성 요건	영업활동기간	설립 후 3년 이상 경과 & 계속적인 영업활동(합병 등이 있는 경우 실질적인 영업활동기간 고려)	좌동(주요 자회사의 실질적인 영업활동기간 고려)
	감사의견	최근적정, 직전 2년 적정 또는 한정(감사범위 제한에 따른 한정의견 제외)	좌동 (개별 및 연결재무제표)
	합병 등이 있는 경우	합병 등이 있는 경우 당해 사업연도 결산재무제표 확정 - 합병 등의 기일부터 사업연도말까지 영업기간이 3월 미만인 경우 다음 사업연도의 반기재무제표 확정	좌동(지주회사 설립, 지주회사로의 전환 또는 지주회사의 주식교환에 의한 다른 회사의 완전자회사화를 위해 합병 등을 하는 경우 적용 배제)
	매각제한(보호예수)	- 최대주주 등 소유주식 & 상장예비심사 신청 전 1년 이내 최대주주 등으로부터 양수한 주식 : 상장 후 6월간 - 상장예비심사 신청 전 1년 이내 제3자 배정 신주 : 발행일로부터 1년간. 단, 그날이 상장일로부터 6월 이내인 경우에는 상장 후 6월간	좌동 (금융지주회사의 경우 최대주주 등 소유주식 매각제한 제외)

참조 : 세부사항은 증권거래소 「유가증권상장규정」(www.kse.or.kr)
기준 : 2012년 12월

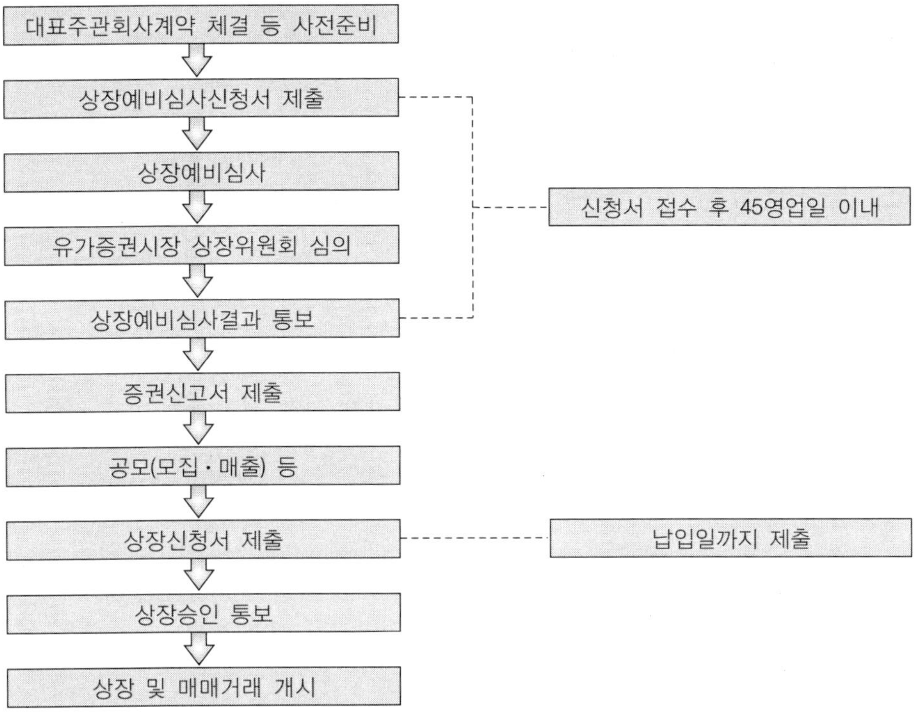

[그림 6-2] 상장절차 흐름도

〈표 6-3〉 상장 세부절차

세부절차		내 용
선행절차	지정감사인 감사	증선위가 지정하나 회계감사인에 의하여 직전 사업연도에 대한 감사
사전준비	대표주관회사계약 체결	대표주관회사 선임 및 계약 체결
	정관 정비	상장회사협의회에서 정한 표준정관 참고
	명의개서 대행계약 체결	한국예탁결제원, 국민은행, 하나은행 중에서 선택 및 계약 체결
	우리사주조합 결성	
	유가증권시장본부 예비접촉	상장요건 및 일정 등에 관하여 협의
상장예비심사	상장심사신청	상장예비심사신청서 제출
	상장심사	계량적·비계량적 요건 심사
	유가증권시장상장위원회 심의	상장 적격성 심의
	상장심사결과 통보	상장신청인과 금융위에 통보
공 모	증권신고서 제출	금융위원회에 제출(수리 후 15일 경과되면 효력발생)
	수요예측 및 발행가격 결정	수요예측 후 인수회사와 협의하여 발행가격 결정
	청약·배정 및 납입	납입 후 등기
	증권발행실적 보고	증권발행실적을 금융위에 보고
상 장	상장신청	납입일까지 상장신청서 제출
	상장 및 매매거래 개시	

4.5 기업공개와 상장의 비교

기업공개는 개인이나 일부 소수의 주주에 의해 경영되어 온 기업의 주식을 다수의 투자자에게 분산하는 것이라 할 수 있다. 반면 상장은 증권거래소가 상장기준을 충족하는 유가증권에 대해 거래소시장에서 매매할 수 있도록 승인하는 행위이다.

정부는 1999년에 증권시장을 활성화하고자 증권관계법규를 개정하여 기업공개심사제도를 폐지하고 발행시장제도를 정비하여 기업공개와 상장을 분리하였다. 따라서 상장요건을 갖추지 못한 기업이라 하더라도 기업이 필요한 자금을 원활하게 조달할 수 있도록 주간사회사와 계약에 의해 기업공개를 추진하고 주식발행을 통해 자금조달이 가능하게 되었다.

〈표 6-4〉 기업공개와 상장의 비교

구 분	기업공개	상 장
시 장	발행시장	유통시장
목 적	기업의 자금조달	유가증권의 원활한 유통, 공정한 가격형성
성 격	주식분산의 한 형태	거래적격 유가증권의 선별
규제취지	공시주의(발행당사자)	규제주의(상장 적격성 여부 심사)
특 성	발행기업과 청약자의 이해 조화 발행물량의 소화를 중시	공익과 투자자보호 기업의 계속성, 시장성 중시

4.6 상장의 필요성

현대사회의 기업은 모든 국민이 함께 참여하고 이익을 공유하는 사회적 공기업으로서의 성격을 가지고 있다. 투자자의 신뢰를 통해 대규모 자금조달이 가능하고 주식분산을 통한 소유와 경영의 분리로 경영의 합리화와 투명성이 제고되어 기업의 공신력이 높아진다. 투자자는 미래 성장성이 양호한 기업에 투자하여 효율적 배분이 가능하며 환금성이 높은 재산운용수단을 제공받게 된다.

상장법인은 신문과 TV 등 대중매체를 통해 국내외에 전달됨으로써 기업의 PR효과와 공신력을 얻을 수 있다. 종업원에게 자사 주식을 분산시킴으로서 생산성 향상, 경영권 안정, 종업원 이직방지와 저축촉진을 통한 재산증식의 효과를 얻을 수 있다.

대주주는 증권시장의 공정가격 형성기능을 통해 보유주식에 대한 환금성이 높아지고 보유주식을 담보로 금융기관의 대출을 받을 수 있어 재산운용의 수단이 될 수 있다. 또한 상장법인은 세제상의 혜택이나 각종 법률상의 혜택을 받을 수 있다.

05 증 자

증자는 회사가 자본을 증가시키는 것으로 자본증가에는 신주발행이 따르므로 증자를 신주발행이라고도 한다. 증자에는 유상증자와 무상증자가 있다.

증자의 목적은 자금조달의 목적과 주주에 대한 이익전환의 목적으로 크게 나눌 수 있다. 일반적인 증자의 목적은 ① 설비자금의 조달 ② 운전자금의 조달 ③ 부채의 상환 ④ 자본금 대형화에 의한 공신력 제고 ⑤ 주주에 대한 이익배당 ⑥ 재무구조의 개선 ⑦ 주식분산과 유통주식 수 증가에 의한 유동성 확보 ⑧ 경영안정권의 확보 등이 있다.

5.1 유상증자

신주를 발행할 때 인수가액을 현금으로 납입시켜 기업으로 신규자금이 들어오는 경우를 말한다. 유상증자는 발행가액과 배정방식에 따라 분류하고 있다.

(1) 발행가액에 따른 분류

① 액면가액에 의한 유상증자

유상증자 시 신주를 액면가로 발행하는 방법으로 우리나라의 경우 1983년까지 관행적으로 행해지던 방식이지만 최근에는 거의 사용하지 않는다.

② 시가발행에 의한 유상증자

상장법인의 경우 재무구조의 건실화를 도모하기 위해 금융감독위원회의 유가증권 발행 및 공시 등에 관한 규정에 의거 시가발행에 의해 유상증자를 할 수 있도록 되어 있다.

(2) 배정 및 인수 방법에 따른 분류

① 구주주 배정

우리나라에서 시행하고 있는 가장 일반적인 형태로서 기존 주주에게 신주인수권을 부여하는 방법이다. 정관에서 주주의 신주인수권을 배제 또는 제한하지 않는 한 모든 주주에게 신주인수권이 부여되고 있다. 그러나 전환사채의 전환이나 흡수합병으로 인한 신주발행의 경우에는 구주주의 신주인수권이 미치지 아니한다.

신주가 구주주에게 배정되므로 주주의 지위 또는 의결권의 비례적 지위에 변동을 가져오는 것을 막을 수 있다. 신주의 발행가액이 시가와 차이가 있어 주주의 재산상의 피해를 막을 수 있다.

② 제3자 배정

제3자 배정은 연고자 배정이라 부르기도 하며 회사의 특정 연고자(임원, 특정주주, 거래처, 거래은행 등)에게 신주인수권을 부여하는 방법이다.

이는 회사의 경영권 및 기존주주의 이해관계에 중대한 영향을 주기 때문에 정관에 특별히 정하거나 주주총회의 특별결의를 거쳐야 하는 등 엄격한 통제를 가하고 있다. 우리사주제도가 대표적인 사례이다. 우리사주조합의 우선배정, 실권주 처리 등이 이에 해당된다.

③ 공모방식의 유상증자

ⓐ 주주우선공모

상장법인이 신주를 모집하는 경우 인수단이 유상증자분을 인수한 후 구주주와 우리사주조합에게 우선 청약권을 부여하고 청약미달분에 대해 다수의 투자자를 대상으로 공모하는 방식이다. 잔여주식의 경우 인수단이 가지게 된다.

ⓑ 일반공모

구주주의 신주인수권을 배제하고 다수의 투자자를 대상으로 신주를 모집하는 방식이다. 인수단은 공모주식을 총액인수하므로 청약미달분이 발생하면 인수단이 자기의 책임하에 인수비율만큼 인수하게 된다.

ⓒ 직접공모

인수회사를 통하지 않고 발행회사가 직접 자기의 책임하에 신주를 공모하는 방식이다. 일반적으로 비상장 및 비등록기업이 소규모 주식을 공모하는 경우에 사용되는 방식이다.

5.2 무상증자

무상증자는 형식적으로 자본금을 증가시켜 발행주식수가 늘어나지만 실질적으로는 기업의 자본금과 자산이 증가하지 않는 방식이다. 기업이 가진 준비금 또는 재평가적립금을 자본금으로 전입하면서 기존주주들에게 무상으로 신주를 발행하는 것이다.

무상증자는 실질적인 자산 증가 없이 주식수만 늘어나므로 주가는 하락하게 될 것이다. 무상증자는 자본잉여금 및 이익잉여금을 주주에게 명확하게 귀속시킬 수 있는 장점이 있다. 무상증자에 의한 신주발행 형태는 준비금의 자본전입, 재평가적립금의 자본전입이 있다.

참고 Reference

1. 일반공모증자

상법에는 정관에 다른 정함이 없으면 소유주식수에 따라 신주의 배정을 받을 권리가 있다고 규정하고 있다. 그러나 증권거래법 제189조의3의 규정에는 상장법인과 등록법인에 대한 특례규정을 두어 이사회의 결의로써 일반공모증자방식에 의해 신주를 발행할 수 있도록 되어 있다. 일반공모증자방식은 주주의 신주인수권을 배제하고 불특정다수인을 상대방으로 하여 신주를 모집하는 방식이다(증권거래법시행령 제84조의5제1항).

과거에는 주주의 신주인수권을 보호하기 위해 일반공모증자 시의 발행가격을 시가의 90% 이상으로 사실상 이 방식에 의한 증자는 거의 이루어지지 않았다. 그러나 2000년 9월 증권거래법 시행령을 개정하여 기업의 대규모 자금조달이 가능하도록 공모가액을 시가의 70% 이상까지 할인할 수 있도록 하였다.

발행가격은 청약일 전 제5거래일을 기산일로 기준주가를 산정하고 이를 30%이내의 할인율을 적용하여 산정한다. 일반공모증자는 다수의 일반투자자를 대상으로 하는 것으로 광범위한 청약을 받기 위해 증권회사와 인수계약을 체결하여 발행하는 간접공모 형태가 일반적이다.

항 목	기 준
기 산 일	청약일 전 제5거래일
발행가격	기준주가 × 할인율
기준주가	[1개월평균종가, 1주일평균종가, 최근일 종가] 중 높은 가액
할 인 율	30% 이내에서 발행회사가 자율적으로 결정

2. 공모주청약

공모주청약은 기업이 신주 발행 또는 구주 매출을 통해 기업을 공개하거나 등록을 위해 공모할 때 또는 신규자금을 확보하고자 공모를 통해 주식을 발행할 때(공모증자) 투자자로부터 청약 받는 것을 말한다.

공모주 배정비율은 2003년 8월 26일 이후 기업공개 및 등록공모의 경우 의무적으로 배정하고 있으며, 2002년 8월 1일부터는 공모주의 청약가격 및 청약한도 등 청약과 관련한 사항에 대해 증권회사가 자율적으로 정해 공시하고 있다.

기업의 주주우선공모는 주관증권사를 지정하여 실시하며 공모기간에 본·지점을 방문하여 환불금 및 배정주식이 입고될 위탁계좌를 개설하고 공모주청약서와 청약증거금을 납부하고 청약하면 된다. 일반적으로 청약 후 1주일 이내에 청약경쟁률에 따라 주식배정이 결정되고 청약증거금을 초과한 금액은 계좌로 환불된다.

3. 공모가격

기업공개 또는 등록공모를 위한 주식의 공모가격은 수요예측에 의해 인수회사와 발행회사가 자율적으로 정하도록 되어 있다. 단 공모예정금액이 50억원 미만인 경우에는 수요예측 외에 확정가 공모 또는 경매방식에 의해 결정할 수 있다.

여기서 수요예측은 주관증권사가 인수가격을 결정하기 위해 공모희망가격을 제시하고 그에 대한 수요상황을 파악하는 것을 말한다. 보통 우리나라에서 수요예측은 기관투자자를 상대로 실시하고 있다.

4. 신규상장종목의 기준가격

신규상장종목은 다음의 평가가격에 각각 90%(우선주는 50%)과 200%를 곱한 가격을 최저호가 및 최고호가로 결정한다.

- 공모상장의 경우 모집이나 매출 시의 발행가격
- 코스닥등록의 신규상장의 경우 코스닥시장에서 최종 10거래일간의 종가를 단순평균한 가격과 최종 거래일의 종가 중 낮은 가격

- 코스닥등록 이외의 직상장의 경우 주당순자산가치
- 그 외 재상장 및 우선주 상장 등의 경우는 각각의 평가가격에 의해 최저호가 및 최고호가가 정해진다.

이러한 호가는 동시호가 시간에 제출받아 단일가격에 의한 개별경쟁매매의 방법으로 기준가격이 정해진다. 가격제한폭은 기준가격에 0.15를 곱해 상한가와 하한가를 정한다.

5. 실권주 청약

유상증자를 실시할 때는 보유하고 있는 주식수에 비례하여 신주인수권이 부여되는데 주주는 청약기일까지 청약을 마치고 납입기일까지 해당금액을 납입하게 되면 신주의 주주가 된다. 그러나 청약이나 납입을 하지 않은 경우 신주인수권이 상실되는데 이로 인해 발생한 잔여주식을 실권주라 부른다.

실권주의 확정시점은 원칙상 청약기일이 아니고 납입기일이지만 납입기일까지 기다리지 않아도 청약기일에 이미 확정된다. 실권주는 미발행 주식으로 남게 되지만 이사회 결의를 통해 일반공모 또는 제3자 배정하여 납입기일까지 납입하도록 한다.

증권사마다 실권주에 관한 증거금비율 및 상장기간 등 절차에 차이가 있을 수 있으므로 투자자는 각 증권사 본·지점에 문의하거나 인터넷 홈페이지에서 관련정보를 확인한 후 실권주를 청약해야 한다.

6. 소액공모

소액공모는 유가증권의 공모에 해당하지만 공모금액이 20억원 미만인 경우를 말한다. 단 기업공개 또는 등록공모의 경우에는 10억원 미만이다.

소액공모를 원하는 법인은 재무상태 및 영업실적에 관한 사항, 청약의 권유방법 및 청약을 권유한 문서에 관한 사항, 소액공모의 결과에 관한 서류를 금감위에 제출해야 한다.

- 재무상태 및 영업실적에 관한 사항

유가증권 발행인의 재무상태와 영업실적에 관한 사항을 소액공모 개시 3일 전까지 금감위에 공시하여 투자자에게 발행인에 관한 기초 자료를 제공한다. 공시자료는 반드시 외부감사인의 감사를 받아야 하며 감사보고서는 다음과 같다.

법인구분	제출대상서류	제출기한
설립 후 사업연도 경과	최근 사업연도의 감사보고서 (반기 경과 시에는 반기검토보고서 포함)	소액공모실시 3일 전까지
설립 후 1사업연도 미경과	최근 월말의 감사보고서	

7. 종업원 지주제도와 스톡옵션

종업원 지주제도는 회사의 경영방침으로 종업원에게 자기회사 주식을 취득하게 하여 기업 이익배분에 참여하게 하는 제도이다. 종업원이 기업에 대한 주인의식을 함양하고 기업의 생산성을 제고하며 나아가 재산형성을 촉진시키는 긍정적인 효과를 얻게 된다.

스톡옵션제도는 법인의 설립과 경영, 기술혁신 등에 기여하였거나 기여할 능력을 갖춘 임직원에게 일정기간 내에 사전에 약속된 가격으로 일정 수량만큼 법인의 주식을 매입할 수 있는 권리를 부여하는 제도이다. 이는 임직원에게 경영개선 노력 및 근로의욕을 고취시키고자 도입된 제도이다.

이 제도의 공통점은 기업에 대한 근로자의 참여의식 함양 및 성취욕구를 증대시켜 궁극적으로 기업의 경영개선 및 생산성을 향상시키는 데 있다. 반면 대상기업, 취득방법, 취득한도, 대상자, 세제지원 방안 등 구체적인 사항에 있어 많은 차이점을 지니고 있다.

8. 실질주주와 명의주주

실질주주는 주주명부에 기재되지 않아 형식상 주주가 아니지만 실질적인 주식의 소유자로서 직접 이해관계를 가지는 자를 말한다. 반면 주주명부상에만 주주로 기재되어 있는 자를 명의주주라 한다.

실질주주는 증권거래법상 실질주주를 뜻하기도 하는데 증권예탁원에 예탁된 주권의 공유자를 말한다. 즉 실질주주는 증권예탁원에 주권을 보관시키고 있는 예탁자와 예탁자의 고객을 가리킨다.

실질주주는 발행회사에 대해 직접 의결권을 행사할 수 있고 배당금 지급, 주식의 무상교부 및 신주인수권행사 등의 권리를 행사할 수 있다. 의결권은 주주총회 개최일 5일 전까지 예탁원에 의결권의 행사 여부를 표시하지 않는 경우 예탁원이 그 의결권을 행사할 수 있다.

9. 최대주주, 특수관계인, 소액주주

최대주주는 발행회사의 주주로서 의결권 있는 발행주식 총수를 기준으로 본인 및 그 특수관계인이 소유하고 있는 주식수가 가장 많은 경우 그 본인을 말한다.

특수관계인은 본인이 개인인 경우 배우자, 6촌 이내의 부계 혈족, 3촌 이내의 모계혈족, 30% 이상 출자법인과 그 임원 등을 말한다. 본인이 법인, 기타단체인 경우에는 임원, 계열회사 및 그 임원, 본인에게 30% 이상 출자 또는 사실상 지배하고 있는 단체 및 그 임원, 본인이 30% 이상 출자 또는 사실상 영향력을 행사하는 단체 및 그 임원 등을 말한다.

상장 및 등록을 위한 신청 시 소액주주는 총발행주식 총액 또는 출자총액의 100분의 1에 해당하는 금액과 3억원 미만의 금액 중 적은 금액 미만의 주식 또는 출자증권을 소유하는 주주를 말하며 최대주주 및 그 특수관계인은 해당되지 않는다. 투자를 목적으로 소유한 기관투자자는 소액주주에 포함하며 우리사주조합은 1인으로 계산한다.

chapter

7

유통시장

01 유통시장의 개요

02 기관투자가

03 공정거래질서를 위한 제도

01 유통시장의 개요

1.1 유통시장의 의의

유통시장은 이미 발행된 증권이 투자자 사이에서 거래되는 시장을 말한다. 유통시장은 투자자가 소유하고 있는 증권을 매각하여 투자자금을 회수하거나 이미 발행된 증권을 취득하여 금융자산을 운용하는 시장이다.

유통시장은 발행시장에서 발행된 주식이나 채권의 시장성과 유동성을 높여 투자자의 투자를 촉진시킴으로써 발행시장에서의 자본조달을 원활히 해 준다. 유통시장에서 증권의 시장성과 유동성은 증권의 담보력을 높여준다.

유통시장은 다수의 투자자가 참여하는 자유경쟁시장이므로 증권의 공정한 가격이 형성된다. 유통시장에서 형성되는 가격은 앞으로 발행할 새로운 증권의 가격을 결정하는 역할을 한다.

1.2 유통시장의 특징

(1) 유통시장은 제2차적 시장이다.

자금의 수요자인 기업이 증권을 발행하고 투자자가 이에 응모하여 자금을 공급하는 발행시장을 제1차적 시장, 이미 발행된 증권이 투자자 사이에 끊임없이 매매가 이루어지는 유통시장을 제2차적 시장이라 한다.

(2) 유통시장은 거래가 경쟁적이다.

발행시장은 매도자가 1인 또는 소수의 집단이며 매수자는 보통 다수의 투자자인 데 비해 유통시장은 매도자나 매수자 모두 다수로 구성되어 있는 경쟁적인 시장이다.

(3) 유통시장은 구체적이고 조직적이며 계속적 시장이다.

발행시장은 구체적인 공간에서 이루어지지 아니하기 때문에 추상적 시장이라 부르고, 유통시장은 거래소시장 및 코스닥시장이므로 구체적이고 조직적 시장이며 거래가 반복적으로 이루어지는 계속적 시장이다.

1.3 유통시장의 구조

유통시장의 기본적 구조는 장내시장(증권거래소, 코스닥)과 장외시장의 두 시장으로 형성되어 있다. 유통시장은 투자자 사이의 거래에 의해 이루어지지만 현실적으로는 증권회사의 중개에 의해 성립된다. 증권회사는 투자자로부터 매매주문을 받아 거래소 및 코스닥시장을 통해 매매를 체결한다.

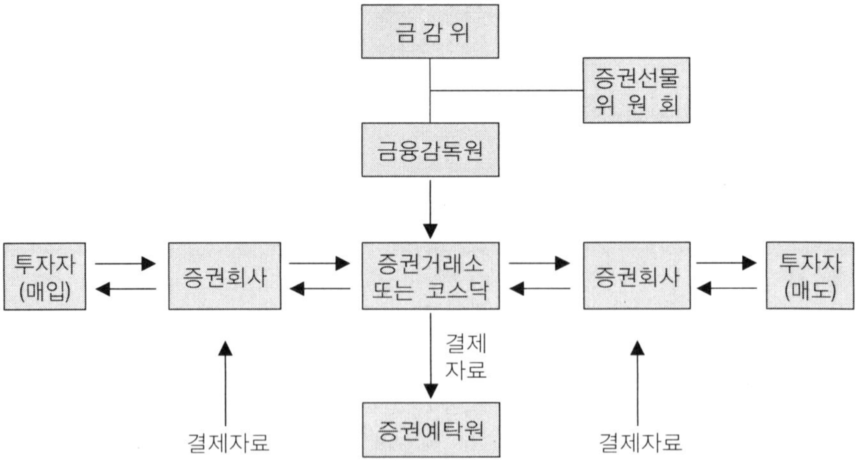

[그림 7-1] 유통시장의 구조

02 기관투자가

일반적으로 기관투자자(institutional investor)는 저축 또는 여러 방법으로 조성된 개인 또는 법인들의 자금을 전문지식을 활용하여 주로 유가증권에 투자하는 법인형태의 투자자를 일컫는다.

2.1 기관투자자의 개념

기관투자자는 거액의 자금력과 전문적인 투자기법을 활용하여 증권시장의 장세에 커다란 영향을 미치는 제도화 되어 있는 기관을 의미한다. 기관투자자는 자신의 자산을 투자하고 고객의 위험 선호도와 재정적 목적에 따라 고객을 대신하여 장기적인 관점에서 대규모로 증권을 매매하는 조직을 말한다.

기관투자자는 일반투자자의 상대적 개념으로 증권투자가 고유업무이지만 부수적으로 증권투자와 관련된 업무를 수행하는 뮤추얼펀드, 은행, 보험회사, 연금펀드 등이 있다. 세계적으로 기관투자자를 지정하는 범위가 점차 확대되는 추세를 보이고 있는데 이는 증권시장의 환경변화에 따라 기관투자자의 중요성이 상대적으로 높아졌기 때문이다.

2.2 기관투자자의 범위

미국의 경우 기관투자자의 범위를 다음과 같이 정하고 있다.

첫째, 자발적 및 비자발적인 저축을 통해 모집된 개인투자자의 자산을 운용하는 생명보험, 투자신탁회사, 연금기금, 뮤추얼펀드, 저축대부조합, 상업은행

둘째, 투자자의 자금을 수탁관리하는 중개기관인 상업은행의 신탁부

문과 신탁회사

셋째, 저축목적이 아닌 자금을 관리하는 기관으로 손해보험, 재단, 대학기금

우리나라의 기관투자자는 사실상 모든 금융기관을 포함하고 있는데 그 범위는 다음과 같다.

첫째, 은행
둘째, 금융투자업자, 증권회사, 종합금융회사
셋째, 저축기관인 은행신탁계정, 상호저축은행, 새마을금고
넷째, 보험기관인 생명보험회사, 손해보험회사
다섯째, 정부관리기금, 민간기금, 공공단체, 신용보증기금 등

우리나라의 기관투자자는 배당소득의 익금불산입 및 거래소시장에서 증권매매 시 위탁증거금 징수의 면제 혜택을 받는 기관으로 그 범위를 한정하고 있다.

2.3 기관투자자의 특성

기관투자자는 다수의 소액투자자로부터 거액의 자금을 모아 전문적으로 증권투자를 한다. 기관투자자의 투자전략은 증권시장의 장세흐름에 커다란 영향을 주게 되고 기관투자자의 비중이 커질수록 그 영향은 더욱 커질 것이다.

기관투자자는 증권의 가격형성과 자산분배에 영향을 미치고 다음과 같은 특성을 가지고 있다.

첫째, 투자자금이 대규모이고 장기적인 투자성향을 가지고 있다.
둘째, 많은 정보를 수집하고 분석한다.
셋째, 효율적인 분산투자가 가능하다.

오늘날 기관투자자는 대량의 자금을 동원하여 주식이나 채권에 투자함으로써 증권시장에서 가장 안정적이고 규모가 큰 수요자로 부상하고 있

다. 기관투자자는 저축과 투자를 연결시키는 금융중재기능뿐만 아니라 수요조절기능도 수행함으로써 전체 금융시장의 효율성을 제고시킨다.

2.4 기관투자자의 기능

기관투자자가 증권시장에 미치는 기능을 살펴보면 다음과 같다.

첫째, 증권시장에서 발행되는 증권을 대량으로 인수함으로써 증권발행을 원활하게 하고 유통시장에서 증권투자를 통해 기업의 장기적인 사업자금조달에 도움을 준다.

둘째, 증권가격의 등락에 따라 대량으로 매수 또는 매도하여 증권가격을 조절하는 역할을 한다.

셋째, 소규모자금을 투자하고자 하는 일반투자자를 대신하여 증권투자를 해줌으로써 증권투자자를 확대시키는 자본분산기능이 있다.

넷째, 증권시장의 효율성 측면에서 기관투자자는 투자정보의 수집 및 분석을 통해 정보의 효율성과 운영의 효율성을 높인다. 또한 전문적인 기업분석을 통해 증권가격에 기업의 내재가치를 반영함으로써 효율적인 투자활동을 가능하게 한다.

기관투자자는 거액의 자금과 고도의 정보수집능력을 바탕으로 증권시장에 커다란 영향을 미칠 수 있기 때문에 단기적인 이익추구에 나서고자 의도적으로 증권가격을 조작할 경우에는 증권시장에 커다란 피해를 입힐 수도 있다. 이럴 경우 일반투자자가 큰 손실을 입고 증권시장에서 빠져나갈 수도 있고 나아가 자원분배의 효율성을 저하시키는 역기능을 초래할 수도 있다.

2.5 증권시장의 기관화 현상

세계화 개방화로 인해 금융산업 간 업무영역이 완화되면서 증권산업의 영역이 확대됨에 따라 증권시장은 금융자산 운용시장으로서의 기능이 제고되고 있다. 금융자산을 관리하고 운용하는 기관투자자의 투자규모가 크게 늘어나면서 증권시장에 기관투자자의 비중이 높아지는 기관화 현상이 나타나고 있다.

증권시장의 기관화 현상으로 발행시장의 확대, 유통시장의 안정화, 중소기업 및 벤처기업의 발행시장 참여, 자원분배의 효율화 등이 나타난 반면 거래소와 장외시장에서의 이중가격 형성, 거래소기능의 약화, 기업의 경영권침해 등을 초래하게 되었다.

2012년 12월 기준으로 우리나라 증권시장에서 주식수는 개인주주가 298억 주로 전체의 49.9%를 차지하고, 법인주주는 232억 주로 38.9%, 외국인주주는 65억 주로 10.8%의 비율을 나타냈다.

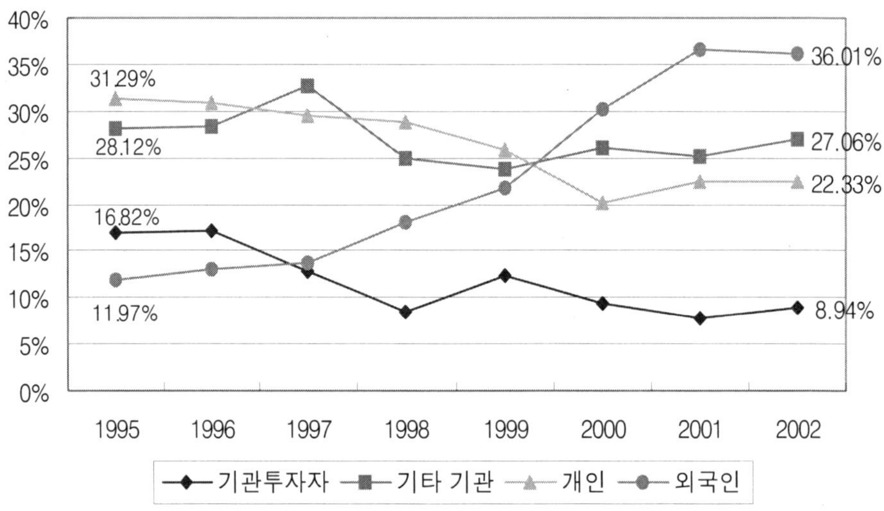

[그림 7-2] 유가증권시장의 투자자별 시가총액비중

〈표 7-1〉 기관투자자의 GDP 대비 금융자산 및 주식비중

	OECD	OECD 절사	자본시장 중심국		은행 중심국			한국
			미국	영국	독일	프랑스	일본	
GDP 대비 금융자산 규모	241%	112%	191%	191%	81%	132%	95%	77%
금융자산 중 주식비중	28%	32.57%	44%	65%	29%	43%	16%	6%

국내 기관투자자의 GDP 대비 금융자산의 비중은 OECD 국가와 비교할 때 크게 떨어지고 있어 기관투자자의 비중을 늘려 간접투자를 활성화할 필요가 있다. 또한 기관투자자의 주식비중도 OECD 국가와 비교할 때 매우 낮아 앞으로 기관투자자의 주식비중 확대가 필요하며 이 요인이 주식시장의 안정화에 저해될 수도 있다.

국내 기관화 정도가 선진국에 비해 낮은 수준을 보이는 이유는 증권의 기관화를 주도하고 있는 연금제도가 본격적으로 활성화되지 못했기 때문이다. 또한 법인취득 배당소득에 대한 세제혜택이 선진국에 비해 제한적으로 적용되고 있기 때문이다. 현재 우리나라는 금융기관이 수취한 배당소득에 대해 익금불산입을 허용하고 있어 이에 따른 세제혜택이 주어지고 있다.

03 공정거래질서를 위한 제도

3.1 기업내용 공시제도

(1) 공시제도의 의의

공시제도는 투자자 보호제도의 일종으로서 일반투자자가 주가판단을 할 수 있도록 기업의 재무상태, 영업실적 등을 공개하는 것으로 공시되는 자료가 정확하고 최신의 자료가 제공되어야 하며 이용이 용이해야 한다.

(2) 공시제도의 중요성

증권은 발행기업의 재무상태, 경영성과, 성장 가능성 등에 따라 가치가 결정되므로 정확한 공시가 이루어져야 한다. 불성실 공시는 증권의 가격형성을 불공정하게 하여 투자손실의 발생 및 공정거래 질서저해, 나아가 기업발전과 국민경제 발전의 저해요인이 되므로 신속하고 정확한 기업공시는 매우 중요하다.

(3) 공시의 유형

① 발행시장 공시 : 신주발행 시 공시(일회성)

② 유통시장 공시 : 사업보고서 등 정기적·계속적으로 이루어지는 정기공시와 기업내용의 변동사항에 대한 수시공시

(4) 공정공시

① 공정공시 제도의 개념

기업이 애널리스트나 기관투자자 등 특정집단에게 기업의 중요정보를 제공하는 경우 그 내용을 일반투자자에게도 즉시 공시하도록 의무화하였다.

법규상 구체적으로 정형화된 공시사항 이외의 중요정보에 대해 일반투자자에게 공시하도록 하여 공시범위를 확대하고 정보의 비대칭을 방지하고자 한다.

② 공정공시 대상 중요정보

ⓐ 장래사업 또는 경영계획

ⓑ 매출액, 영업손익, 경상손익, 당기순손익 등 영업실적에 대한 전망 및 예측

ⓒ 정기보고서 제출 이전 매출액, 영업손익, 경상손익, 당기순손익 등 영업실적

ⓓ 수시공시사항 관련 중요정보 중 공시의무시한이 미경과한 사항

3.2 불공정 거래행위의 제한

(1) 내부자거래의 제한

① 내부자거래

회사의 임직원 또는 주요 주주 등 내부자 및 준 내부자, 정보수령자가 기업의 신고사항 중 중요한 미공개정보를 이용하여 해당기업의 유가증권을 매매하는 것을 말한다. 이러한 내부자거래는 공정거래 질서를 저해하는 것으로 증권거래법 등에서 엄격하게 규제하고 있다.

② 공매도 금지

공매도는 주가가 하락했을 때 재매입하여 시세차익을 얻거나 현재 보유하고 있는 주식의 가격하락에 따른 위험을 방지하기 위한 목적으로 현재 보유하고 있지 않은 주식을 매도하는 것을 말한다. 기업의 임직원 또는 주요 주주가 주식을 소유하지 않고 매도할 수 없게 하는 제도이다.

③ 단기매매 금지

내부자가 내부정보를 이용하여 6개월 이내 단기매매로 이득을 얻은 경우 그 이익금을 해당기업에 반환토록 청구할 수 있으며, 반환청구권자는 1차적으로 해당기업이며 해당기업이 2개월 내 단기매매차익 반환을 청구하지 않는 경우 주주 또는 증권선물위원회가 대위청구를 할 수 있다.

(2) 시세조종 등의 금지

증권시장에서 인위적 개입을 제한하기 위한 제도로 누구든지 거래가 성황을 이루고 있는 듯이 오인케 하거나 기타 그릇된 판단을 유발케 하는 행위를 금지하는 것을 말한다. 또한 부당한 이득을 취하기 위해 고의로 허위사실 등을 유포하거나 불완전한 문서를 이용하는 등의 행위도 금지한다.

시세조종의 유형으로는 통정매매, 가장매매, 공모조작행위, 허위표시에 의한 시세조작행위 등이 있으며 위반 시 형사처벌과 민사배상의 책임이 있다.

참고 Reference

1. 내부자거래

내부자거래는 상장법인 또는 등록법인의 임직원, 주요 주주, 기타 회사와 일정한 관계에 있는 자가 회사업무 등과 관련하여 일반에게 공개되지 않은 중요한 정보를 알게 된 경우, 그 정보를 공시 전에 이용하거나 타인에게 이용하게 하여 주식 등 유가증권을 매매하는 것을 말한다.

이들은 일반투자자에 비해 주가에 영향을 미칠 수 있는 많은 정보를 알고 있으므로 매우 유리한 입장에서 주식매매로 이익을 얻을 수 있다. 따라서 증권시장의 건전한 발전과 공정한 거래기반 조성을 위해 이러한 거래는 법적으로 규제하고 있다.

내부자의 범위를 회사내부자, 준 내부자, 정보수령자로 구분하고 있다.

- 회사내부자 : 상장법인 또는 등록법인의 임원, 직원, 주요 주주(10% 이상 보유)
- 준 내부자 : 당해법인에 대해 법령에 의한 인·허가, 지도·감독 및 기타 권한을 가진 자, 당해 법인과 계약을 체결하고 있는 자 등 합법적 내지 정당한 권한으로 내부정보에 접근할 수 있는 자
- 정보수령자 : 회사내부자 및 준 내부자로부터 정보를 수령한 자

내부자거래에 대해 10년 이하의 징역에 처할 수 있으며 내부자거래로 얻은 이익 또는 회피손실액의 규모에 따라 가중 처벌할 수 있다. 내부자거래를 한 자는 당해 유가증권의 매매 등으로 입은 손해에 대해 배상할 책임을 진다.

2. 시세조종행위 및 사기적 행위

증권시장에서 시세조종행위에는 위장거래, 현실거래, 허위표시거래, 시세고정, 안정조작 등이 있다.

- 위장거래에 의한 시세조종
  - o 통정매매 : 복수인이 미리 통정한 후 동일 유가증권에 대해 같은 시기에 같은 가격으로 매매하는 행위
  - o 가장매매 : 동일인이 같은 시기에 같은 가격으로 행하는 매매로서 권리의 이전을 목적으로 하지 않는 매매행위
  - o 통정 및 가장매매의 위탁 및 수탁행위

- 현실거래에 의한 시세조종

  증권시장에서 거래를 유인할 목적으로 단독 또는 타인과 공모하여 거래가 성황을 이루고 있는 듯이 잘못 알게 하거나 시세를 변동시키는 매매거래. 일명 '작전'으로 표현하고 있다.

- 표시에 의한 시세조종
  - o 시세조작의 유포행위 : 시세가 자기 또는 타인의 조작에 의해 변동된다는 말의 유포행위
  - o 허위 또는 오해를 유발하는 표시행위 : 매매에 있어서 중요한 사실에 관해 고의로 허위이거나 오해를 유발시키는 표시를 하는 행위
- 시세고정 · 안정조작

  누구든지 증권시장에서 안정조작신고서나 시장조성신고서를 제출하는 방식이 아닌 방식으로 시세를 고정시키거나 안정시킬 목적으로 거래나 또는 그 위탁 및 수탁을 하지 못한다.

- 허위사실의 유포 등 위계사용행위

부당한 이득을 취하기 위해 고의로 허위 시세 또는 허위 사실 및 기타 루머를 유포시키거나 위계를 쓰는 행위

- 부실표시행위

중요한 사실에 관한 허위표시나 필요한 사항이 누락된 문서를 이용하여 타인의 오해를 유발함으로써 금전이나 재산상의 이득을 취하는 행위

3. 공개매수

공개매수는 기업인수·합병(M&A)의 한 형태로서 회사의 지배권 획득, 유지, 강화 또는 폐지를 목적으로 주식의 매수 희망자가 매수기간, 가격, 수량 등을 공개적으로 제시하고 증권회사 창구에서 청약을 받아 불특정다수의 주주로부터 장외에서 매수하는 방법을 말한다.

공개매수는 일반적으로 대상기업의 의사와는 무관하게 이루어지는 적대적 M&A의 일종으로 공개매수가 진행되는 동안 매수 희망기업과 대상기업 또는 대주주 사이에 지분확보 및 경영권방어를 둘러싸고 치열한 경쟁 양상을 보이기도 한다.

공개매수 희망자는 먼저 사전신고제도에 따라 신고서 및 첨부서류를 금감위에 제출하고 그 사본을 거래소 또는 협회에 제출해야 한다. 그리고 공개매수 공고일부터 3일 경과 이후에 매수할 수 있다.

공개매수 신고서에는 공개매수자 및 대상기업에 관한 사항, 공개매수의 요령 등을 기재해야 하고 사본을 즉시 매수대상주식의 발행인에게 송부해야 하는데, 이유는 매수대상기업에 대해 경영권 방어 내지 검토할 시간을 주어 대응전략을 세우도록 하기 위해서이다. 이때 공개매수 대상주식의 발행인은 신문, 서신, 기타 문서에 의해 자기의 의견을 표명할 수 있다.

공개매수가 엄격한 절차를 요하는 것은 소유주주 및 투자자에게 합리적인 판단을 할 수 있도록 하여 매수자, 대상기업의 경영진, 투자자 3자간에 공정한 거래가 이루어지도록 여건을 조성하는 데 목적이 있다.

공개매수자에게 보유주식을 팔고자하는 투자자는 공개매수기간 동안 대리인으로 지정된 증권회사 본·지점에 신청서를 제출해야 하며 이때 청약주권총수가 공개매수 예정주식수를 초과하면 청약주식수에 비례하여 안분 배정하게 된다.

4. 시장조성

거래소 또는 코스닥시장에서 누구든지 유가증권의 시세를 고정시키거나 안정시킬 목적으로 거래를 해서는 안 된다. 예외적으로 당해 주식의 시세가 공모가격을 지나치게 하회하지 않도록 일정기간 주식의 수급균형을 유지하여 가격하락위험을 감소시킴으로써 모집·매출을 원활하게 하기 위해 시장조성을 인정하고 있다.

시장조성은 할 수 있는 자와 기간이 증권거래법에 정해져 있다. 시장조성은 증권회사가 유가증권의 매매거래를 위탁할 수 있으며 시장조성을 위해 신고서를 금감위와 거래소 또는 협회에 제출해야 한다. 시장조성기간은 상장 또는 등록일부터 6월 내의 날로서 발행인과 인수인이 정하고 있다.

시장조성의 조건은 매매개시일로부터 1개월 이상, 공모주식수량의 100% 이상, 공모가격의 90% 이상을 원칙으로 시장조성을 실시하도록 의무화하고 있다. 인수회사는 통상 1개월의 시장조성을 하고 있다.

5. 자기주식(자사주)

자기주식은 회사가 발행한 주식을 자기의 계산으로 취득하여 보유하는 주식을 말한다. 자본충실을 도모하고 시세조종 행위 등을 방지하기 위해 상법과 증권거래법에서 자기주식 취득을 엄격히 제한하고 있다.

상장법인 및 등록법인은 거래소 또는 코스닥시장을 통해 또는 공개매수를 통해 자기주식을 취득할 수 있다. 취득금액은 상법상 이익배당을 할 수 있는 한도 이내에서 가능하지만 이익배당한도 등의 감소로 인해 초과 소유하게 된 주식은 그날로부터 3년 이내에 처분해야 한다. 자기주식을 취득 또는 처분하는 경우에는 금감위와 거래소 또는 협회에 신고하도록 되어 있다.

자기주식은 신고서 제출 후 3일이 경과한 날로부터 3월 이내에 거래소 또는 코스닥시장에서 취득해야 한다. 취득한 자사주는 상여금이나 주식매수선택권의 행사에 따라 교부하는 것을 제외하고는 6개월 내에 처분을 제한하고 처분 후 3월 내에는 취득을 제한하고 있다.

또한 다른 법인과 합병에 관한 이사회 결의일로부터 과거 1월간, 유상증자 신주배정 기준일 1월 전부터 청약일까지의 기간, 시장조성 등 기준가격에 영향을 미칠 수 있는 기간에는 취득과 처분을 제한하고 있다.

6. 상장폐지 및 등록취소

상장폐지 및 등록취소는 상장법인 또는 등록법인의 유가증권이 매매거래 대상으로 적격성이 없어 자격을 상실하는 것을 말한다. 상장 및 등록되어 있는 유가증권 중 기업내용 등에 중대한 사태가 발생하여 투자자에게 손실을 입힐 우려가 있거나 시장의 신뢰를 상실하게 될 우려가 있을 경우 상장심사위원회 및 코스닥위원회의 심의를 거쳐 상장폐지 및 등록취소를 한다.

주주에게는 경제적 이익을 보장하는 이익배당청구권과 이자배당청구권, 잔여재산분배청구권, 신주인수권, 의결권, 총회소집권, 이사의 해임을 청구할 수 있는 공익권, 주주의 동의가 없이는 정관 또는 주주총회의 결의로도 박탈할 수 없는 고유권 등이 있다. 이러한 주주권 행사는 회사가 해산되어 사업등록이 말소된 경우에는 주주의 권리도 자연 소멸되어 버린다.

회사의 해산으로 인해 상장폐지 또는 등록취소 된 기업의 재산은 운영자금 및 부동산, 시설물 등이 있으며 이는 채권변제의 우선순위에 따라 채권자들에게 분할 정리된다. 청산 이후에 잉여재산이 있게 되면 주주도 잔여재산분배청구권을 행사할 수 있게 된다. 그러나 대다수 상장폐지 및 등록취소 된 기업은 부채정리 이후에 남는 재산이 없기 때문에 주주들이 잔여재산분배청구권을 행사하지 못하게 되는 경우가 많다.

상장폐지 또는 등록취소가 예고된 기업의 주권을 소유하고 있는 사람들은 잔여재산이 거의 없다고 판단되는 경우 일정기간 매매거래 허용기간 안에 매도하는 것이 좋다. 상장기업 및 등록법인의 정리매매는 보통 매매일 기준으로 7일을 허용하고 있다.

7. 액면분할

액면분할은 주식분할로 부르기도 한다. 액면분할은 회사의 자본이나 자산을 그대로 유지하고 기존의 주식 1주를 2주, 3주, 10주 등으로 세분화하여 발행주식 총수를 증가시키는 것으로 1998년 12월 상법개정 시 도입된 제도이다.

액면분할은 주주의 입장에서는 지분에 아무런 변화가 없지만 주당이익과 배당, 순자산 등은 적어지는 반면 주가가 낮아지고 유동주식수가 늘어나 시장에서 거래가 활성화되는 효과가 있다.

8. 감자

감자는 회사의 자본금을 일정한 방법에 따라 감소시키는 것을 말한다. 감자는 사업부문 매각 등 회사규모를 줄이거나 자본잠식 등으로 발생한 부실을 줄이기 위해 또는 회사분할이나 합병 등을 목적으로 실시하기도 한다.

감자는 발행주식수를 그대로 두고 액면가를 낮추는 방법이 있고 주식소각이나 주식병합으로 주식수를 줄이는 방법이 있다. 감자는 주주총회의 특별결의를 거쳐야 하는데 이때 소액주주는 반대의사를 나타낼 수 있지만 주식매수청구권은 행사할 수 없다.

감자가 결정되어 구주권을 제출하게 되면 거래소와 코스닥시장에서는 신주를 상장시킬 때까지 보통 1개월 정도 거래를 정지시킨다.

9. 사고증권

사고증권은 다음 경우에 해당된다.

① 도난, 분실 또는 멸실 등의 사유로 사고신고, 공시최고 및 제권판

결을 받은 유가증권

② 위 · 변조된 유가증권

③ 법원으로부터 압류 및 가압류 또는 가처분을 통지받은 유가증권

사고증권이 발생하면 사고내용을 발행회사나 증권회사, 거래소, 코스닥시장 등에 신고하고 이 내용은 곧 바로 증권예탁원에 통지되고 일간신문 등에 공지된다. 또한 일정기간 사고내역이 해소되지 않으면 법원을 통해 공시최고신청을 하고 제권판결을 받아 사고증권을 무효화하고 새로운 유가증권을 발행받는다.

chapter

8

기본적 분석

01 경제 · 산업 · 기업 분석의 체계

주식투자를 위해 주식의 내재가치를 평가하고 주가의 적정성을 평가해야 한다. 주식의 투자가치를 결정하는 요인에는 기업내적인 요인과 경제적 · 산업적 요인 등 기업외적 요인도 영향을 미치기 때문에 모두 분석해야 한다.

경기순환국면, GDP, 국민소득, 원자재가, 인플레이션, 이자율 등 경제적 요인들은 개별기업의 매출액과 매출원가에 영향을 주어 결국 기업의 주가에 영향을 미치게 된다.

또한 기업이 속해 있는 산업의 성장성, 시장규모, 경쟁관계, 비용구조, 제품수명주기, 정부지원, 노사관계 등 산업적 요인들도 산업의 미래전망을 다르게 하고 결국 주가에 영향을 미치게 된다.

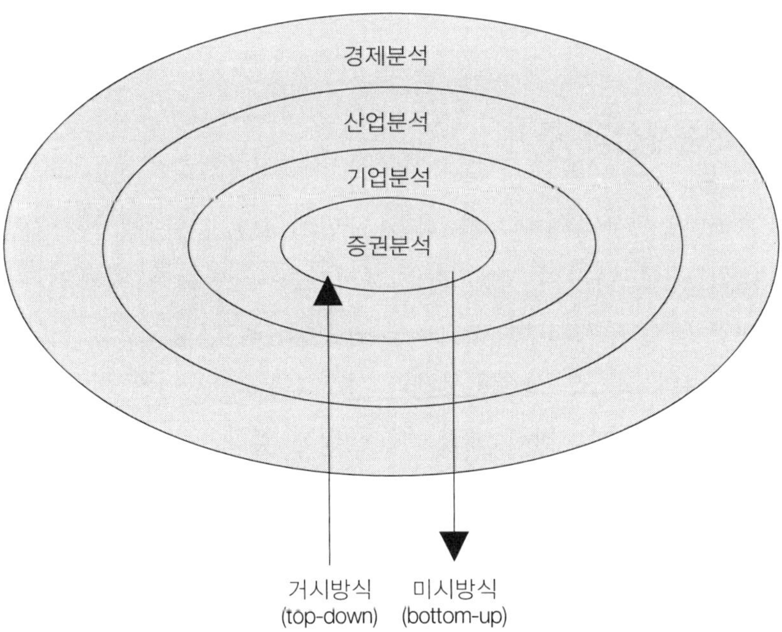

[그림 8-1] 경제 · 산업 · 기업 분석의 방식

경제 · 산업 · 기업 분석의 체계로 이루어지는 투자분석은 투자결정에 있어 다양하게 활용될 수 있다. 경제상황에 따라 채권, 주식, 부동산 등 투자대상을 선택하고 투자자산의 비중을 조절할 수 있다. 투자대상으로 주식을 선택했다면 어떤 산업의 주식이 유망한지 판단하기 위해 산업분석을 한다.

산업분석 이후에는 어떤 주식에 투자할 것인지를 결정한다. 산업 내에서 투자가치가 높은지 판단하기 위해 수익성, 안정성, 성장성 등 다양한 지표를 이용하여 기업분석을 한다.

02 경제분석

주가 움직임을 파악하기 위해 현재의 경제상황을 분석하고 미래의 경제상황 변화를 예측할 수 있어야 한다.

2.1 국민총생산과 주가

국민총생산(GDP)은 한 나라 국민이 1년 동안 생산한 최종 생산물의 가치로 그 나라의 경제력, 경제성장률, 국민소득 평가의 기초가 된다. 기업 역시 경제의 한 단위로 국민총생산의 구성요소가 된다.

기업의 성장은 국민총생산의 성장률과 깊은 연관성을 가지게 되며 재화에 대한 수요 역시 국민소득에 의해 영향을 받는다고 볼 때 경제성장률은 기업의 성장을 의미한다.

이론적으로 연평균 주가상승률은 명목GDP성장률(실질GDP성장률과 물가상승률의 합)에 접근할 것으로 기대한다. 기업의 미래 예상이익을 적정할인율로 할인한 가치를 주가라 하는데 이것을 국민경제 전체로 확대하면 명목GDP성장률만큼 주가가 상승할 것으로 보기 때문이다.

2.2 이자율과 주가

주가는 주식투자를 통해 투자자들이 기대할 수 있는 미래 현금흐름을 그 주식의 요구수익률로 할인한 현재가치이다. 요구수익률은 위험프리미엄이 반영된 이자율이므로 이자율이 상승하면 주가는 하락한다.

이자율 변동은 기업의 금융비용을 변동시켜 기업의 미래이익에 큰 영향을 미치게 된다. 따라서 외부차입금이 많은 기업의 경우 이자율 상승으로 금융비용이 증가하면 수익이 감소하여 결국 주가가 하락하게 된다.

2.3 인플레이션과 주가

인플레이션은 지속적으로 물가가 상승하거나 화폐가치가 하락하는 현상이다. 인플레이션이 발생하면 구매력은 감소하지만 부채가 있거나 부동산 등 실물자산이 많은 경우 상대적으로 부의 증가효과가 나타난다. 또한 채권, 은행예금 등 금융자산보다는 부동산, 귀금속, 상품 등 실물자산에 투자하는 것이 바람직하다.

물가상승으로 기업보유자산의 명목가치가 상승하게 되어 자산재평가를 통한 무상증자가 가능해질 수 있다. 따라서 주가상승이 물가상승분을 보전하는 역할을 할 수 있다고 믿어 왔다. 그러나 물가상승률이 명목수익률 상승보다 클 경우에는 주식이 인플레이션의 방어수단이 될 수 없기 때문에 결국 주가는 하락하게 된다.

물가상승은 기업의 과세대상소득이 인플레이션 효과만큼 과대 계상되기 때문에 기업의 조세지출이 늘어나면서 기업의 실질가치를 감소시켜 주가가 하락하게 된다. 기업의 내재가치는 미래 예상되는 현금흐름을 불확실성을 반영한 자본비용으로 할인함으로써 산출한다. 그런데 물가상승으로 자본비용이 증가하게 되면 기업의 내재가치를 감소시켜 주가가 하락하게 된다.

2.4 환율과 주가

환율은 자국통화의 타국통화에 대한 교환비율이다. 환율변동은 수출과 수입, 경제성장, 국제수지, 물가 등 경제 전반에 영향을 주게 되어 기업의 채산성과 대외경쟁력을 변화시키고 결국 주가에 영향을 미치게 된다.

환율상승(평가절하)은 자국민의 구매력이 줄어들고 상대국의 구매력이 향상되기 때문에 수입이 감소하고 수출이 증가하게 된다. 따라서 환율이 상승하면 수출비중이 높은 기업의 경우 대외경쟁력 및 채산성이 개선되어 주가가 상승한다. 반면 외화표시 부채가 큰 기업은 급격한 환율상승으로 환차손을 입게 된다.

수출비중이 높은 기업은 환율상승으로 수익성이 개선되어 주가에 긍정적인 영향을 미친다. 수입비중이 높은 기업은 환율상승으로 수입비용이 증가하여 수익구조가 악화되고 주가에 부정적인 영향을 미친다.

2.5 정부의 경제정책과 주가

경제예측을 위해서는 경제변수에 대한 분석도 중요하지만 정부의 경제정책에 대한 분석도 필요하다. 정부의 경제정책은 정부지출, 세제변화 등 재정정책과 통화량, 이자율 조절 등 금융정책으로 구분하고 있다.

재정정책은 정부가 사회간접자본에 투자를 확대하거나 세율을 인상하는 등의 방법으로 경제의 수요측면에 영향을 주는 정책이다. 경기가 침체될 경우에는 사회간접자본투자나 세율인하를 통해 소비와 투자를 확대하는 정책을 실시한다. 경기가 과열될 경우에는 세율을 인상하여 소비를 줄이는 정책을 수행한다.

금융정책은 통화량이나 이자율 조절을 통해 투자와 소비에 영향을 미치는 정책이다. 금융정책으로 시중은행의 지불준비율의 변경, 중앙은행의 재할인율의 변경 등이 있다.

정부가 투자나 소비를 활성화시키는 정책을 실시하면 기업의 매출이 증가하고 주가는 상승하게 된다. 반면 경기과열을 우려하여 투자와 소비를 줄이는 정책을 실시하면 기업의 매출이 감소하고 주가는 하락하게 된다.

2.6 경기순환과 주가

국민경제는 일정한 규칙성을 보이며 움직이는데 이를 경기순환(business cycle)이라 한다. 주가는 경기에 선행하여 움직이는 경향이 있으므로 향후 경기전망을 통해 주가를 예측하고자 시도하고 있다.

경기순환은 경제활동의 정점과 저점을 기준으로 저점에서 정점에 이르는 확장국면과 정점에서 저점에 이르는 수축국면으로 구분하고 있다. 확장국면은 회복기와 활황기로 나누고 수축기는 다시 후퇴기와 침체기로 구성되어 있다.

경기순환에서 정점에 가까운 활황기와 후퇴기를 호황국면이라 하고 저점에 가까운 침체기와 회복기를 불황국면이라 한다. 경기는 '침체기 ⇒ 회복기 ⇒ 활황기 ⇒ 후퇴기'를 반복하며 순환하고 있다.

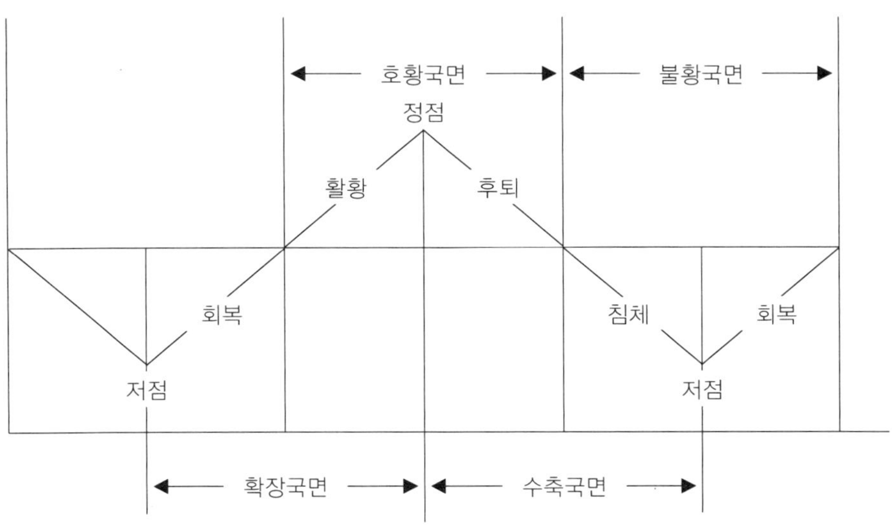

[그림 8-2] 경기순환국면

침체기에는 재고가 최고조에 달하고 매출은 매우 낮은 수준으로 경기가 위축되어 있다. 정부는 신용공급을 확대하고 이자율을 낮추며 재정지출을 확대하면서 경기부양책을 실시한다. 주식시장이 폭락사태 이후 안정을 찾아가기 시작한다.

경기가 회복기미를 보이고 기업들의 매출액이 증가하기 시작한다. 기업들은 생산증가를 위해 고용을 늘리고 생산증가는 근로자의 소득증가로 연결되면서 소비가 늘어난다.

경기회복으로 기업들은 자본재 구입을 늘리는 등 확대 경영을 지속한다. 설비투자확대로 생산능력이 시장의 수요를 초과하게 되면 재고가 증가하는데 기업들은 재고를 줄이기 위해 설비투자를 축소하고 생산을 줄인다. 결국 경제는 다시 경기수축을 거치며 침체기로 진입하게 된다.

주식시장은 통상 경기변동보다 6개월에서 9개월 정도 선행하는 것으로 알려지고 있다. 경기순환이 중요한 의미를 갖는 것은 주식시장이 경기에 선행하여 움직이기 때문이다.

03 산업분석

주식투자를 위해 여러 산업 중에서 경쟁력 있고 향후 전망이 좋은 산업을 선별하기 위해 평가기준을 마련하고자 한다.

3.1 경쟁구조분석

기업의 경영성과는 그 기업이 속해 있는 산업의 경쟁구조나 성장 가능성 등의 영향을 받는다. 경쟁이 약한 산업에 속해 있는 기업의 경영성과는 양호하지만 경쟁이 심한 산업에 속해 있는 기업의 경우 양호한 경영성과를 기대하기 힘들다. 따라서 기업의 경영성과를 전망하기 위해서는 산업의 경쟁에 영향을 미치는 요인에 대한 분석이 필요하다.

포터(Porter)에 따르면 산업의 경쟁은 시장진입장벽, 대체상품의 존재, 산업 내 기존업체 간 경쟁 정도, 구매자의 교섭력, 공급자의 교섭력과 같은 구조적 요인의 영향을 받는다고 보고 있다.

산업의 경쟁이 높다고 하는 것은 경쟁기업의 수가 많거나 산업자체의 성장이 둔화되고 있는 경우이다. 또한 기업 간 가격경쟁이 높고 변동비용보다 고정비용이 높은 비중을 차지하고 있어 원가절감이 어려운 산업이나 제품의 차별화가 힘들고 시설확장을 위해 대규모 투자가 필요한 경우 산업 내 경쟁이 높다고 할 수 있다.

진입장벽이 높은 산업에 속해 있는 기업들은 수익성이 높고 영업환경이 안정적인 반면 진입장벽이 낮은 산업에 속해 있는 기업들은 수익성이 낮고 다양한 위험에 노출되어 있다. 생산규모를 증가할수록 비용이 감소하는 산업의 경우 새로운 기업의 진입이 어려울 것이다. 기존판매망이 견고하여 새로 진입한 기업이 그 판매망과 경쟁이 어렵거나 정부의 제도적 진입규제가 있다면 진입장벽이 높은 경우이다.

어떤 기업이 개발한 상품과 대체 가능성이 높은 제품이 존재하는 경우 그 상품의 가격결정에 영향을 미친다. 기존 상품가격이 인상되면 소비자는 대체 가능한 제품으로 수요를 변경하게 된다. 대체제품의 품질이 우수할수록 기존 상품의 가격인상이 어려워지며 대체상품끼리 경쟁 정도가 심해진다.

원료나 제품을 구매할 때 독점적 지위를 갖는 구매자는 소규모의 공급기업들을 서로 경쟁시킴으로써 구매가격을 낮추거나 품질향상 및 서비스 증대 등을 요구할 수 있다.

반면 원료나 제품의 공급자가 독점인데 구매자가 다수인 경우 공급자는 공급가격 인상, 제품 및 서비스의 질 하락 등 다양한 방법을 통해 이익을 얻을 수 있다.

3.2 제품수명주기이론

대부분 제품은 시장의 경쟁 정도, 기술적 우수성, 소비자의 선호도 등으로 인해 도입기, 성장기, 성숙기, 쇠퇴기의 4단계를 거치게 되는데 이를 제품수명주기(product life cycle)라 부른다. 투자대상 기업의 산업이 어느 단계에 있는지 분석하여 그 산업의 미래 경영성과를 전망해 볼 수 있다.

도입기에는 제품의 품질과 기술 수준이 낮지만 생산원가는 높은 편이다. 경쟁이 약해 높은 가격을 유지할 수 있으나 높은 원가로 인해 수익성이 크지 못하다.

성장기에는 기술수준이 높아지고 제품 간 차별화가 진행된다. 기존 기업들은 조업률을 높이고 대량생산체계를 구축하지만 새로운 기업의 진입이 계속되어 산업의 성장률이 증가한다. 높은 가격을 유지하여 수익성이 높아진다.

성숙기에는 품질이 최고조에 이르지만 제품 간 차별성이 줄어들어 디자인이나 포장 등 비품질경쟁이 심해진다. 조업도는 약간 낮아지고 잉여설비가 일부 발생하면서 가격경쟁이 높아진다. 가격경쟁으로 가격이 하락하고 수익성이 감소한다.

쇠퇴기에는 제품 간 차별화가 사라지고 조업도는 낮아진다. 과잉설비로 인해 시장에서 퇴출되는 기업들이 증가한다. 낮은 가격과 낮은 마진으로 수익성이 악화된다.

3.3 수요와 공급요인 분석

특정산업의 성공 여부는 그 제품에 대한 수요와 공급에 의해 결정된다. 그 산업의 성장성을 예측하기 위해 수요와 공급에 영향을 미치는 요인들을 분석하여 투자의 평가기준으로 사용할 수 있다.

제품에 대한 수요기반이 안정적이고 국내외로 진출 가능성이 높은 경우 당연히 그 산업의 미래전망은 밝다. 경기 및 가격변화에 수요가 크게 변하지 않는다면 그 제품에 대한 수요는 안정적이라 할 수 있다. 국내외 수요기반의 안정성과 국내외 진출 가능성 등을 살펴보는 것도 산업분석에 도움이 된다.

기업들이 생산하는 제품의 원가가 낮아 가격경쟁력을 가지고 있거나 품질 및 디자인 등 비가격부문에서 경쟁력을 가지고 있으면 그 산업의 전망은 밝을 것이다. 가격경쟁력은 물가, 원자재가, 인건비, 금융비용 등의 변화에 영향을 받으며 대외 의존도가 높은 산업의 경우 환율 변화에 영향을 받는다.

가격경쟁력이나 비가격경쟁력에 영향을 미치는 요인들에 대한 분석을 통해 그 산업이 유망한지 여부를 판단해 볼 수 있다.

04 기업분석

기업분석은 주식의 내재가치를 평가하기 위한 분석이다. 주식의 내재가치를 평가하기 위해서는 미래의 본질가치를 예측하여 시장가격과 비교함으로써 과소 또는 과대평가되어 있는지 분석하는 방법이다.

4.1 주가관련비율 분석

실무에서 자주 사용하고 있는 주가관련비율로 주가수익비율, 현금흐름비율, 주당장부가치, 주가매출액비율, 배당수익률, 토빈의 q비율 등이 있다.

(1) 주가수익비율(PER)

주가수익비율은 주가를 주당순이익(EPS)으로 나눈 값으로 주가가 주당순이익의 몇 배인지 나타낸다. 즉, 주당순이익 1원이 주식시장에서 얼마의 가격으로 평가되고 있는지를 의미한다. PER의 공식은 다음과 같다.

$$PER = P_0/EPS$$

여기서, EPS는 주식의 수익력을 의미하므로 PER은 수익력에 비해 주가가 상대적으로 저평가 또는 고평가되어 있는지를 판단하는 지표로 해석한다. 예를 들어 다른 조건은 모두 동일한데 PER가 낮은 주식은 수익력에 비해 시장가격이 저평가되어 있으므로 향후 주가의 상승 가능성이 높을 것으로 판단한다.

(2) 현금흐름비율(PCR)

PER은 어떤 주식의 주가가 그 주식의 수익력(EPS)에 비해 저평가 또는 고평가되어 있는지를 나타내는 지표이다. 그러나 EPS는 미래의 예상순이익이 아니라 과거의 순이익을 기준으로 계산된 것이어서 PER은 주식의 수익력을 제대로 반영했다고 볼 수 없다.

PER의 공식에서 주가를 종가로 사용할지 또는 평균주가로 사용할지 결정해야 한다. 장부가치에 따른 감가상각은 인플레이션이 있을 경우 순이익을 과다하게 계상할 수도 있다. 인플레이션이 심할 경우 PER가 낮아지는 경향이 있다.

PER가 갖고 있는 이러한 문제점을 보안하기 위해 PCR을 사용하고 있다. PCR은 주가를 주당현금흐름(CPS)으로 나눈 비율이다. CPS에 비해 주가가 낮으면 낮을수록 주가가 저평가되어 있으므로 투자가치가 높은 것으로 판단한다.

$$PCR = P_0/CPS$$

여기서, CPS는 기업의 영업활동으로 얻어진 현금흐름을 의미하고 있다. 단기순이익에 각종 비현금비용을 공제하고 비현금수익을 더한 값이다. PCR은 순이익에 영향을 주는 회계처리의 조작과 오류를 어느 정도 제거해 준다는 점에서 PER보다 신뢰할 수 있는 지표이다.

(3) 주가순자산비율(PBR)

기업의 미래 수익과 보유 자산도 주식가치를 결정하는 데 영향을 준다. 주식 1주가 보유하고 있는 순자산을 자산가치라 부른다. 기업의 순자산은 자기자본을 나타내며 총자산에서 부채총액을 차감한 것으로 주식의 자산가치는 장부가치를 의미한다.

주당장부가치(BPS)는 순자산을 발행주식수로 나눈 값으로 주당순자산이라 부른다. BPS의 공식은 다음과 같다.

BPS = 순자산/발행주식수

BPS를 이용하여 주식가치를 구할 수는 있으나 BPS는 기업의 미래 수익력을 무시하고 있어 주가를 제대로 설명하지 못한다. 그러나 BPS를 주가의 최저 수준으로 인식하고 있다. 주가가 BPS 이하로 내려갈 수 없다는 것을 의미하는데 만일 내려갈 경우에는 저평가된 것으로 인식한다.

주가순자산비율은 주가를 BPS로 나누어 구하는데 주가가 BPS의 몇 배 수준인지 나타내는 지표이다.

$PBR = P_0/BPS$

PER은 기업의 미래 수익력을 기초로 나타낸 지표이고 PBR은 자기자본을 기초로 나타낸 투자지표이다.

(4) 주가매출액비율(PSR)

주가매출액비율은 현 주가수준이 주당매출액(SPS)의 몇 배인지를 나타내는 지표로서 주가를 주당매출액으로 나누어 계산한다.

$$PSR = P_0/SPS$$

여기서, SPS는 매출액을 발행주식수로 나누어 구한다. PER은 기업의 미래 수익력을 기초로 나타낸 지표이고 PSR은 기업의 매출액을 기초로 나타낸 투자지표이다. 매출액은 기업의 성장성이나 경쟁력을 나타내는 수치로서 PSR이 낮을수록 기업의 외형이나 성장성에 비해 주가가 상대적으로 저평가된 것으로 인식한다.

(5) 토빈의 q 비율

토빈의 q 비율은 1주당 시장가격과 대체원가 사이의 관계를 나타낸 비율이다. 여기서, 1주당 대체원가는 자산의 대체원가에서 부채를 제외한 나머지의 1주당 가치를 말한다. 어떤 기업의 시장가격이 대체원가보다 너무 높게 형성되어 있으면 동일한 자산구조와 자본구조를 모방한 경쟁회사가 출현할 가능성이 높아진다.

자본시장이 충분히 경쟁적이라면 q 비율은 장기적으로 1에 가까이 형성될 것이다. 이 원리를 이용하여 토빈이 q 비율을 제안하였다.

$$\text{토빈의 q 비율} = \frac{\text{주당시장가격}}{\text{주당대체원가}}$$

q 비율이 높은 기업은 성장 가능성이 높거나 경쟁우위에 있는 기업을 의미하고, q 비율이 낮은 기업은 성장 가능성이 낮거나 경쟁 열세에 있는 기업을 의미한다. 반면 q 비율이 1보다 현저히 낮을 경우에는 시장가격이 대체원가에 비해 저평가되어 있으므로 그 기업은 인수·합병(M&A)의 표적이 될 수도 있다.

4.2 재무비율분석

재무비율분석은 재무제표상의 항목을 서로 대응하는 항목으로 분류하여 각 항목 간 연관비율을 산출하고 이를 서로 비교함으로써 기업의 재무상태와 경영성과를 분석하기 위한 방법이다.

(1) 수익성비율

수익성비율은 일정기간 동안 기업의 경영성과를 종합적으로 측정하는 비율이며 이익창출 능력을 평가할 수 있는 지표이다. 투자자본과 매출액 관련 이익률로 구성되어 있다.

수 익 성 비 율 (%)	내 용
$총자산이익률 = \frac{순이익}{총자산} \times 100$	총자산을 투자하여 얼마나 효율적으로 순이익을 올렸는지를 나타내는 지표이다.
$자기자본이익률 = \frac{순이익}{자기자본} \times 100$	자기자본을 투자하여 얼마나 효율적으로 순이익을 올렸는지를 나타내는 지표이다.
$매출액총이익률 = \frac{매출총이익}{매출액} \times 100$	매출액 중에서 매출총이익이 차지하는 비율을 나타내는 지표이다. 매출총이익은 매출액에서 매출원가를 차감하여 구한다.
$매출액영업이익률 = \frac{영업이익}{매출액} \times 100$	매출액 중에서 영업이익이 차지하는 비율을 나타내는 지표이다. 영업이익은 매출총이익에서 판매비와 관리비를 차감하여 구한다.
$매출액경상이익률 = \frac{경상이익}{매출액} \times 100$	매출액 중에서 경상이익이 차지하는 비율이며 기업의 경영활동 성과를 종합적으로 나타내는 지표이다. 경상이익은 영업이익에서 영업외비용을 차감하고 영업외수익을 더하여 구한다.
$매출액순이익률 = \frac{순이익}{매출액} \times 100$	매출액 중에서 순이익이 차지하는 비율을 나타내는 지표이다. 순이익은 경상이익에서 특별이익을 더하고 특별손실과 법인세비용을 차감하여 구한다.

(2) 성장성비율

성장성비율은 일정기간 동안 기업의 경영성과가 얼마나 증가했는지 나타내는 지표이다. 기업의 경쟁력이나 성장잠재력 등을 간접적으로 판단할 수 있다.

성 장 성 비 율 (%)	내 용
매출액증가율 $= \frac{\text{단기매출증가액}}{\text{전기매출액}} \times 100$	일정기간 매출액이 얼마나 증가했는지 나타내는 비율이다.
순이익증가율 $= \frac{\text{단기순이익증가액}}{\text{전기순이익}} \times 100$	일정기간 순이익이 얼마나 증가했는지 나타내는 비율이다.

(3) 안정성비율

안정성비율은 투자자본이 얼마나 적절히 배분되어 있는지 나타내는 지표이다. 일반적으로 고정자산에 대한 투자는 가능한 장기자본으로 이루어져야 안정성이 높은 것으로 인식한다.

안정성비율 (%)	내 용
고정비율 $= \frac{\text{고정자산}}{\text{자기자본}} \times 100$	자기자본에 대한 고정자산의 비율을 말하며 일반적으로 100% 이하일 때 양호한 것으로 인식한다.
고정장기적합률 $= \frac{\text{고정자산}}{\text{자기자본} + \text{고정부채}} \times 100$	장기자본(자기자본+고정부채) 중 어느 정도가 고정자산에 투자되었는지를 나타내는 지표로 고정비율에 대한 보조비율로 이용된다.

(4) 유동성비율

유동성비율은 기업의 단기채무에 대한 지급능력을 나타내는 비율이다. 수익성과 성장성이 뛰어난 기업이라도 유동성이 부족해지면 단기채무의 지급능력이 떨어지게 되어 흑자부도의 가능성이 높아진다.

유 동 성 비 율 (%)	내 용
유동비율 $= \frac{\text{유동자산}}{\text{유동부채}} \times 100$	단기채무에 충당할 수 있는 유동자산이 단기부채에 비해 몇 배가 되는지를 나타내는 비율이다. 일반적으로 200% 이상이면 유동성이 양호한 것으로 판단한다.
당좌비율 $= \frac{\text{유동자산} - \text{재고자산}}{\text{유동부채}} \times 100$	재고자산의 처분 없이 단기채무를 지불할 수 있는 능력을 나타내는 비율이다. 당좌비율은 유동비율보다 유동성 정도를 더 정확하게 나타내며 100% 이상이면 양호한 것으로 인식한다.

(5) 활동성비율

활동성비율은 기업이 투자자산을 얼마나 효율적으로 운용했는지를 나타내는 지표로서 회전율비율로 표시하기도 한다.

활 동 성 비 율 (%)	내 용
총자산회전율 $= \frac{\text{매출액}}{\text{총자산}} \times 100$	총자산이 일정기간 동안 몇 번 회전되었는지를 나타내며 자산운용의 효율성을 나타낸 비율이다.
재고자산회전율 $= \frac{\text{매출액}}{\text{재고자산}} \times 100$	재고자산이 일정기간 동안 몇 회에 걸쳐 현금, 매출채권 등 당좌자산으로 전환되었는지를 나타낸 비율이다.
매출채권회전율 $= \frac{\text{매출액}}{\text{매출채권}} \times 100$	매출액을 매출채권(외상매출금+받을어음)으로 나누어 매출채권의 현금화 속도를 측정하는 지표이다.
고정자산회전율 $= \frac{\text{매출액}}{\text{고정자산}} \times 100$	매출액을 고정자산으로 나누어 고정자산이 매출액에 기여하는 정도를 나타내는 지표이다.

(6) 레버리지비율

레버리지비율은 타인자본 또는 장기부채에 대한 지급능력 수준을 나타내는 지표로서 부채성비율로 표현하기도 한다.

레버리지비율 (%)	내 용
부채비율 $= \frac{\text{부채}}{\text{자기자본}} \times 100$	자기자본에서 부채(유동부채+고정부채)가 차지하는 비율을 말하며, 기업의 재무구조를 나타낸다.
자기자본비율 $= \frac{\text{자기자본}}{\text{총자본}} \times 100$	총자본에서 자기자본이 차지하는 비율이다. 은행에서 대출심사 시 중요한 기준으로 삼고 있어 은행지도비율이라 부르기도 한다.
이자보상비율 $= \frac{\text{영업이익}}{\text{이자비용}} \times 100$	영업이익을 이자비용으로 나누어 영업이익이 이자비용의 몇 배나 되는지를 나타낸다.

4.3 경영평가지표

재무비율분석은 서로 상반된 결과가 나타날 수 있어 기업의 재무상태나 경영성과를 종합적으로 평가하기에 한계가 있다. 따라서 재무상태나 경영성과를 종합적으로 분석하여 기업의 내실화에 치중하고 가치를 중시하는 전략이 필요하다.

(1) 투자자본이익률(ROIC)

투자자본이익률은 듀퐁(Du Pont)사에서 개발한 재무분석지표로서 기업이 자본을 투자하여 얼마의 당기순이익을 올렸는지를 나타내는 지표이다.

$$\begin{aligned} \text{ROIC} &= \frac{\text{당기순이익}}{\text{투자자본}} = \frac{\text{매출액}}{\text{투자자본}} \times \frac{\text{당기순이익}}{\text{매출액}} \\ &= (\text{투자자본회전율}) \times (\text{매출액순이익률}) \end{aligned}$$

투자자본이익률은 당기순이익을 투자자본으로 나누어 구하는데 활동성을 나타내는 투자자본회전율과 수익성을 나타내는 매출액 순이익률의 곱으로 구성되어 있다. 따라서 투자자본이익률을 높이기 위해서는 투자자본회전율(활동성)을 높이거나 매출액 순이익률(수익)을 높이는 것이 필요하다.

(2) 경제적 부가가치(EVA)

경제적 부가가치는 영업이익에서 법인세와 자본비용을 차감한 값으로 회계적 이익이 가지고 있는 한계성을 보완하기 위해 만든 경영성과지표이다.

$$\begin{aligned} \text{EVA} &= \text{영업이익} - \text{법인세} - \text{자본비용} \\ &= \text{세후영업이익} - \text{자본비용} \end{aligned}$$

=투자자본×[투자자본이익률(ROI)−가중평균자본비용(WACC)]
〈양적측면〉 〈질적측면 : 초과수익률〉

여기서, 투자자본=영업자산−비이자발생부채
자본비용=이자비용+자기자본비용

회계적 이익은 자기자본에 대한 비용을 비용으로 인식하지 않고 있어 기업의 진정한 경영성과를 나타내지 못한다. 반면 EVA는 자기자본에 대한 비용을 비용으로 인식하고 있어 기업이 부담해야 할 모든 비용을 차감하고도 영업활동을 통해 이익을 얻었는지를 파악할 수 있는 개념이다.

따라서 EVA는 주주의 입장에서 기업의 수익성을 좀 더 정확하게 파악할 수 있는 경영성과지표라 할 수 있다. EVA는 주가에 아직 반영되지 못하고 있는 기업의 수익력을 나타내고 있다.

어떤 기업의 EVA 값이 양(+)이면 투자자본이익률이 가중평균자본비용을 초과하므로 경영활동을 통해 경제적 부가가치를 창출하여 효과적인 경영을 하고 있다는 것을 의미한다. 따라서 EVA가 높은 기업은 영업활동을 통해 기본적인 수익력을 가지고 있음을 나타낸다.

(3) 시장부가가치(MVA)

시장부가가치는 기업의 시장가치에서 장부가치를 차감한 값으로 장부가치를 이용하여 순가치를 창출하고 있음을 의미한다. MVA가 양(+)이면 기업가치가 증가하고 있음을 나타낸다. 따라서 MVA가 높으면 그만큼 기업가치의 증가가 크다는 것을 의미한다.

MVA=기업의 시장가치−장부가치=EVA의 현재가치

EVA는 특정연도의 장부가치에 대한 순가치를 나타내므로 MVA는 미래의 EVA를 가중평균자본비용으로 할인한 현재가치와 일치한다. 일반적으로 MVA와 EVA는 높은 상관관계를 유지하고 있다.

참고 Reference

1. 집중투표제

집중투표제는 회사의 경영을 책임질 이사 선임 시 소수주주의 이익을 대표할 수 있는 사람이 보다 용이하게 선임될 수 있도록 한 제도를 말한다. 복수의 이사 선임 시 주주는 선임할 이사의 수만큼 의결권을 가지고 이사 후보자 1인 또는 다수에게 집중 또는 분산하여 행사하는 것을 말한다.

집중투표제는 발행주식 총수의 3/100(상법) 또는 1/100(증권거래법)[9] 이상을 소유한 주주가 주주총회 7일 전까지 회사에 집중투표를 한다는 사실을 서면으로 통보한 경우에 주주총회에서 행사할 수 있다.

2. 결합재무제표

결합재무제표는 기업집단의 재무상태와 경영성과 및 현금흐름 등의 재무정보를 회계정보의 이용자에게 제공하기 위해 기업집단이 작성하는 재무제표를 말한다. 이러한 기업집단 결합재무제표를 통상 결합재무제표라 부른다.

개인과 특수 관계인이 실질적 경영 지배력을 갖고 있는 기업집단은 계열회사 간의 상호채무보증과 사회통념에서 벗어나는 자금대차 및 계열회사 간의 상호 의존적인 거래를 통해 한 계열회사의 위험이 기업집단의 다른 계열회사의 위험과 밀접하게 관련되어 경제적 공동운명체를 형성하고 있다.

따라서 기업집단에 소속한 회사의 이해관계자는 개별재무제표의 유용성에 한계를 느끼고 개별회사의 경영에 영향을 미치게 될 기업집단 전체의 위험과 경영성과를 평가할 수 있는 정보를 필요로 하게 되었다. 이러한 요구에 맞추어 기업집단 관련 회계정보 이용자가 경제적이

9) 자산총액 2조원 이상의 상장 및 등록법인

고 정책적 의사결정을 합리적으로 할 수 있도록 기업집단 전체의 재무내용을 결합한 결합재무제표 제도를 도입하게 되었다.

3. 사업 · 반기 · 분기보고서

상장법인과 등록법인, 기타 대통령령이 정하는 법인은 사업보고서를 사업년도 경과 후 90일 이내에 금감위와 거래소 또는 협회에 제출해야 한다. 또한 기업집단의 소속회사인 경우에는 기업집단 결합재무제표를 사업년도 종료 후 6월 이내에 제출해야 한다.

사업보고서를 제출하는 법인은 반기 종료 후 45일 이내에 반기보고서를, 분기 종료 후 45일 이내에 분기보고서를 제출해야 한다. 이러한 결산에 관한 서류 등은 접수한 날부터 2년간 공시하게 되어 있다.

chapter

9

기술적 분석

01 기술적 분석의 이해
02 캔들차트 분석
03 추세분석
04 패턴분석
05 지표분석

01 기술적 분석의 이해

1.1 기술적 분석의 개념

(1) 기술적 분석의 정의

주가는 모든 사람들의 의사 결정에 의해 이루어지고 있으며 일정한 간격을 두고 끊임없이 변해가고 있다. 어느 투자자는 앞으로 주가가 하락할 것으로 예상하여 주식을 팔고, 어느 투자자는 앞으로 주가가 상승할 것으로 예상하여 주식을 사고 있다. 그 결과 주가가 형성되고 있다.

미래의 주가를 예측하기 위해 주가의 수요와 공급을 나타내고 있는 그래프를 분석하고 있다. 기술적 분석은 과거의 주가흐름과 패턴들을 분석하여 향후 주가를 예측하고 매매시점을 파악하는 데 그 목적이 있다.

(2) 기술적 분석의 종류

기술적 분석의 종류에는 추세분석, 패턴분석, 지표분석, 시장구조이론, 심리적 분석법이 있다.

추세분석은 주가가 일정기간 일정한 추세를 보이며 움직이는 성질을 이용한 기법이다. 패턴분석은 여러 가지의 주가변동모형을 미리 정형화해 놓고 실제로 나타나는 주가 움직임을 변동모형에 맞춰보면서 미래의 주가추이를 예상하는 기법이다. 장세분석은 현재의 시장수급상태가 과열권인지 또는 침체권인지를 파악해 매매시점을 판단하는 분석법이다.

시장구조이론은 오랜 기간 동안 시장의 움직임을 연구·분석하여 시장의 변동논리를 해석하는 방법이다. 엘리어트파동 이론, 태양흑점 이론, 엘리뇨 현상, 일월효과, 연말효과, 휴일효과, 주초효과, 주말효과 등이 있다. 심리적 분석법은 시장 참여자들의 심리를 읽고자 하는 방법으로 반대의견기법 등이 있다.

(3) 기술적 분석의 원리

주가 움직임은 수요와 공급의 수급 현상에 의해 나타나며 주가 움직임의 사소한 변동을 무시할 경우 추세선을 따라 움직이는 경우가 많다. 그래프 상에 나타나는 패턴들을 분석할 경우 각 패턴들은 그 당시의 시장 참여자들의 심리상태를 잘 나타내 주고 있음을 발견할 수 있다.

기술적 분석의 원리는 다음과 같다.

① 주가 움직임에는 모든 정보가 반영되어 있다.
② 주가는 추세를 가지고 움직인다.
③ 역사는 반복된다.

1.2 기술적 분석의 이론

(1) 다우이론

다우이론은 기술적 분석의 창시자인 찰스다우가 제안한 이론이다. 찰스다우는 19세기 말부터 20세기에 걸쳐 주식시장을 분석한 결과 주식시장은 제멋대로 움직이는 것이 아니라 장기추세, 중기추세, 단기추세와 같은 주기적인 추세에 의해 영향을 받는다는 가설을 정립하였다.

다우이론은 중·장기 추세를 이용하여 다음과 같이 미래 상황을 예측하였다.

- 새로운 중기추세의 최고점이 장기추세의 최고점을 상향돌파하지 못하면 장기추세는 하락국면에 있다.
- 새로운 중기추세의 저점이 이전의 저점보다 높으면 장기추세는 상승국면으로 들어가고 있음을 의미한다.

그랜빌(Granville)은 강세시장과 약세시장에서 일반투자자와 전문투자자는 다음 표와 같이 서로 상반되는 매매를 하게 된다고 하였다.

〈표 9-1〉 강세시장과 약세시장의 3국면

<table>
<tr><th rowspan="2">시장국면 / 투자자</th><th colspan="3">강 세</th><th colspan="3">약 세</th></tr>
<tr><th>제1국면
(매집국면)</th><th>제2국면
(마크업국면)</th><th>제3국면
(과열국면)</th><th>제1국면
(분산국면)</th><th>제2국면
(공항국면)</th><th>제3국면
(침체국면)</th></tr>
<tr><td>대 중</td><td>공포심</td><td>공포심</td><td>확 신</td><td>확 신</td><td>확 신</td><td>공포심</td></tr>
<tr><td>전 문 가</td><td>확 신</td><td>확 신</td><td>공포심</td><td>공포심</td><td>공포심</td><td>확 신</td></tr>
<tr><td>투자전략</td><td>-</td><td>점진적 매도</td><td>매 도</td><td>-</td><td>점진적 매수</td><td>매 수</td></tr>
</table>

(2) 사까다 전법

사까다 전법은 일본 도꾸가와시대 사까다 항구에서 활동하였던 유명한 거래인 홈마가 창출한 이론을 구체화하여 실전에 적용시킨 전통적 투자기법이다. 사까다 전법은 주가의 기본적인 패턴을 분석하는 데 필수적인 과정이 되고 있다.

사까다 전법은 3산(三山)형, 3천(三川)형, 3공(三空)형, 3병(三兵)형, 3법(三法)형으로 구성되어 있으며 사까다 5법이라 부르기도 한다.

(3) 엘리어트파동 이론

엘리어트는(1939) 파이낸셜 월드지를 통해 '주가는 상승5파와 하락3파에 의해 끝없이 순환한다'는 가격순환 법칙을 주장하였다.

주가는 연속적인 파동에 의해 상승하고 다시 하락함으로써 상승5파와 하락3파의 8개 파동으로 구성된 하나의 사이클을 연속하여 형성한다는 것이다.

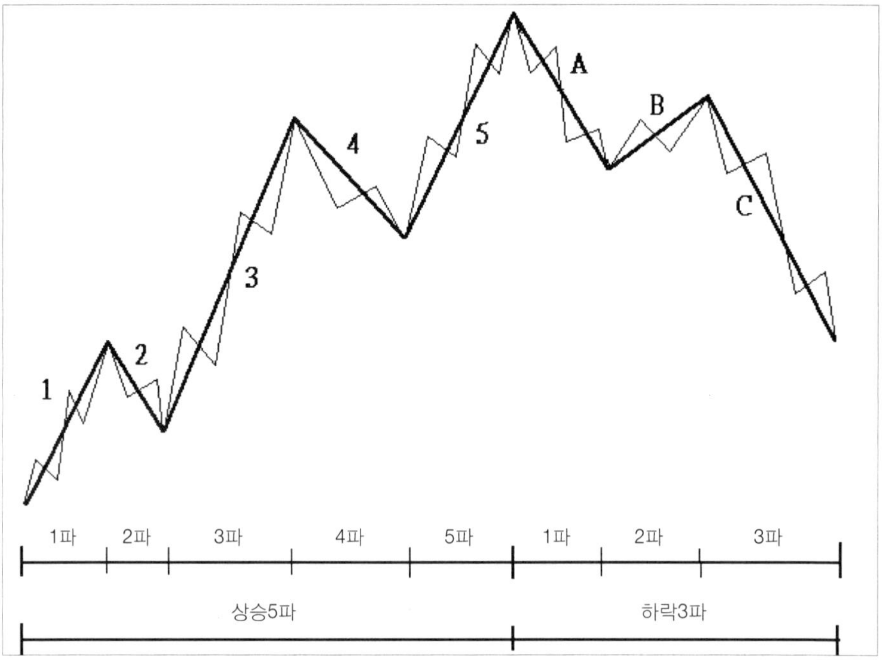

[그림 9-1] 엘리어트파동

① 상승5파

1번, 3번, 5번은 상승파동으로 충격파동(impulse wave)이며 2번, 4번은 하락파동으로 조정파동(corrective wave)이다. 충격파동이라 부르는 이유는 1번, 3번, 5번 파동이 주가의 진행방향과 같은 방향으로 움직이기 때문이고 조정파동은 주가의 진행방향과 반대방향으로 움직이기 때문이다.

② 하락3파

1번에서 5번까지의 상승국면이 끝나면 하락국면이 시작되는데 하락국면은 다시 3개 파동으로 나누어진다. 이 파동들은 각각 A번, B번, C번 파동으로 불리어진다.

02 캔들차트 분석

2.1 캔들차트 구조

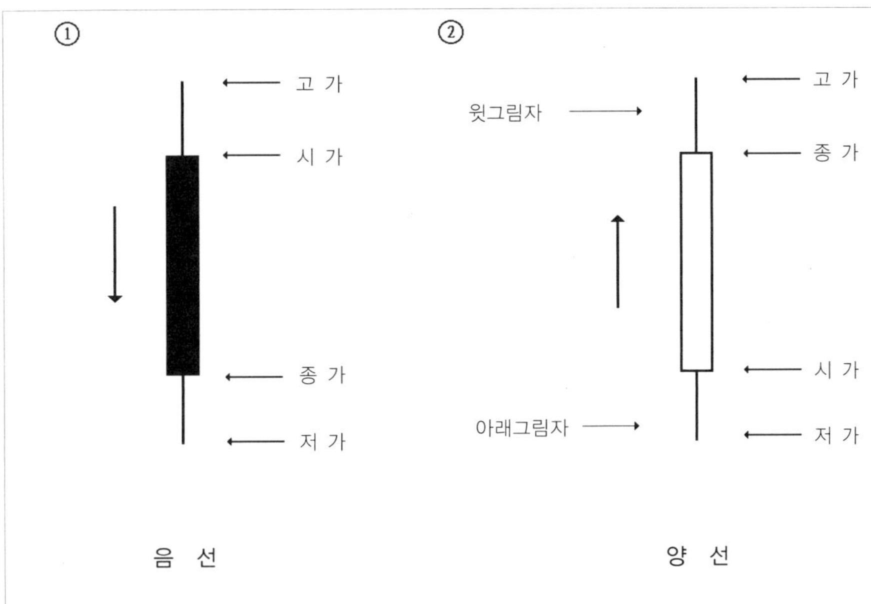

[그림 9-2] 캔들차트의 구조

캔들차트의 구조는 직사각형 부분과 위 · 아래 가는 선으로 구성되어 있다. 직사각형 부분을 몸통이라 부르는데 시가(open)와 종가(close) 사이의 거래 범위를 나타낸다.

종가가 시가보다 높으면 몸통이 양선이고, 종가가 시가보다 낮으면 몸통이 음선이다. 수요와 공급상태를 나타냄으로써 분석을 용이하게 하였다. 몸통의 위 · 아래 가는 선을 그림자(shadow)라 하고 고가(high)와 저가(low)를 나타낸다.

2.2 얼 래

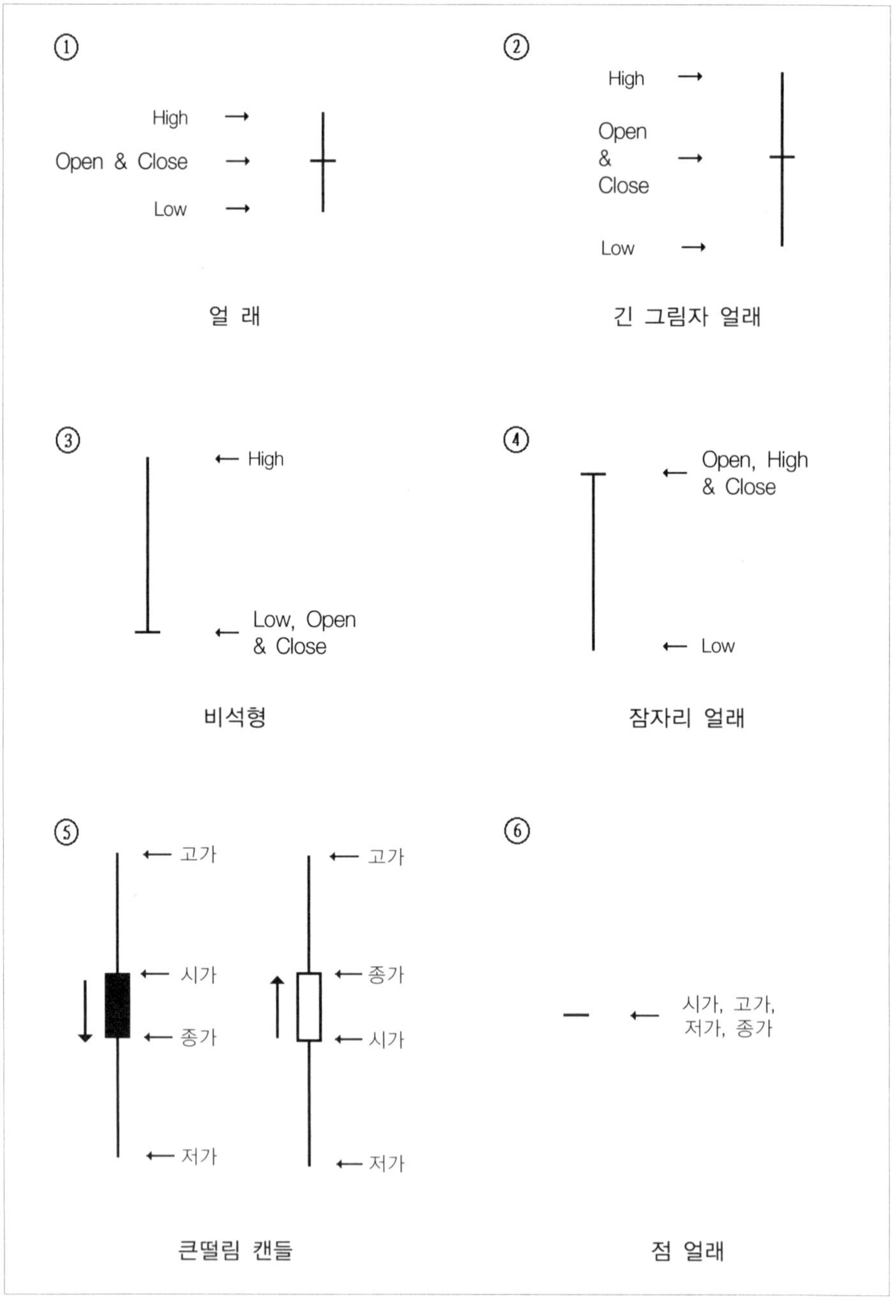

[그림 9-3] 얼래의 여러 가지 종류

얼래(doji)는 몸통이 매우 작고 시가와 종가가 일치하거나 또는 시가와 종가가 거의 일치할 정도로 매우 근접한 경우에 발생한다. 그림자의 길이는 매우 다양하게 나타난다. 얼래는 주가의 추세변화를 예측하기보다는 추세변화가 임박했음을 알려주는 신호 정도로 작용한다. 일반적으로 얼래는 하락추세보다 상승추세의 고점에서 발생할 경우 추세전환신호로 유익하게 작용한다.

긴 그림자 얼래는 시가와 종가가 당일 거래 중간에 위치하며 위·아래 긴 그림자를 가지고 있다. 매수세력과 매도세력이 서로 확신을 갖지 못하고 뇌동매매하고 있음을 보여주고 있다.

비석형(gravestone)은 종가와 시가가 저가에 근접하거나 일치하는 경우에 형성된다. 긴 윗그림자가 길면 길수록 비석형은 더욱 더 하락 전환될 가능성이 높아진다. 잠자리 얼래(dragonfly doji)는 시가와 종가가 장중 고가와 일치하는 경우에 형성된다. 주로 주가의 전환시점에 출현하며 하락추세의 막바지에 출현하는 경우 급속한 상승반전형으로 작용하게 된다.

큰떨림 캔들(high-wave candle)은 작은 몸통과 훨씬 더 긴 위·아래 그림자를 가지고 있다. 상승과 하락이 불확실하거나 매수세와 매도세 사이에 균형이 팽팽한 경우에 주로 발생한다. 점 얼래는 시가, 고가, 저가, 종가가 모두 같을 경우에 발생한다. 유동성이 매우 적은 경우로서 종가만 형성되며 향후 주가향방을 전혀 예측할 수 없다.

2.3 우산형 : 해머와 행잉맨

우산형(umbrella)에는 해머와 행인맨이 있다. 해머(hammer)는 하락장에서 출현하여 과다매도상태를 나타내고 향후 상승반전될 가능성을 높여준다. 행잉맨(hanging man)은 상승장에서 출현하여 과다 매수상태를 나타내고 향후 하락징세로의 빈전 가능성을 높여준다.

특히 긴 상승장세의 꼭대기에서 나타나면 더 이상의 매수를 삼가야 할 것이다.

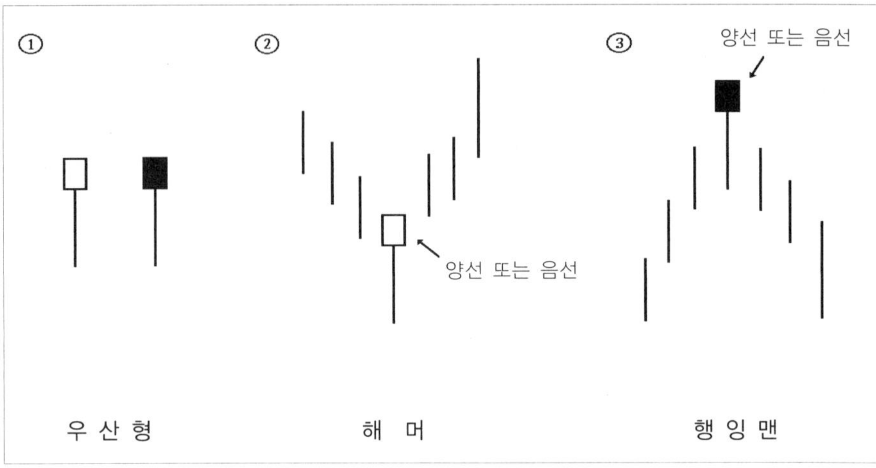

[그림 9-4] 우산형 : 해머와 행잉맨

해머와 행잉맨은 다음과 같은 특징이 있다.

- 몸통이 장중 거래범위 중 윗부분에 위치하고 있다. 몸통의 색깔은 중요하지 않다.
- 긴 아래 그림자의 길이는 몸통 길이의 두 배 이상이 된다.
- 윗그림자는 거의 없거나 또는 전혀 없을 수 있다.

2.4 장악형 : 상승장악형과 하락장악형

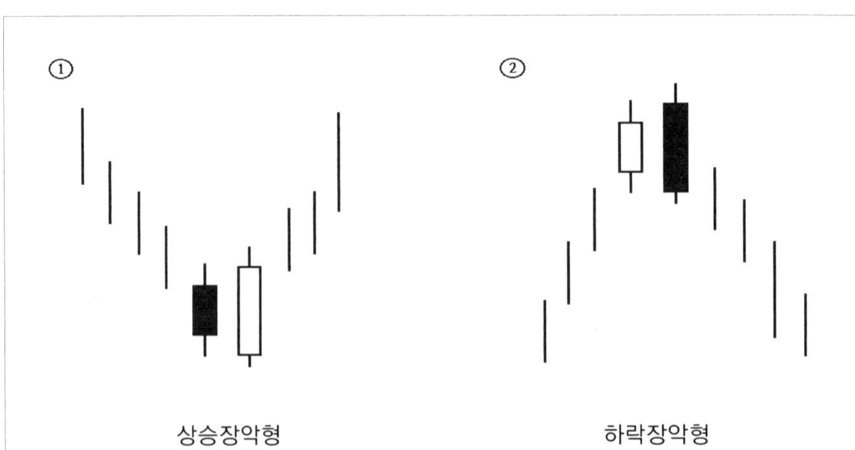

[그림 9-5] 장악형 : 상승장악형과 하락장악형

장악형(engulfing pattern)은 서로 상반된 색깔의 몸체로 구성되어 반전신호로 작용하고 있으며, 상승장악형과 하락장악형 두 가지가 있다. 상승장악형은 하락장세에서 형성되며 양선이 음선을 둘러싸고 있고, 하락장악형은 상승장세에서 형성되며 음선이 양선을 둘러싸고 있다.

장악형은 다음과 같은 세 가지 특징이 있다.

- 비록 추세가 단기간에 형성되었다 하더라도 상승추세와 하락추세가 명확하게 설정되어야 한다.
- 두 번째 형성된 몸체는 앞선 첫 번째 몸체를 장악해야 한다. 이때 그림자는 무시해도 된다.
- 장악형의 두 번째 몸체는 앞선 첫 번째 몸체와 반대 색깔을 가지고 있어야 한다.

2.5 흑운형과 관통형

흑운형(dark-cloud cover)과 관통형(piercing pattern)은 중요한 반전신호이다. 흑운형은 상승추세에서 하락추세로 전환되는 신호로, 관통형은 하락추세에서 상승추세로 전환될 때 나타나는 패턴이다. 관통형은 하락세력이 약화되면서 저가의 매입세력이, 흑운형은 상승세력이 약화되면서 고가의 매도세력이 새로 생성되고 있음을 의미한다.

흑운형의 특징은 다음과 같다.

- 첫째 날은 상승이 지속되는 가운데 긴 양선이 출현한다.
- 둘째 날은 첫째 날의 고가보다 높은 가격으로 시가가 시작되는 음선이다.
- 둘째 날의 종가는 첫째 날 양선의 중간 이하와 저가 사이에서 형성된다.

관통형의 특징은 다음과 같다.

- 첫째 날은 하락이 지속되는 가운데 긴 음선이 출현한다.
- 둘째 날은 첫째 날의 저가보다 낮은 가격에서 시가가 형성되는 양선이다.
- 둘째 날의 종가는 첫째 날 양선의 중간 이상과 고가 사이에서 형성된다.

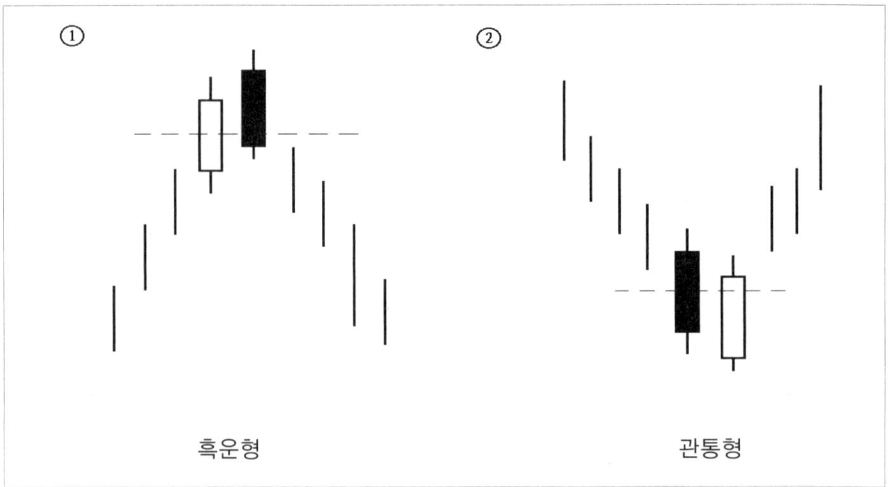

[그림 9-6] **흑운형과 관통형**

2.6 별 형

별형(star)은 대표적인 전환패턴 중 하나이다. 별형은 긴 양선 또는 음선과 일정 갭을 두고 발생한 작은 몸체로서 서로 겹치지 않는다. 별형의 몸체 색깔은 중요하지가 않으며, 상승추세의 막바지인 꼭대기나 하락추세의 막바지인 바닥에서 발생한다.

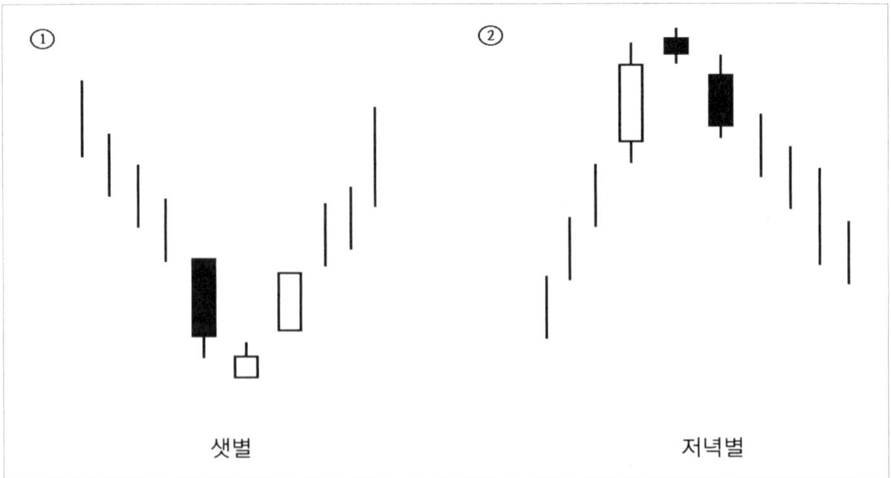

[그림 9-7] **샛별과 저녁별**

샛별(morning star)은 하락추세에서 상승추세로 전환될 때 발생하며, 저녁별은 상승추세에서 하락추세로 전환될 때 발생한다. 샛별이라 부르는 이유는 샛별이 일출을 예고하듯이 가격상승을 예고하기 때문이다. 저녁별은 샛별과 반대의 경우로서 어두워지기 전에 저녁별이 막 나타나는 데서 붙여진 이름이다.

저녁별과 샛별의 특징은 다음과 같다.

- 상승추세일 때 : 저녁별의 첫째 날 긴 양선 출현
  하락추세일 때 : 샛별의 첫째 날 긴 음선 출현
- 둘째 날은 항상 첫째 날과 갭을 두고 형성되나 색깔은 중요하지 않다.
- 셋째 날은 항상 첫째 날과 반대 색깔을 가진 긴 음선이나 양선이 출현한다.

03 추세분석

3.1 추세선

(1) 지지선과 저항선

저항선은 주가의 고점들을 연결한 선으로 더 이상 상승할 수 없을 정도로 매도세력이 강력하여 매입세력을 압도하는 주가수준을 말한다. 지지선은 저항선의 반대 개념으로 주가의 저점들을 연결한 선으로 더 이상 하락할 수 없을 정도로 매입세력이 강력하여 매도세력을 압도하는 주가수준을 말한다.

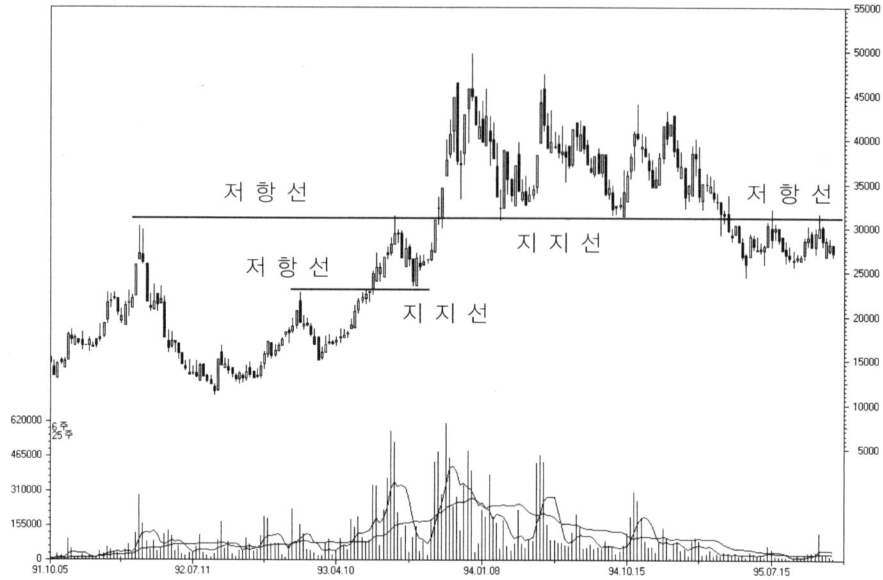

[그림 9-8] 지지선과 저항선

일반적으로 직전에 형성된 최고점이 저항선으로 작용하기도 하지만, 직전 고점을 형성할 당시의 거래량을 상회하는 대량 거래량이 출현하게 되면 주가는 새로운 고점을 형성하게 된다. 직전 고점을 상향돌파하기 위해서는 직전 고점에 비해 더 많은 거래량이 수반되어야 가능하다.

직전에 형성된 최고점은 이후 저항선이 되는 경우가 많으며, 반대로 직전에 형성된 최저점은 이후 지지선이 되는 경우가 많다. 또한 저항선이나 지지선이 일단 돌파가 되면 이제까지의 저항선은 지지선으로, 지지선은 저항선으로 그 역할이 바뀌는 경우가 많다.

(2) 추세선

추세는 주가가 움직이는 방향을 말한다. 주가는 일정기간 일정방향으로 움직이기보다는 수시로 방향을 전환하면서 움직이는 경우가 더 많다. 이러한 움직임을 그래프 상에 기록하면 여러 개의 고점과 저점이 형성되어 있음을 볼 수 있다.

- 상승추세 : 저점의 위치가 지속적으로 상승하는 경우
- 하락추세 : 고점의 위치가 점차적으로 하락하는 경우
- 보 합 : 추세가 명백하지 않는 경우

추세선은 추세를 나타내는 선이다. 추세선을 그리기 위해서는 최소한 2개 이상의 고점 또는 저점들이 필요하다. 추세선의 신뢰도는 고점이나 저점들의 확인과정이 여러 번 진행될수록, 추세선의 길이가 길수록 기울기가 완만할수록 커진다. 또한 장기간에 형성된 추세선일수록 신뢰도가 높아진다.

상승추세대는 고점들을 연결한 상승저항선과 저점들을 연결한 상승지지선이 점점 높아지면서 형성하고 있다. 추세선을 만들기 위해서는 2개 이상의 고점과 저점이 필요하다. 추세선이 돌파되는 경우에는 추세반전의 신호로 인식하고 이전의 움직임과 반대방향으로 움직일 것으로 판단한다.

[그림 9-9] 상승추세대

3.2 이동평균선 분석

(1) 이동평균선의 개념

이동평균선 분석은 일정기간 주가의 진행방향을 확인하고 현재 주가의 진행방향과 어떤 관계가 있는지 분석함으로써 미래의 주가동향을 미리 예측하고자 하는 지표이다.

이동평균선은 단기 · 중기 · 장기 이동평균선으로 분류된다. 단기지표로는 5일, 10일, 20일 평균선을, 3개월에서 5개월가량의 중기지표로는 60일 또는 100일 평균선을, 6개월 이상의 비교적 장기지표로는 150일 또는 200일 이동평균선을 주로 사용하고 있다.

이동평균선을 이용하는 장점은 계산이 편리하고 계산 결과와 모양에 따라 기계적으로 매수 · 매도 신호를 객관적으로 도출하는 데 있다. 단점은 이미 지나가버린 과거 주가를 평균하여 미래의 주가 이동방향을 분석하려는 후행성이다.

이동평균선의 종류에는 단순이동평균, 가중이동평균, 누적평균, 기하이동평균, 지수평할법 등이 있다. 단순이동평균은 일반적으로 가장 많이 사용하고 있는 이동평균법으로 계산방법은 다음과 같다. 6일간의 단순이동평균은

$$M6 = \frac{P1 + P2 + P3 + P4 + P5 + P6}{6}$$

으로 구한다. 여기서, M6는 6일 이동평균을 P1, P2, P3, … 는 1, 2, 3 일째 주가를 뜻한다.

(2) 이동평균선을 이용한 분석방법

주가이동평균선을 이용한 주가예측방법으로는 이격도 분석, 방향성 분석, 배열도 분석, 지지선 분석, 저항선 분석, 연관성 분석, 크로스 분석 그리고 밀집도 분석 등이 있다.

① 방향성 분석

단기 · 중기 · 장기 이동평균선의 방향이 상승 중인지 또는 하락 중인지 확인하는 방법이다. 모두 상승하고 있으면 강세시장을, 모두 하락하고 있으면 약세시장을 나타낸다. 주가가 하락추세에서 상승추세로 전환할 때는 '단기선 상승⇒중기선 상승⇒장기선 상승'의 과정을 거치게 된다.

② 배열도 분석

정배열과 역배열 상태를 분석하는 것으로 정배열은 '주가 · 단기선 · 중기선 · 장기선' 순서로 위에서 아래로 배열된 상태를 말하며 역배열은 반대의 경우이다. 주가움직임은 일반적으로 '정배열(주가상승) ⇒ 역배열 전환(주가하락 전환) ⇒ 역배열(주가하락) ⇒ 정배열 전환(주가상승 전환) ⇒ 정배열(주가상승)'의 과정으로 순환한다.

③ 지지선 분석

주가가 상승 중일 때에는 단기 · 중기 · 장기 이동평균선을 지지선으로 상승하지만, 하락반전될 때에는 이동평균선들을 차례로 하향이탈하게 된다. 이를 지지선 분석이라 한다. 지지선 분석을 할 때에는 단기 · 중기 · 장기 이동평균선의 각 특성을 잘 파악하여 비정상 거래로 인한 일시적인 속임수를 예방하고 수익률을 극대화시켜야 한다.

④ 저항선 분석

주가가 하락 중일 때에는 단기 · 중기 · 장기 이동평균선이 차례로 저항선이 되어 하락하게 되나 상승반전될 때에는 각 이동평균선을 차례로 상향돌파하면서 주가가 상승하게 된다. 이를 저항선 분석이라 한다.

⑤ 크로스 분석

단기 이동평균선이 장기 이동평균선을 아래에서 위로 상향돌파하는 골든크로스(golden-cross)와 단기 이동평균선이 장기 이동평균선을 위에서 아래로 하향돌파하는 데드크로스(dead-cross)가 있다. 일반적으로 골든크로스는 매수신호로 데드크로스는 매도신호로 알려져 있으며, 보통 20일 평균선과 60일 평균선을 사용하고 있다.

⑥ 밀집도 분석

장기·중기·단기 이동평균선 사이의 서로 분리된 거리와 밀집도 그리고 모였다 헤어졌다 하면서 주가가 상승하고 하락하는 순환과정을 통해 주가의 매매시점을 판단하는 분석기법이다.

(3) 거래량 이동평균선

일반적으로 거래량은 주가에 선행하여 움직이므로 거래량 동향을 분석하면 가까운 장래의 주가를 미리 예측해 볼 수 있다. 주가가 상승 중일 때에는 매수세력의 증가로 인해 거래량이 증가하게 되고 반대로 하락 중일 때에는 매수세력의 약화로 거래량이 감소하게 된다.

거래량이 증가하기 시작하면 조만간 주가상승이 예상되고, 거래량이 감소하기 시작하면 조만간 주가하락이 예상된다. 또한 주가가 큰 폭 상승한 이후 주가는 계속 상승하고 있으나 거래량이 감소하기 시작하면 조만간 천장권이 예상되고, 반대로 주가가 큰 폭 하락한 이후 주가는 계속 하락하고 있으나 거래량이 증가하기 시작하면 조만간 바닥권이 예상된다.

이와 같은 원리를 이용하여 미래 주가를 예측하고 매매시점을 찾고자 거래량 이동평균선을 이용한다.

거래량 이동평균선은 주가 이동평균선과 같은 방법으로 산출하는데, 단기지표는 5일 평균선을, 중기지표는 20일 평균선을, 장기지표로는 60일 평균선을 이용하고 있다.

04 패턴분석

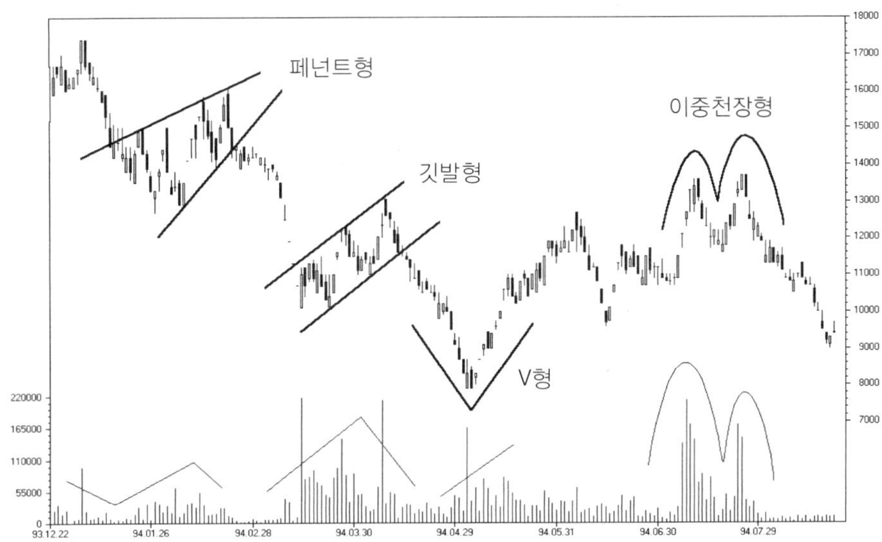

[그림 9-10] 반전형과 지속형

그래프 상에서 일정기간 움직여온 주가의 특정한 모양을 패턴이라 하며 크게 반전형과 지속형으로 구분한다. 위 그래프를 보면 반전형은 이중천장형과 V형처럼 이전까지의 주가 움직임이 전환되어 반대방향으로 이동할 것을 예시해 주고, 지속형은 페넌트형과 깃발형처럼 이전의 주가 움직임이 잠시 횡보국면을 보인 후 다시 지속될 것임을 알려주는 패턴이다.

4.1 반전형

(1) 헤드 앤 숄더

헤드 앤 숄더(head & shoulder) 패턴은 가운데 가장 높은 봉우리를 포함한 세 개의 봉우리로 형성되어 있다. 이 패턴은 상승과 하락이 세 번씩 반복해서 일어나며, 가운데 봉우리를 머리(head), 왼쪽을 왼쪽 어깨(left shoulder), 오른쪽을 오른쪽 어깨(right shoulder)라 한다.

헤드 앤 숄더 패턴의 왼쪽 어깨는 주가가 주추세선을 따라 큰 폭으로 상승하고 있으며 동시에 거래량의 증가세가 현저하게 나타나는 시점으로 장세를 낙관한 세력이 적극적인 매매를 한다.

머리는 두 번째 상승으로 왼쪽 어깨보다 높게 나타나지만 일반적으로 하락할 때는 왼쪽 어깨의 바닥 수준까지 하락한다. 오른쪽 어깨는 세 번째 상승으로 머리의 정상까지 올라가지 못하고 하락폭의 2/3수준까지만 회복하고 다시 하향 전환된다. 세 개의 봉우리를 형성하는 동안 거래량은 현저하게 감소한다.

헤드 앤 숄더 패턴은 주가 움직임이 네크라인을 완전히 하향돌파한 이후에 완성되었다고 판단한다. 헤드 앤 숄더 패턴의 주가하락 예상목표치는 머리와 네크라인과의 하락 폭만큼 네크라인에서 더 하락한다고 예상해 볼 수 있는데, 이 목표치는 최소한의 목표치일 뿐이다.

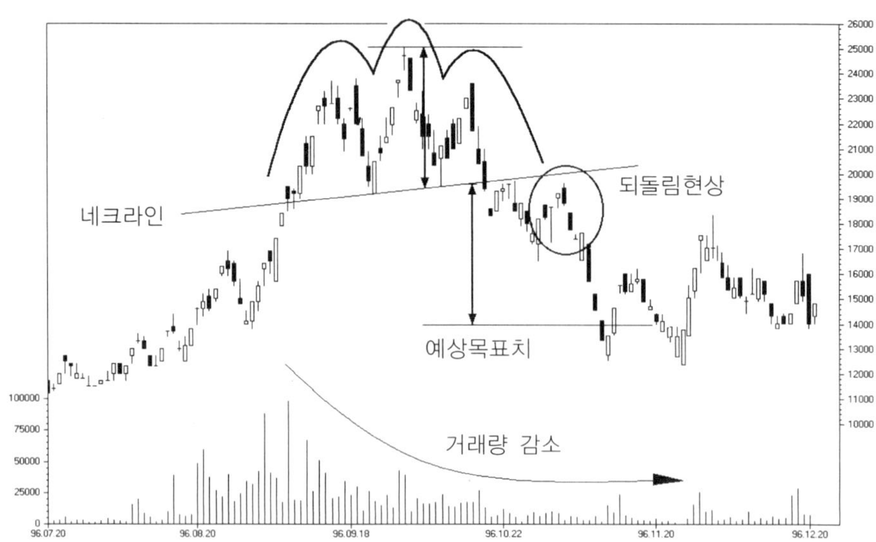

[그림 9-11] 헤드 앤 숄더 패턴

헤드 앤 숄더 패턴을 거꾸로 뒤집어 놓은 것이 역 헤드 앤 숄더 패턴이다. 헤드 앤 숄더 패턴은 상승추세에서 하락추세로 반전할 때 나타나는 패턴인 반면, 역 헤드 앤 숄더 패턴은 하락추세에서 상승추세로 반전할 경우에 나타나는 패턴이다. 역 헤드 앤 숄더 패턴이 형성되는 동안 거래량이 증가하면서 하락추세가 상승추세로 전환된다.

(2) 이중천장형과 이중바닥형

이중천장형(double top)은 거래량이 감소하면서 상승추세가 하락추세로 전환될 때 형성되며 이중바닥형(double bottom)은 거래량이 증가하면서 하락추세가 상승추세로 전환될 때 형성된다.

이중천장형은 'M자형'으로 이중바닥형은 'W자형'이라 부르기도 한다. 이중천장형을 확인하기 위해서는 양 봉우리를 형성하는 데 걸린 시간이 장기간(대략 1개월 이상)일수록 또는 주가움직임의 진폭이 클수록 신뢰도가 높다고 볼 수 있다.

예상목표치는 두 봉우리 고점에서 단기 바닥인 골까지의 거리만큼 앞으로 더 상승 또는 하락하리라 예상한다. 이중바닥형은 두 번째 바닥이 첫 번째 바닥보다 더 완만하게 그리고 더 높게 형성된다.

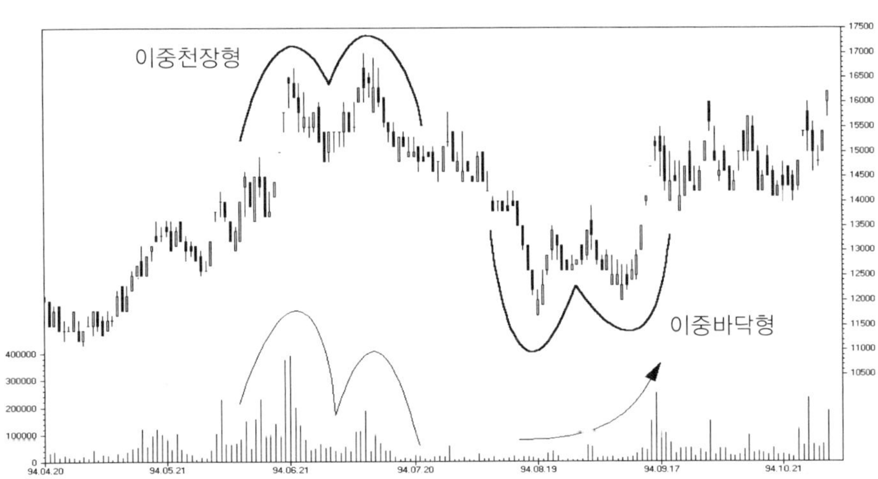

[그림 9-12] 이중천장형 및 이중바닥형 패턴

(3) 선형 · 원형천장형 · 원형바닥형

선형(line), 원형천장형(rounding top), 원형바닥형(rounding bottom)은 실전매매에서 발견하기 매우 힘들지만, 발견 시에는 큰 폭의 수익률을 올릴 수가 있어 유일한 꿈의 패턴으로 알려지고 있다.

선형은 적은 등락 폭으로 장기간에 걸쳐 보합권을 유지하며 횡보한 후 거래량이 증가하면서 지금까지의 등락폭보다 상당히 큰 폭으로 저항선을 상향돌파하면서 주가가 상승하는 패턴이다.

원형바닥형은 서서히 상승추세로 전환되는 패턴으로, 하락추세로 전환되는 원형천장형보다 소요시간이 더 많이 걸리고 모양과 형태도 더욱 확실하다.

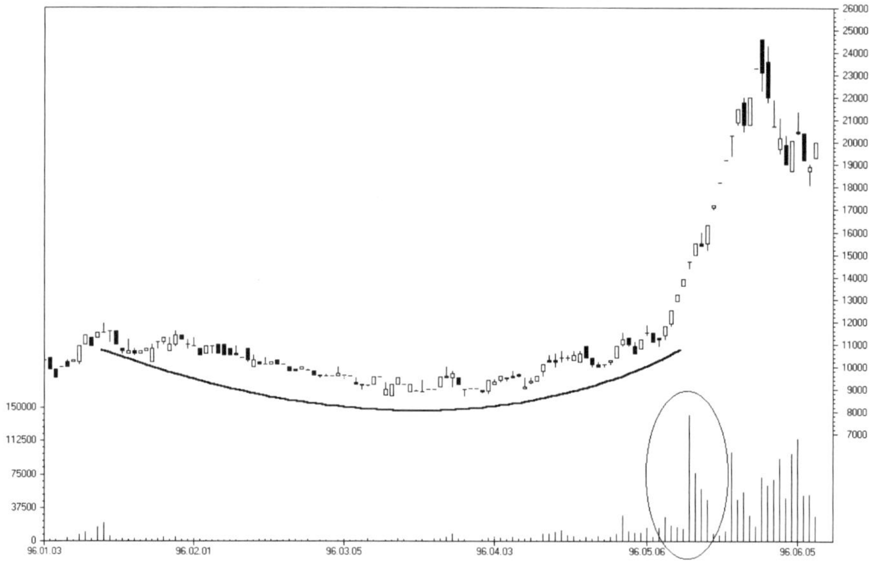

[그림 9-13] 원형바닥형

(4) 확대형

확대형(broadening formation)은 주가의 고점들이 점점 높아가는 반면 주가의 저점들이 점점 낮아지면서 등락 폭이 확대되는 형태를 말한다.

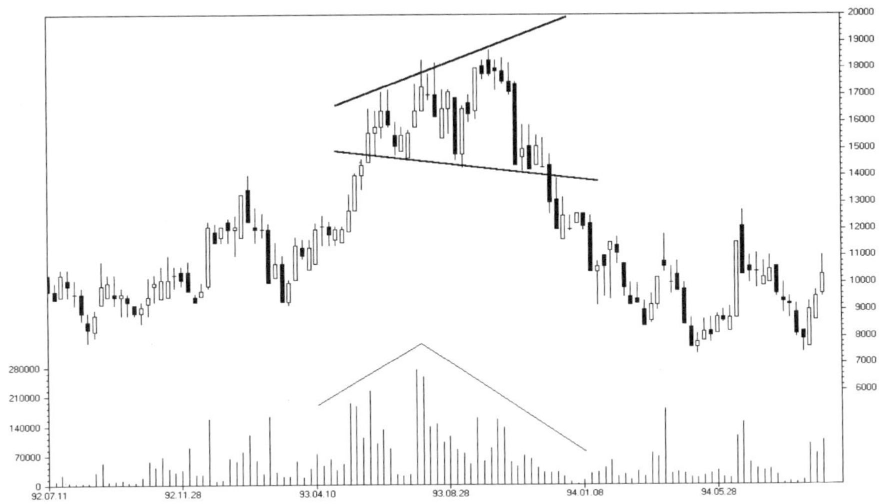

[그림 9-14] 확대형

확대형 출현은 시황이 매우 혼란하여 미래에 대한 예측이 불가능한 상태이거나 또는 투자가들의 투자심리가 극히 불안정 상태에 있다는 것을 의미한다. 따라서 확대형은 상승추세의 말기적 현상으로 간주되고 있다.

확대형은 일부 투기적인 세력에 의해 움직이는 것으로 보이며 이후 대부분 주가의 큰 폭 하락이 있었다. 확대형은 일반적으로 세 개의 산과 두 개의 골로 이루어진다.

(5) V형

V형은 영문 알파벳의 'V'자처럼 매도세가 지배하는 하락국면에 이어 매수세 일변도의 상승국면으로 급속하게 변해버리는 반전패턴이다. V형은 강세장과 약세장에서 사전에 아무런 예고도 없이 급속한 속도로 추세전환이 나타나므로 일정한 시간이 지나고 나서야 확인이 가능하다.

역V형은 V형과는 달리 상승추세에서 하락추세로 급변하는 과정에서 형성되며 거래량이 증가하다가 급속히 감소한다. V지형과 역V자형은 예상하지 못한 대형 호재·악재에 의해서 발생하는 시장심리의 극적인 전환으로 주가움직임의 대 역전이다.

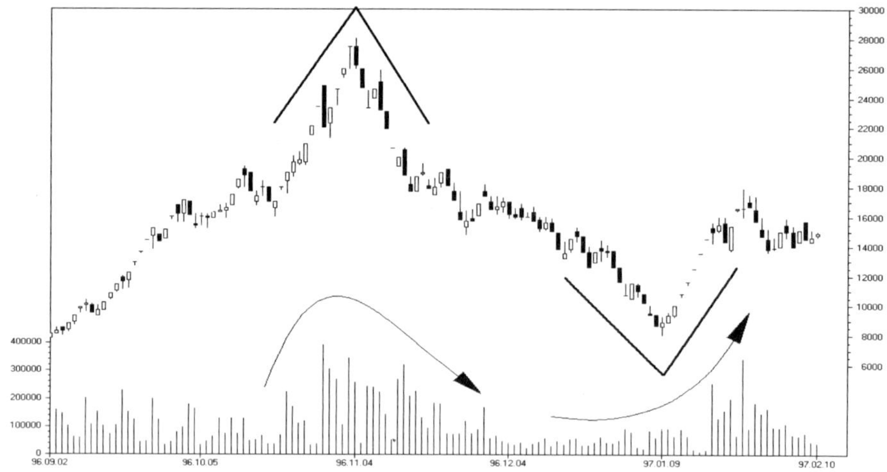

[그림 9-15] V형 및 역V형

4.2 지속형

지속형은 이전까지의 주가움직임이 일시적으로 정지한 상태에서 진행하므로 반전형에 비해 형성기간이 비교적 작게 걸리며 영향력도 일시적이다.

(1) 삼각형

삼각형(triangle pattern)은 반복적인 등락을 하는 동안 점점 그 등락폭이 줄어들어 전체적인 주가의 움직임이 삼각형 모양을 이루고 있다. 삼각형에서 고점들을 이은 추세선은 강력한 저항선으로, 각 저점들을 이은 추세선은 강력한 지지선으로 작용하고 있으며 점점 그 폭이 줄어들면서 수렴하게 된다.

삼각형은 최소한 4번 이상 주가의 등락이 있어야 하고 밑변과 꼭짓점으로 구성되어 있다. 삼각형을 형성한 주가는 보통 밑변과 꼭짓점 간거리의 2/3 지점을 통과한 이후에 추세선을 돌파하게 된다.

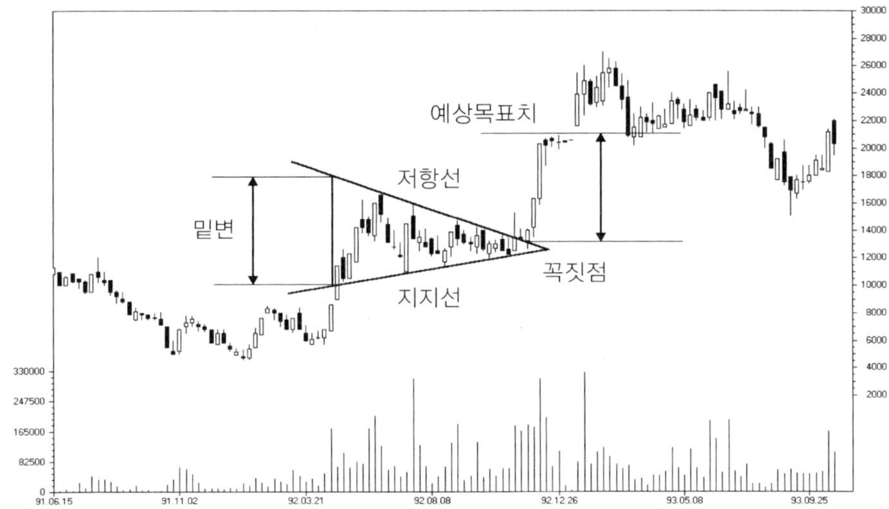

[그림 9-16] 삼각형

삼각형의 종류에는 이등변삼각형, 상승삼각형, 하락삼각형이 있다. 이등변삼각형은 약세장에서 나타나면 큰 폭 하락을, 강세장에서 나타나면 큰 폭 상승을 가져온다. 상승삼각형은 주가가 상승하는 도중에 나타나 추가상승을 예고하고, 하락삼각형은 주가가 하락하는 도중에 나타나 추가하락을 예고하는 신호로 인식한다. 목표치 계산은 주가가 저항선이나 지지선을 돌파했을 경우 앞으로 그 추세선을 돌파한 수준에서 밑변 길이만큼 최소한 더 움직인다고 예상해 볼 수 있다.

(2) 깃발형과 페넌트형

깃발형(flag pattern)과 페넌트형(pennant pattern)은 주가가 거의 수직에 가까운 빠른 속도로 움직인 이후 일시적으로 횡보국면을 보이는 과정에서 나타난다. 이때 주가의 수직적인 움직임은 마치 깃대와 같으며 목표치 계산은 깃대 길이만큼 더 움직일 것으로 예측해 볼 수 있다.

깃발형과 페넌트형은 다음과 같은 특징이 있다.

- 깃발형과 페넌트형이 성립되기 위해서는 반드시 주가움직임이 거의 수직에 가까워야 한다.

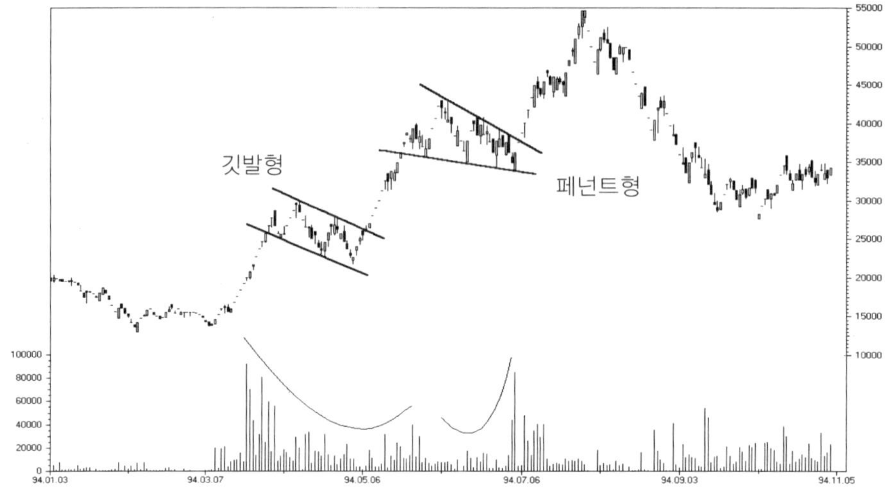

[그림 9-17] 깃발형과 페넌트형

- 일반적으로 이 패턴들은 1~3주일 사이의 단기간에 형성되어야 한다.
- 형성 이후 주가는 기존의 깃대와 반대방향으로 움직인다.

(3) 쐐기형

[그림 9-18] 상승쐐기형

쐐기형(wedge pattern)은 깃발형과 삼각형의 혼합형이다. 쐐기형은 고점을 연결하는 저항선과 저점을 연결하는 지지선이 서로 평행하지 않고 두 선이 점점 좁아져 한곳으로 모이는 모양이다.

쐐기형은 깃발형과 같이 아래·위의 두 추세선이 모두 같은 방향을 향하고 있으며 상승쐐기형과 하락쐐기형으로 구분된다. 주가가 상승추세를 보이면 하락쐐기형이 형성되고 하락추세를 보이면 상승쐐기형이 형성된다.

(4) 직사각형

직사각형(rectangle pattern)은 매도세력과 매수세력이 서로 균형을 이루고 있으나 거래가 활발하지 못한 경우에 나타나게 된다. 위 수평선은 강력한 저항선으로, 아래 수평선은 강력한 지지선으로 작용하면서 거래량이 급격히 감소하는 형태이다.

직사각형이 형성되기 위해서는 최소한 두 개의 고점과 최소한 두 개의 저점이 형성되어 4번 이상 주가등락이 있어야 한다. 목표치 계산은 지지선과 저항선 사이의 주가 등락폭만큼 추세선 돌파 이후 더 움직이는 것으로 최소 예상목표치를 구한다.

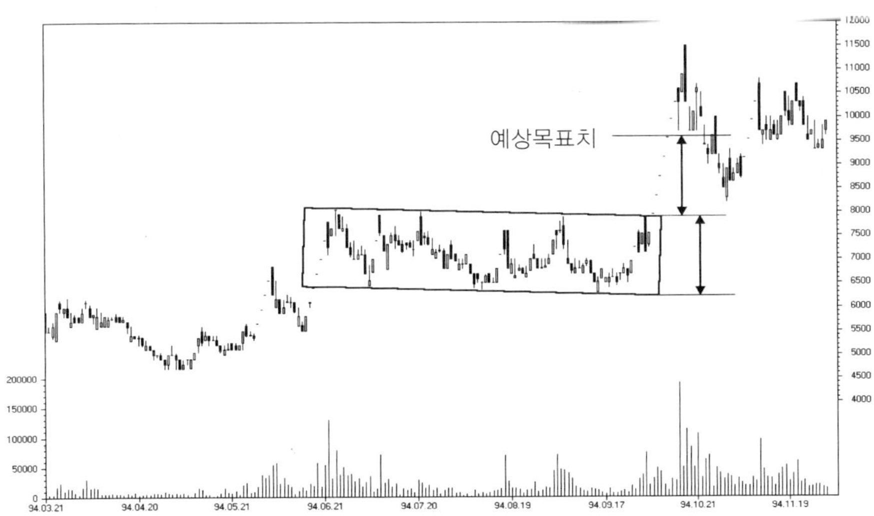

[그림 9-19] 직사각형

4.3 갭, 되돌림

(1) 갭

그래프를 살펴보면 어느 날 갑자기 폭등하거나 폭락함으로써 주가와 주가 사이에 빈 공간이 나타나는데 이를 갭(gap)이라 한다. 갭은 지금까지의 매도세와 매수세 사이의 균형이 어느 한쪽으로 치우친 결과이며 앞으로 주식시장에 예기치 못한 변화가 발생하리라는 것을 예고해 준다.

일반적으로 갭이 발생한 가격대는 앞으로 지지선이나 저항선의 역할을 할 수도 있다. 상승추세에서 발생한 갭은 강력한 지지선 역할을 하며 하락추세에서 발생한 갭은 강력한 저항선 역할을 한다. 그러나 갭이 일단 채워지면 그 갭은 더 이상 의미가 없어진다.

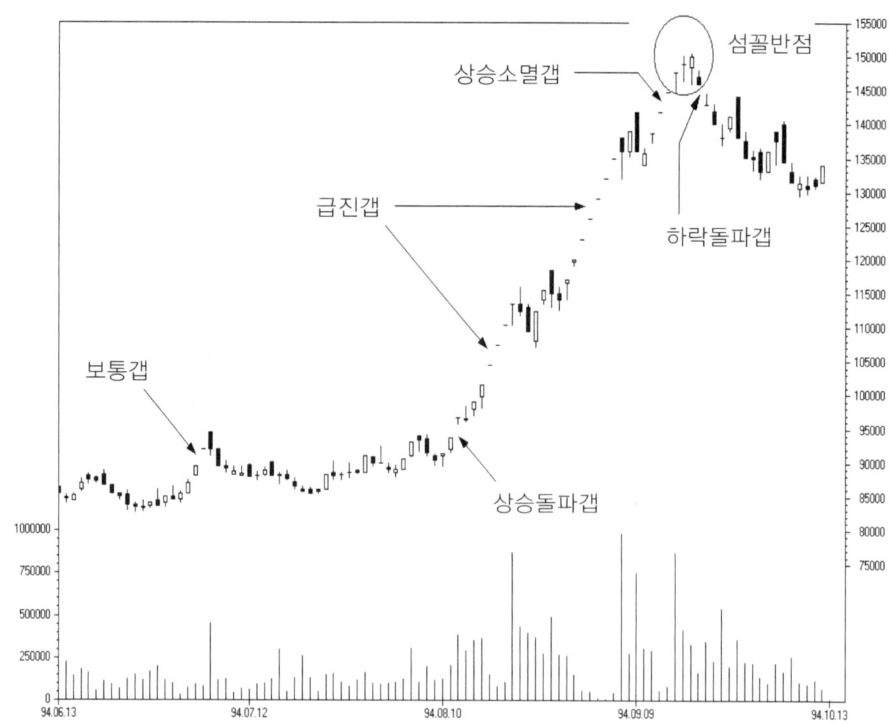

[그림 9-20] 갭의 여러 가지 종류

갭의 종류에는 보통 갭(common gap), 돌파 갭(break-away gap), 급진 갭(run-away gap), 소멸 갭(exhaustion gap), 그리고 갭으로 구성된 섬꼴반전(island reversal)이 있다.

(2) 되돌림

주가움직임은 일방적인 방향으로 상승이나 하락만을 계속할 수 없고, 반드시 움직이던 추세와 반대방향으로 되돌림현상이 나타난다. 그림에서 보면 A폭 상승한 주가가 (1/2)A폭만큼, B폭 상승한 주가가 (1/3)B폭만큼, C폭 상승한 주가가 (2/3)C폭만큼 되돌림현상이 나타난 것을 볼 수 있다.

주가움직임은 시간이 지나면서 상승과 하락을 되풀이하며 순환하는데 이러한 자율 반락하는 현상을 되돌림(retracement)이라 부른다. 되돌림현상이 확인되면 그 동안 상승폭(또는 하락폭)의 어느 특정비율 부근에 강력한 지지선이나 저항선이 형성될 것임을 미리 예측해 볼 수 있다. 일반적으로 중요하다고 알려진 되돌림의 비율은 25%(1/4), 33%(1/3), 50%(1/2), 66%(2/3), 75%(3/4)이다.

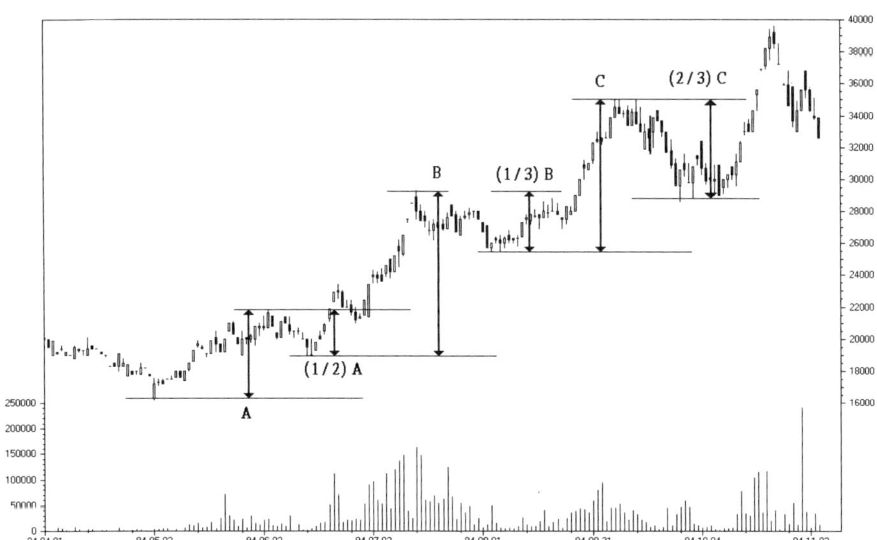

[그림 9-21] 되돌림

05 지표분석

기술적 지표는 장세분석에 해당되는 분야이다. 기술적 지표는 현재 시장의 수급상태, 즉 매입효과 또는 매도효과 등을 파악하여 매매하는 방법이다.

5.1 MACD : Moving Average Convergence & Divergence

MACD는 장기·단기 두 이동평균 사이의 관계를 보여주는 운동량 지표로서 제럴드 아펠(Gerald Appel)에 의해 개발되었다. 장기지수이동평균과 단기지수이동평균의 차이를 MACD라 하며, 이 MACD의 지수이동평균을 '시그널(signal)'이라 부른다.

MACD = 단기 지수이동평균 − 장기 지수이동평균

시그널 = n일 MACD 지수이동평균

MACD의 원리는 장기와 단기 두 이동평균선이 서로 멀어지게 되면 언젠가는 다시 가까워져 어느 시점에서 서로 교차된다는 성질을 이용하고 있다. 분석방법은 MACD가 시그널을 아래에서 위로 상향돌파할 때를 매수시점으로, MACD가 시그널을 위에서 아래로 하향이탈할 때를 매도시점으로 인식하고 매매하는 방법이다.

5.2 OBV : On Balance Volume

거래량이 주가에 선행한다는 원리하에 거래량 분석을 통해 주가분석을 하는 거래량 지표 중 하나이다. 전체 시장이 매집단계에 있는지 아니면 분산단계에 있는지를 광범위하게 분석할 수 있다.

- If 당일 종가 > 전일 종가, OBV = 전일 OBV + 금일 거래량
- If 당일 종가 < 전일 종가, OBV = 전일 OBV − 금일 거래량
- If 당일 종가 = 전일 종가, OBV = 전일 OBV

OBV선이 직전 고점을 상회하면 상승신호로서 U표시를 직전 저점을 하회하면 하락신호로서 D표시를 한다. 분석방법은 다음과 같다.

- 주가는 하락하고 있으나 OBV는 횡보 또는 상승하는 경우, 시장 내부에 매집활동이 있다고 보여 조만간 주가상승이 예상된다.
- 주가는 상승하고 있으나 OBV는 횡보 또는 하락하는 경우, 시장 내부에 보유주식을 처분하려는 분산 활동이 있어 조만간 주가하락이 예상된다.
- 주가는 횡보하고 있으나 OBV가 상승 또는 하락하는 경우, 향후 주가의 상승 또는 하락을 예상하는 것이다.

5.3 P&F : Point & Figure 차트

P&F는 오직 주가의 흐름만을 중요시하고 거래량과 시간의 흐름을 무시하였다. 또한 일정 폭 이하의 사소한 주가움직임을 제외시켜 중·장기적인 관점의 주가추세를 파악하여 투자시점 포착을 쉽게 하기 위한 투자기법이다.

P&F의 특징은 다음과 같다.

- 좁은 공간에 장기간의 기록이 가능하여 주가의 장기적인 추세파악에 유리하다.
- 매매시점 및 목표치 계산이 가능하다.
- 거래량과 시간의 흐름이 무시된 단점과 추세분석과 패턴분석이 가능한 장점을 가지고 있다.
- 상승세는 X로 표시하고 하락세는 ㅇ로 표시한다.

5.4 RSI : Relative Strength Index

RSI는 현 추세가 상승추세라면 얼마나 강력한지 혹은 하락추세라면 얼마나 강력한지를 백분율로 나타내는 지표이다. RSI는 추세강도를 객관적으로 나타내 주가추세의 전환시점을 정확히 예측하는 데 유용한 지표이다.

$$RSI = \frac{n\text{일간의 주가 상승폭 합계}}{n\text{일간의 주가 상승폭 합계} + n\text{일간의 주가 하락폭 합계}} \times 100(\%)$$

- RSI값 판단법 : 75% 이상 강세, 50% 정도 보통, 25% 이하 약세
- RSI와 주가와의 다이버전스 : RSI의 값이 30 이하 또는 70 이상에서 다이버전스가 나타나면 이는 강력한 추세반전신호로 간주한다.
- RSI가 상승하면서 약세권을 벗어나는 순간을 매수시점으로, RSI가 하락하면서 강세권을 이탈하는 순간을 매도시점으로 인식할 수 있다.

5.5 SONAR : Sonar Momentum

SONAR는 일본 노무라 증권의 기술적 분석가인 오카모도에 의해 개발된 지표로서 주가 사이클의 전환점을 파악하기 위해 개발된 시계열 차트이다. SONAR는 주가가 상승하더라도 기울기가 둔화되면 향후 주가는 하락할 가능성이 커지며, 주가가 하락하더라도 기울기가 상승하면 주가는 상승할 가능성이 높다고 본다.

- 지수이동평균 산출공식

$$\text{금일 지수이동평균} = \text{전일 지수이동평균} + a \cdot (\text{금일 종가지수} - \text{전일 지수이동평균})$$

(단, $0 < a < 1$)

- SONAR 산출 공식

  금일의 n일 SONAR = 금일 지수이동평균 − n일 전 지수이동평균
- Sonar가 0선을 교차하는 순간을 매수·매도 시점으로 판단한다.
- Sonar와 Sonar 이동평균이 서로 교차하는 순간을 매매시점으로 이용하는 방법이 있다.

5.6 Stochastics Oscillator : %K, %D

Stochastics는 주가가 움직이는 특성을 가장 잘 반영하는 지표 중 하나로서 죠지 레인(George Lane)에 의해 개발되었다. 일정기간 동안의 주가 변동폭 중 금일 종가의 위치를 백분율로 나타내는 것이다.

$$\%K = \frac{\text{금일 종가} - \text{최근 } n\text{일 중 최저가}}{\text{최근 } n\text{일 중 최고가} - \text{최근 } n\text{일 중 최저가}}$$

%D : %K의 이동평균

Stochastic은 %K와 %D 두 지표로 나타내며 분석방법은 다음과 같다.

- Stochastic이 침체권(30%) 이하로 내려갔다가 다시 재상승하는 경우 매수신호이다.

  Stochastic이 과열권(70%) 이상으로 올라갔다가 다시 재하락하는 경우 매도신호이다.
- %K선이 %D선을 상향돌파하여 상승하게 되면 매수신호이고, %K선이 %D선을 하향돌파하여 하락하게 되면 매도신호이다.
- 다이버전스를 이용한 매매방법이다.

5.7 이격도

이격도(disparity)는 당일 주가가 당일 이동평균으로부터 떨어져 있는 정도를 나타내는 것으로 당일 주가를 당일의 이동평균으로 나눈 백분율이다. 이격도가 적정 범위에서 이탈하면 추세전환시점으로 인식하여 매매시점 포착에 이용하고 있다.

$$\text{이격도} = \frac{\text{당일 종가}}{\text{당일의 } n\text{일 이동평균주가}} \times 100(\%)$$

이격도가 커지면(주가가 이동평균선으로부터 멀어지면) 주가는 이동평균선으로 되돌아오려는 특성이 있다. 과거의 경험으로 볼 때 이러한 반복 운동은 대체로 다음과 같은 범위 내에서 일어날 가능성이 높다. 이 범위를 초과하면 단기적인 매입 또는 매도시점으로 간주할 수 있다.

〈표 9-2〉 이격도

국면	25 일	75 일	투자전략	국면	25 일	75 일	투자전략
상승	106% 이상	110% 이상	매도	하락	102% 이상	104% 이상	매도
	98% 수준	98% 수준	매수		92% 수준	88% 수준	매수

5.8 주가와 거래량 상관곡선

거래량은 X축에, 주가는 Y축에 나타내며 주가와 거래량의 n일 이동평균(주로 20일)에 의한 매일 매일의 교차점을 선으로 연결한 지표이다. 주가와 거래량의 상관관계가 매우 높다는 이론적 원리를 이용한 지표로서 그래프 상에서 보면 시계의 반대방향으로 회전하는 경우가 많다고 해서 역시계곡선이라 부르기도 한다.

역시계곡선의 분석방법은 다음과 같다.

① X축에 거래량을, Y축에 주가(주가지수)를 나타낸다.

② 주가와 거래량의 n일 이동평균값을 산출한다.

③ ②에 의해 생긴 교차점을 연결한다.

시계곡선은 다음과 같이 설명한다.

① 주가는 바닥인데 거래량이 증가하기 시작하면 하락에서 상승으로 전환이 예상되는 신호이다.

② 거래량이 더욱 증가하고 주가도 상승하기 시작하면 매입신호이다.

③ 거래량은 더 이상 증가하지 않지만 주가가 계속해서 상승하고 있으면 매입 지속신호이다.

④ 거래량은 감소하기 시작하는데 주가만 계속해서 상승하고 있으면 매입 보류신호이다.

⑤ 거래량이 더욱 감소하고 주가도 더 이상 상승하지 못하면 하락으로 전환이 예상되는 신호이다.

⑥ 거래량이 더욱 감소하고 주가도 하락하기 시작하면 매도신호이다.

⑦ 거래량은 더 이상 감소하지 않지만 주가만 계속해서 하락하고 있으면 매도 지속신호이다.

⑧ 주가는 계속해서 하락하고 있는데 거래량이 증가하기 시작하면 매도 보류신호이다.

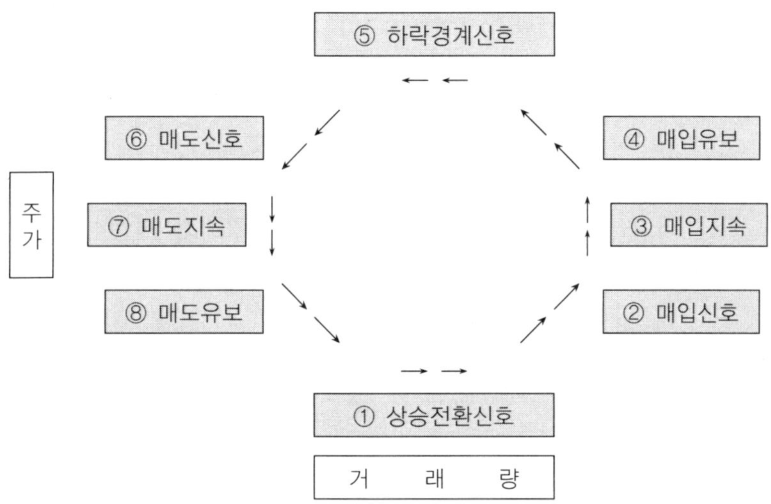

[그림 9-22] 주가와 거래량 상관곡선

참고 Reference

1. 물타기와 손절매

손절매는 앞으로 주가가 상승하기 힘들거나 추가 하락할 것으로 예상될 때 보유하고 있는 주식을 매입가격보다 낮은 상태에서 매도하는 것을 의미한다. 손해를 보고 파는 것으로 영어로는 로스컷(loss cut) 또는 스탑로스(stop loss)라 부른다. 주로 신용거래에서 기간 도래 또는 보증금 부족 등으로 손해를 보고 매도하는 경우에 많이 발생한다.

기관들은 매입시점부터 10~30% 손실이 나면 자동적으로 매도하도록 하고 있다. 물량을 매도하는 손실비율은 기관마다 다른데 은행이 가장 보수적이다. 고객성향 자체가 보수적이고 BIS(국제결제은행) 기준 비율을 감안해야 하기 때문이다.

은행의 로스컷제도는 위험관리 차원에서 더 이상 손실을 보기 전에 서둘러 팔도록 한 감독당국의 조치에 따라 내부적으로 엄격히 시행하고 있는 주식투자 지침으로 주식의 손실폭이 30% 이상이면 무조건 처분하고 있다

손절매에 반대되는 것이 물타기다. 주가가 상승할 것으로 내다보고 주식을 사들였는데 예상과는 반대로 주가가 하락했을 때 그 하락한 가격으로 매입량을 늘려 매입 평균단가를 낮추는 투자기법이 물타기다.

chapter

10

금융시장

01 금융시장의 이해

02 금융시장의 발전

01 금융시장의 이해

금융시장의 주요 기능은 여유자금을 가진 사람과 자금을 필요로 하는 사람을 서로 서로 연결시켜 자금이 이전하도록 하는 역할이다. 이 기능은 경제활동을 활성화하여 경제발전에 중요한 기반이 되고 있으며 금융시장의 발전은 경제의 효율성과 복리증진 향상에 중대한 역할을 담당하고 있다.

1.1 금융시장의 기능

금융시장은 여유자금을 가진 저축자(대출자)와 자금이 부족한 소비자(차입자)를 연결시키는 과정에서 크게 두 가지 자금의 이동경로가 나타나고 있다.

첫째는 차입자가 직접 금융시장을 통해 증권(주식 및 채권)을 대출자에게 팔아 자금을 조달하는 직접금융시장으로 자본시장이 이에 속한다. 둘째는 은행 등 금융중개기관을 통해 자금이 이전되는 간접금융시장으로 저축을 통해 기업이 필요로 하는 사업자금을 제공하고 있다.

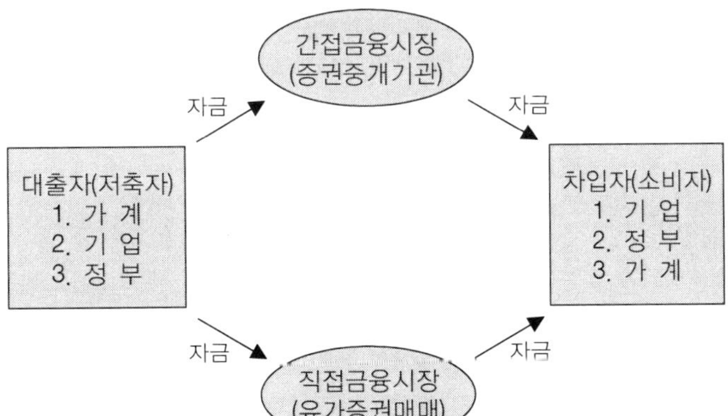

[그림 10-1] 금융시장의 자금이동경로

1.2 금융시장의 구분

금융시장은 구분기준에 따라 다음과 같이 설명할 수 있다.

(1) 채권시장과 주식시장 : 조달방법에 따라

채권은 차입자가 만기일에 일정 금액의 원리금을 지급하겠다는 계약 증서로서 가장 일반적인 자금조달수단이다. 주식은 기업의 이익과 자산에 대한 일정비율의 청구권을 나타내며 주식 소유자에게 배당이 주어진다.

(2) 화폐시장과 자본시장 : 만기에 따라

화폐시장(money market)은 만기 1년 이하의 단기채권이나 유동성이 높은 단기성 금융상품이 거래되는 시장이다. 자본시장(capital market)은 중·장기 채권이나 주식 등 장기성 증권들이 거래되는 시장이다.

(3) 발행시장과 유통시장

발행시장은 새로 발행된 증권(채권, 주식)이 발행기업이나 정부로부터 투자자에게 구매되기까지의 과정을 말한다. 새로 발행되는 증권은 발행자로부터 구매자에게 직접 이전되기도 하지만 대부분 투자은행인 증권회사를 통해 이전된다.

유통시장은 이미 발행된 증권이 거래되는 시장을 말한다. 유통시장은 증권의 유동성을 제고시켜 증권에 대한 수요를 촉진시키고 발행시장에서 기업이 자금을 조달할 수 있도록 도움을 준다.

(4) 유가증권시장과 장외시장 : 거래장소와 거래방법에 따라

유가증권시장은 증권의 매도자 및 매수자 등이 일정한 장소에 모여 거래하는 장소를 말한다. 시장참가자가 특정 금융상품에 대해 매수 및 매도주문을 중앙집중적 장소인 거래소에 보내고 거래소는 이를 경쟁입찰원칙 등 표준화 된 규칙에 의해 처리하는 조직화된 시장으로 장내시장이라 부른다. 미국의 NYSE(New York Stock Exchange)나 한국거래소가 이에 속한다.

장외시장(OTC)은 거래소 이외의 장소에서 상장 또는 비상장 유가증권, 외국환 등의 거래가 이루어지는 시장이다. 매매당사자 간의 개별적인 접촉에 의해 거래가 이루어지는 직접거래시장과 딜러와 브로커 상호간 또는 딜러, 브로커와 고객 간의 쌍방거래로 이루어지는 점두시장이 있다. 채권시장이나 비상장 및 비등록 기업의 주식을 거래하는 프리보드와 같은 장외시장의 경우 개래 정보의 투명성이나 거래상대방의 익명성이 낮은 편이다.

1.3 화폐시장

금융시장은 거래되는 금융자산의 종류에 따라 화폐시장과 자본시장으로 분류한다. 자본시장에는 주식과 중·장기 채권이 있으며 화폐시장은 이용기간이 1년 이하이고 신용도가 높은 금융상품이 거래되는 시장을 말한다

(1) 화폐시장의 이해

화폐시장은 이용기간이 단기이고 90일 이하의 만기를 가진 금융자산의 거래가 많아 가격변동 위험이 작다. 또한 신용도가 높은 기업이나 금융기관, 정부가 주로 발행하고 있어 신용위험 역시 작다.

정부나 금융기관, 기업은 단기운영자금이 부족하거나 일시적으로 현금잉여분이 발생할 때 화폐시장에서 금융자산을 매도하거나 매입한다. 화폐시장은 단기성 금융자산이 거래되고 있으며 유동성을 신속하게 조절할 수 있어 자금운용의 효율성을 높여준다.

(2) 단기국공채

정부나 지방자치단체가 발행하는 채권으로 1년 이하의 만기를 가지고 있으며 정부발행의 재정증권(T-Bill)이 이에 속한다. 우리나라 재정증권은 액면 또는 할인방식으로 발행되며 상환기간은 1년으로 되어 있다.

미국 재무성의 재정증권은 3, 6, 12개월 만기 할인채로 발행되고 거래량이 많으며 미국 연방정부가 지급보증을 하기 때문에 유동성과 안전성이 가장 높은 금융상품으로 알려져 있다.

(3) 양도성예금증서

양도성예금증서(CD)는 정기예금증서를 타인에게 양도할 수 있게 하여 정기예금에 유동성을 부여한 것이다. 은행에 정기예금하면 은행은 예탁자에게 정기예금증서를 교부하게 되고 일정기간 후에 원금과 이자를 상환받게 된다. 이처럼 양도 가능한 예금증서를 양도성예금증서라 하며 만기는 최소 30일에서 보통 1년까지이다.

(4) 기업어음

기업어음(CP)은 신용도가 높은 대기업이 자금을 조달하기 위해 발행하는 만기 1년 이내의 약속어음을 말한다. 기업이 자기신용을 바탕으로 비교적 간편한 절차에 따라 단기자금을 조달할 수 있는 수단이다. 기업이 발행한 기업어음을 금융기관이 할인하여 보유하거나 투자자에게 매출하는 방식으로 거래가 이루어진다.

(5) 은행인수어음

은행인수어음(BA)은 은행에 의해 인수된 기한부환어음으로, 발행인이 지급인으로 하여금 일정 기일에 소지인에게 지급해 줄 것을 지시하는 증서이다. 수출업자와 수입업자 간 국제무역거래에서 발생하는 무역어음이 이에 속한다.

무역어음은 어음을 인수한 은행에서 지급을 보증하고 물품인도와 동시에 대금을 지급하며, 유통시장에서 종종 할인되어 유통되기도 한다.

(6) 환매조건부채권(RP)

환매조건부채권(RP)은 매도자가 일정기간 후 일정가격으로 동일 채권을 다시 매수할 것을 조건으로 매도하는 채권을 말한다. RP 매수자는 보유채권을 담보로 비교적 쉽게 단기자금을 조달할 수 있고 투자자는 위험부담 없이 높은 금리로 자금운용이 가능할 수 있다.

(7) 콜자금

콜자금(call loan)은 금융기관 상호 간에 일시적인 자금의 과부족을 조절하기 위한 수단이다. 은행에서 지불준비금 요건을 충족시키거나 대출자금을 조달하기 위한 용도로 시작되어 비은행금융기관 등에서 단기자금시장으로 발전해 왔다.

콜자금 만기는 30일 이내로 제한되어 있으나 대부분 하루 정도의 초단기물이 주종을 이루고 있다. 은행 간 콜거래는 대부분 직거래 방식으로 형성되며, 비은행권 콜거래는 콜자금을 공급하는 콜론기관과 콜자금을 차입하는 콜머니기관이 연결되는 중개거래 형태로 이루어진다.

(8) 표지어음

표지어음(cover bill)은 금융기관이 보유하고 있는 상업어음이나 무역어음 등을 분할·통합하여 새롭게 발행한 약속어음으로 발행기관은 금융기관이다.

1.4 금융기관

금융시장에서 직접금융이나 간접금융이나 자금거래가 성립되거나 유통시키는 기관을 통틀어 금융기관이라 부른다. 금융기관은 다른 부문을 위해 금융수단을 창조하고 또한 필요한 자금을 빌려주는 역할을 하는 경제단위를 말한다.

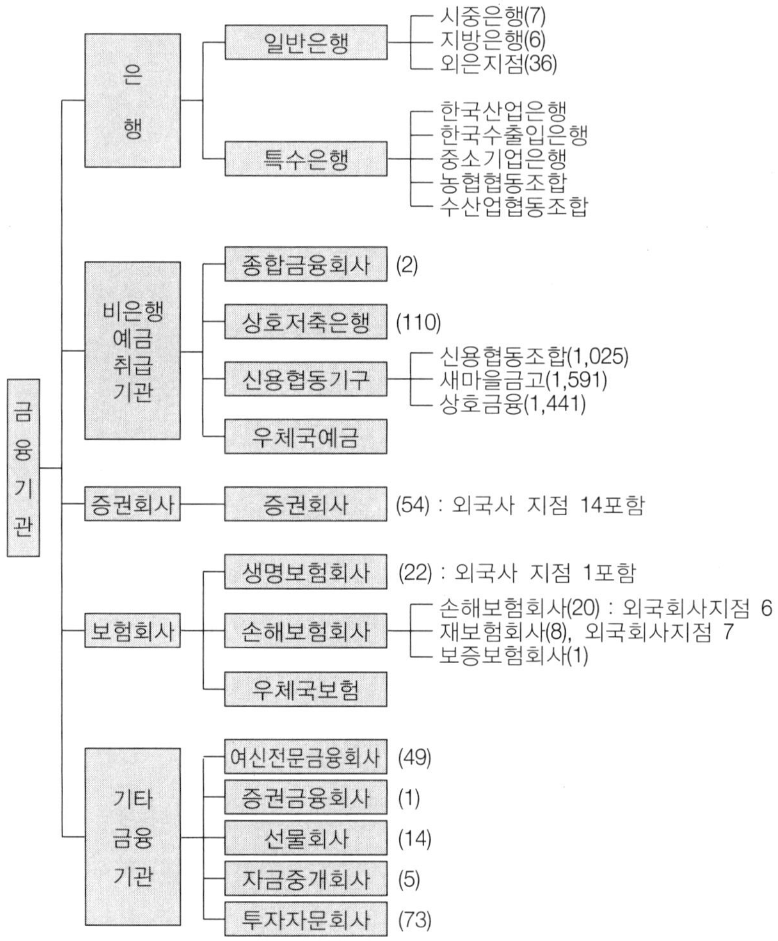

주 : ( ) 내는 금융기관수
출처 : 한국은행, 2006, 12 현재

[그림 10-2] 우리나라 금융기관

우리나라의 금융기관은 통화지표 편제상 통화금융기관과 비통화금융기관으로 구분한다. 현금통화와 예금통화를 창출하는 기관을 통화금융기관으로 나머지 금융기관들을 비통화금융기관으로 분류한다. 서비스 성격을 기준으로 은행, 비은행예금취급기관, 증권회사, 보험회사, 기타금융기관으로 분류하고 있다.

(1) 은행

구 분	업 무
일반은행	고유업무 : 예금 적금, 대출, 내외국환 업무 부수업무 : 지금보증, 어음인수, 상호부금, 환매조건부매매 경영업무 : 신탁업, 신용카드업, 자산운용사업, 판매회사
특수은행	특정부분 자금공급 한국산업은행, 중소기업은행, 한국수출입은행, 농업 · 수산업협동조합

은행은 일반은행, 특수은행, 은행신탁계정으로 구성된다.

일반은행은 예금 및 대출, 지급결제업무를 고유업무로 하는 상업은행을 말한다. 특수은행은 일반은행의 업무상 제약으로 자금공급이 충분치 못한 특정부문에 자금을 원활히 공급하기 위해 설립된 기관을 말한다. 은행신탁계정은 은행의 고유계정과 분리된 계정으로 고객의 자금을 신탁 받아 유가증권 투자와 대출 등으로 운용하여 그 수익금을 배분하는 것을 말한다.

(2) 비은행 예금취급기관

구 분	업 무
종합금융회사	예금과 보험업무를 제외한 단기금융업무 등 상품 : 어음관리계좌(CMA), 기업어음(CP), 발행어음, 표지어음 등
상호저축은행	일반서민이나 중소 사업자의 금융편의와 저축증대 목적
신용협동기구	영세소득자의 저축증대와 금융편의를 도모, 조합원 또는 회원들에 의하여 운영조합원에 대해서 금리와 세제상 우대 혜택 제공 (상호금융, 신용협동조합, 새마을금고)
우체국	기본적인 예금과 보험업무 원리금에 대해 정부가 지급책임

비은행 예금취급기관에는 종합금융회사, 투자신탁운용회사, 상호저축은행, 신용협동기구, 우체국 등이 있다.

종합금융회사는 증권중개와 보험업무를 제외한 대부분 기업금융업무를 취급하고 있다. 상호신용금고는 지역 서민금융기관으로 정부의 사금융 양성화 정책에 의해 설립되어 지역 내 서민과 소기업을 대상으로 예금과 대출업무를 수행하고 있다.

신용협동기구는 조합원에 대한 여·수신을 통해 조합원 상호 간의 공동이익 추구를 목적으로 운영된다. 신용협동조합, 새마을금고, 상호금융(농·수·축협 단위조합)으로 구성되어 있다.

우체국은 우체국을 금융창구로 활용하여 농어촌 주민 및 도시의 소액가계저축 수신업무를 담당하며 국가가 경영하므로 국영금융기관에 속한다.

(3) 증권회사

구 분	업 무
증권회사	고유업무 : 자기매매업무, 위탁매매업무, 인수·주선업무 부수업무 : 증권저축, 신용공여, RP 등

증권회사는 인수업무, 자기매매, 위탁매매를 통해 유가증권의 발행업무와 유통시장에서 매매를 중개한다. 투자자에게 재산증식의 기회와 기업에게 자금조달의 기능을 제공해 주고 있다.

(4) 보험회사

구 분	업 무
생명보험회사	사망, 질병, 노후 등에 대한 보험의 인수 운영, 사망보험(정기 종신), 생존보험(교육, 연금), 혼합보험(양로보험), 상해질병보험
손해보험회사	화재, 자동차사고, 해상사고 등에 대비한 보험의 인수 운영 손해보험 = 장기저축 + 상호보장, 손해보험 = 상호보장
우체국보험	정부가 보험금의 지급책임, 보험금 및 지급받을 권리 양도·압류 제한

보험회사는 다수의 계약자로부터 일정한 보험료를 받아 유가증권 투자나 대출 등으로 자금을 운용하여 보험계약자의 노후·사고·재해 시 보험금을 지급하는 업무를 수행한다.

보험회사는 생명보험회사와 손해보험회사가 있다. 생명보험회사는 장기저축기능과 보장성 기능이 혼합된 성격이고, 손해보험회사는 사고나 재산상 손실에 대처하기 위한 보장성 기능이 강하다.

(5) 기타금융기관

구 분	업 무
자산운용회사	다수 투자자로부터 자금을 모아 투자 운용하여 실적대로 분배하는 회사
선물회사	상품선물, 금융선물, 지수선물
투자자문회사	투자자문업무 : 투자상품가치 및 투자판단자문 투자일임업무 : 금융상품에 대한 투자판단 일임받아 투자
금융증권회사	증권의 취득, 인수, 보유 및 매매관련자금을 공급이나 대여
여신전문금융회사	리스회사 : 시설대여, 할부판매 신용카드회사 할부금융

여신전문금융회사는 수신기능은 없고 여신업무만 취급하는 금융기관이다. 자금은 채권을 발행하거나 타 금융기관에서 차입하여 조달한다. 신용카드회사, 리스회사, 할부금융회사, 벤처캐피탈 등이 이에 속한다.

증권금융회사에는 한국증권금융이 있으며 증권회사나 일반 투자자에게 증권취득, 인수 및 매매에 따르는 자금대출, 또는 필요한 증권을 대여하는 대주업무도 취급하고 있다.

선물회사는 일반 실물상품, 금융상품 및 지수를 대상으로 선물거래 영업을 하는 회사를 말한다. 국내 선물거래와 해외 선물거래의 자기 및 위탁거래, 위탁의 중개업무 등을 담당하고 있다.

투자자문회사는 유가증권 가치나 투자에 대해 고객에게 조언해 주는 투자자문업무와 고객으로부터 증권분석에 기초한 투자판단의 전부 또는 일부를 위임받아 대행하는 투자일임업무를 한다.

자산운용회사는 투자자에게 수탁받은 자금을 유가증권에 투자하여 그 운용수익을 배분하는 업무를 한다. 투자신탁을 운용하는 위탁회사, 신탁재산을 보관하는 수탁회사, 자금조달을 위해 수익증권을 판매하는 판매회사로 구분하고 있다.

02 금융시장의 발전

최근 금융시장은 정보통신기술의 발달로 전 세계 금융시장이 하나로 연결되면서 금융시장의 세계화와 통합화가 빠르게 진행되고 있다. 금융시장의 세계화와 통합화 현상은 금융자유화와 개방화에 영향을 주고 있다.

금융시장은 정보통신기술의 급속한 발달로 새로운 금융상품이나 거래기법을 창조하고 기존 상품을 보완해 나가는 형태로 발전하고 있다. 금융시장의 대표적인 발전방향으로 증권화를 들 수 있다.

증권화는 자금조달과 운용방식이 간접금융에서 직접금융방식으로 탈중개화되는 것을 의미한다. 또한 은행의 주택담보대출이나 신용카드대출, 부실채권과 같은 비유동적 금융자산을 주택저당증권 등과 같이 시장성 있는 자산유동화증권으로 변형시켜 유통시키는 과정을 말한다.

2.1 세계화

(1) 세계화의 이해

세계화(globalization)는 분리되어 있던 각국의 경제가 점차 하나로 통합되어 가는 현상을 말한다. 각국의 금융시장이 개방되면서 하나로 통합되어 가는 과정이 급속히 진행되고 있다. 재화나 서비스 교역의 증대,

첨단기술의 급속한 전파, 국가 간 자본이동의 증대 등 세계화가 나타나고 있다.

개방화(integration)는 국가 간 자본이동에 장애가 되는 요인이 제거되어 차입자가 국경을 넘어 자금을 조달하거나 대출자가 국경을 넘어 투자하는 것을 말한다. 금융시장 개방화로 국가 간 자본이동이 자유로운 상태에서는 각국의 금융시장이 통합되어 하나의 금리가 결정되게 된다.

(2) 국제금융시장

① 유로커런시시장

유로시장은 특정국의 통화로 표시된 금융자산이 그 나라의 영토 밖에서 자국법의 적용을 받지 않고 거래되는 국제금융시장을 말한다. 예를 들어 달러표시 미국자산이 유럽이나 홍콩에서 거래되는 경우이다.

유로시장은 유로커런시의 예금 및 대출업무가 이루어지는 유로커런시시장(Euro currency market)과 유로채권이 발행되고 인수, 유통되는 유로채권시장(Euro bond market)으로 구분한다. 유로시장은 특정국의 직접적인 규제에 비교적 자유로운 특징을 가지고 있어 역외시장이라 말한다.

유로커런시시장은 1950년대 말 런던을 중심으로 유러달러시장에서 시작된 단기금융시장이다. 처음에는 유로달러(Eurodollar)만이 거래되었으나 오늘날에는 파운드화, 마르크화, 프랑화 등 서구 각국의 통화들이 거래되고 있다.

② 국제채권시장

국제채(international bond)는 국제자본시장에서 장기자금의 조달을 위한 대표적인 수단이다. 유러커런시시장은 단기자금을 조달하기 위한 간접금융시장이고 국제채시장은 장기자금을 조달하기 위한 직접금융시장이다.

국제채는 차입국의 소재국 밖에서 판매되는 채권을 말하는 것으로 외국채와 유로채로 구분한다.

외국채(foreign bond)는 채권이 발행되는 국가의 신디케이트에 의해 인수되고 그 나라의 거주자들에게 주로 판매된다. 외국채에는 미국에서 미 달러화로 거래되는 채권인 양키본드(Yankee bond)가 있으며, 그 외 사무라이본드(Samurai bond), 불독본드(Bulldog bond), 아리랑본드(Arirang bond) 등이 있다.

유로채(Euro bond)는 채권에 표시된 발행국 이외의 지역에서 거래되는 채권이다. 우리나라 기업이 달러표시 채권을 발행하여 런던시장에 매각하면 이 채권은 유로채가 된다.

③ 국제주식시장

국제주식은 해당기업의 소재지국 외의 증권거래소에서 상장되어 거래되는 주식을 말한다. 발행방식에 따라 유로주식과 기타 국제주식으로 구분한다.

유로주식(Euro equity)은 국제주식시장에서 국제인수단에 의해 발행·판매되고 발행자와 국내 상장규제에 구애받지 않는 소지인식 주식을 말한다.

유로주식 외에 대표적인 기타 국제주식으로 주식예탁증서(DR : Depository Receipt)가 있는데, 외국 주식에 대한 청구권을 나타내고 있다. 주식예탁증서는 주식을 발행회사 소재지국의 은행 등에 보관시켜 두고 해당 거래주식을 판매·거래하고자 하는 지역에 소재하는 은행이나 신탁회사가 주식 대신 별개로 발행하는 증권을 말한다.

주식예탁증서는 미국에서 거래되는 ADR(American Depository Receipt)과 유럽에서 거래되는 GDR(Global Depository Receipt)이 있다. 우리나라는 POSCO, KT, 국민은행, SK텔레콤 등이 미국시장에 ADR을 발행하여 거래 중이며 삼성전자, 신한지주, 하나은행, 현대자동차 등이 GDR을 발행하여 유럽시장에서 거래되고 있다.

(3) 국제투자

국내투자에서 벗어나 국내외 자본시장을 이용하여 분산투자를 하면 위험을 낮추고 수익률을 높일 수 있다. 국제투자의 위험에는 전쟁, 유가인상, 인플레이션, 환율변동 등 체계적 위험과 특정기업의 경영성과, 특허출현, 신제품개발 등 비체계적 위험이 있다. 국제투자로 인해 비체계적 위험을 제거 또는 줄일 수 있다.

국제투자의 대상에는 국제채권과 국제주식이 있는데 직접 매입하는 방법과 국내 투신사의 국제투자펀드(수익증권)를 매입하는 방법, 외국투자전문회사에 자금을 위탁하는 방법 등이 있다.

직접 매매하는 경우 인장 및 주민등록증 등 실명확인증표를 지참하고 거래할 증권사를 방문하여 국제증권매매거래계좌설정 약정서를 체결하고 계좌를 개설해야 한다. 그리고 증권회사에 국제증권의 매매거래와 보관을 의뢰하고 외국환은행에 개설된 투자자 명의 또는 증권사 명의의 국제증권투자전용 외화계정을 통해 투자관련자금을 송금하거나 회수해야 한다.

국제투자는 유가증권 종류에 따라 주식형, 채권형, 혼합형으로 구분한다. 또한 투자지역에 따라 전 세계를 대상으로 하는 글로벌펀드, 특정지역을 대상으로 하는 지역펀드, 특정국가에만 투자하는 국가펀드가 있다. 이 중 우리나라를 포함한 개발도상국 신흥시장을 중심으로 투자하는 이머징마켓이 지역펀드에 속해 있다.

(4) 국내 금융시장 개방화

국내 금융시장은 외국인투자 확대, 세제개편 및 지원, 관련법령의 정비, 외환거래 자유화, 행정절차의 정비 등 개방화에 앞장서 왔다. 외국인 투자는 1999년 4월부터 주거용 또는 비주거용 건물에 대한 임대업과 분양공급업이 선면 개방되고, 곡물도정업, 증권거래업, 골프장운영업도 외국인 투자가 100% 허용되었다.

외국계 증권사나 투자자문회사는 1998년부터 국내 현지법이 설립이 가능했으며, 손해보험업은 1999년 이후 국내 합작회사나 현지법인의 형태로 국내 진출이 가능하였다.

증권시장에서는 외국인의 유가증권 매매거래규정을 개정하여 1999년 5월 외국인 주식 투자한도가 전면 폐지되고 외국인도 발행시장에서 상장법인과 코스닥시장 등록법인의 주식을 취득할 수 있게 되었다. 상장사와 코스닥 등록기업의 주식을 100%까지 살 수 있어 삼성전자, 국민은행, 신세계 등 외국인이 50% 이상 소유하게 되었다.

주가지수 선물과 옵션에도 제한 없이 투자할 수 있다. 또한 주식의 신용거래와 상장채권의 장외거래를 할 수 있고 양도성예금증서(CD), 환매조건부채권(RP), 표지어음(CP) 등 단기금융상품에 대해서도 제한 없이 투자가 가능해졌다. 외국인이 등록만 하면 주식 및 채권에 즉시 투자할 수 있다.

1999년 5월 외국인이 투자할 수 있는 업종도 확대하였다. 팩토링, 선물거래업, 투자자문업, 종합금융업, 투자조합, 저당신용기관, 금융자산중개업(ABS발행 등), 주유소운영업, 토지임대업, 토지개발공급업 등도 제한 없이 투자가 허용되었다.

(5) 외국인투자자

외국인투자자가 국내에서 증권투자를 위해서는 금융감독원에 외국인투자등록을 신청해야 한다. 또한 투자자금의 송금 및 이체를 위해 투자전용 외화예금계정과 투자전용 원화예금계정을 개설하고 증권회사에 투자유가증권의 종류별로 구분하여 매매거래계좌를 개설해야 한다. 외국인은 원칙적으로 거래소시장 또는 코스닥시장에서 거래를 해야 한다.

외국인의 국내 주식투자는 제한이 없어 거래소시장 상장주식 및 코스닥시장 등록주식을 원칙적으로 자유로이 취득할 수 있다. 다만 공적법인의 경우 종목별로 1인 취득한도는 당해 법인의 정관에서 정한 한도이내, 전체 취득한도는 당해 발행주식 총수의 100분의 40을 초과하여 취득하지 못한다.

그러나 주식옵션의 콜옵션권리행사 또는 풋옵션권리행사 배정으로 주식을 취득하는 경우나 상장지수투자신탁 또는 상장지수증권투자회사의 환매로 주식을 취득하는 경우에는 취득한도를 초과할 수 있다. 채권이나 주가지수선물 및 주가지수옵션, 환매조건부채권(RP), 양도성예금증서(CD), 상업어음(CP) 등의 투자의 경우 투자한도에 제한이 없다.

외국인투자자의 증권거래세는 내국인과 똑같은 세율이 적용되어 증권거래세 0.15% 및 농어촌 특별세 0.15% 등 총 0.3%의 세금을 납부해야 한다. 코스닥시장에서는 증권거래세 0.3%를 납부해야 한다.

2.2 금융시장의 변화

(1) 금융혁신

금융혁신은 금융환경이 급변하는 상황에서 새로운 금융상품과 금융기법이 도입되는 현상이다. 금융혁신(financial innovation)으로 금융거래의 위험과 비용이 감소하고 자금의 이동이 많아지면서 금융시장의 세계화가 진전된다.

금융혁신은 금융산업의 효율성을 제고시키고 금융자산을 보유하는 투자자의 위험을 분산시킨다. 최근 금융공학(financial engineering)의 발달이 금융혁신을 이끌어 왔다고 볼 수 있다. 금융공학은 선도(forward), 선물(futures), 옵션(option), 스왑(swap) 등 거래기법을 응용하여 기존의 금융상품과 다른 새로운 금융상품을 개발하는 기법이다.

금융공학은 금융시장 변화에 따라 위험을 제거하고 거래비용을 절감하여 나아가 시장의 효율성을 제고하는 새로운 금융상품을 개발한다. 혁신적인 금융상품과 금융절차를 개발하고 실행하여 새로운 해결방식을 제공하기도 한다. 금융공학에 영향을 주는 요인에는 거래비용의 절감, 위험의 감소, 자산의 유동성 향상, 세금제도의 변경, 금융자산가격의 변동, 정보통신기술의 발달 등이 있다.

(2) 파생금융상품

브레튼체제 붕괴 이후 세계적으로 이자율과 환율이 예측하기 어려울 정도로 변동하자 인플레이션으로 경제는 어려움을 겪게 되었다. 기업들은 자본조달비용, 생산원가, 매출액 등을 예측하기 어려웠으며 금융기관도 대규모 위험에 노출되는 등 경제 전체의 불확실성이 증가되었다. 이러한 위험을 줄이는 과정에서 파생금융상품이 나타나게 되었다.

파생금융상품 출현으로 선물, 옵션, 스왑 등을 응용하여 투자자들이 감당하기 어려운 위험을 제3자에게 효율적으로 이전시키는 것이 가능해져 불확실성을 줄일 수 있게 되었다.

수출업자의 경우 환율변동에 크게 영향을 받았으나 환위험을 전문적으로 관리하는 금융기관과 선물환계약을 체결함으로써 미래의 환율이 불리하게 변하더라도 수출에만 전념할 수 있게 되었다. 금융기관은 수출업자에게 넘겨받은 환위험을 전문화된 기법을 사용하여 선물, 옵션, 스왑 등과 같은 상품들을 통해 헤지함으로써 새로운 소득원을 마련하게 되었다.

파생금융상품은 시장유동성을 증가시키고 위험을 관리할 수 있어 새로운 기회를 제공한다는 장점이 있으나 큰 레버리지효과로 인해 투기성향이 강한 단점을 가지고 있다.

(3) 증권화

증권화는 자금조달에 있어 은행대출과 같은 간접금융방식에서 증권발행을 통한 직접금융방식으로 전환되어 가는 탈중개화의 의미로 사용되었다. 최근에는 비교적 성질이 유사한 비유동적 자산을 모아 여기에서 창출되는 현금흐름에 대한 청구권을 나타내는 증권을 발행하여 제3자에게 판매하는 일련의 과정을 나타내는 의미로 사용되고 있다.

금융시장에 불확실성이 증가하고 경쟁이 심화되자 금융기관은 수요자와 공급자 사이의 자금거래를 직접 연결해 주는 개념으로 전환되고 있다. 금융기관의 주요 고객들은 간접금융에서 이자변동의 위험을 피하고 비용절감을 위해 주식, 채권 등 직접금융시장에서 필요자금을 조달하는 추세를 보이고 있다.

자본자유화 실시로 각국 자본시장 사이에 상호연계성이 높아지면서 직접금융시장이 더욱 발달하는 계기가 되었다. 금융기관들은 조달비용을 줄이기 위해 새로운 증권을 발행하고, 수요자들은 대출비용보다 저렴한 자금조달을 위해 증권시장에서 직접 증권을 발행하는 방안을 모색하였다.

기관투자자나 기업의 재무담당자도 기존의 딜러들과 마찬가지로 시장정보에 직접 접근하게 되었다. 또한 거래시스템의 발달로 인해 거래비용을 큰 폭 줄이고 직접금융시장 내에서 탈중개화를 가속화시키는 등 시장구조의 대폭적인 변화가 나타나고 있다.

참고 Reference

1. 제3시장

우리나라 주식시장에 새로운 제3시장이 시작되었다. 기존의 코스피(KOSPI)와 코스닥(KOSDAQ) 시장으로 운영되던 주식시장이 2013년 7월 1일부로 코넥스(KONEX, Korea New EXchage)라는 제3의 시장이 개장되었다.

○ 코넥스시장의 필요성

코넥스시장은 기존의 코스피나 코스닥시장에 상장되지 못하는 벤처기업이나 초기 중소기업에게 자금을 수월하게 지원하기 위해 제3시장을 만들었다. 우수한 기술을 보유하고 있지만 코스피/코스닥 상장요건을 만족하지 못하여 충분한 자금을 마련하지 못하는 기업들에게 제도적으로 지원하기 위한 거래시장으로 이해할 수 있다.

ㅇ 코넥스시장에 상장할 수 있는 자격 조건

초기 기업의 자금마련을 위해 만들어진 거래시장이지만 어느 정도 신뢰성이 보장된 기업들을 대상으로 해야 투자자들도 안심하고 투자할 수 있다. 그래서 다음과 같은 3가지 요건 중 하나를 충족시켜야 한다.

- 자기자본 5억원 이상
- 총매출액 10억원 이상
- 순이익액 3억원 이상

ㅇ 코넥스에 투자할 수 있는 투자자 요건

코넥스에 투자하기 위해서는 투자자 보호를 위해 어느 정도 전문성과 자본을 가진 사람들이 참여할 수 있도록 자격요건이 제한되어 있다. 자본시장법상 전문투자자로 분류되는 연기금이나 금융회사, 벤처캐피털이어야 한다.

개인투자자의 경우 예탁금 3억원 이상의 개인만 참여가 가능하다. 예탁금 3억원 이하의 개인의 경우에는 간접투자 방식을 통해 시장에 참여할 수 있어 향후 관련펀드나 랩어카운트 등의 금융상품이 나올 것으로 예상된다.

chapter

11

채권시장

01 채권의 이해

1.1 채권의 개념

채권은 정부, 지방자치단체, 특수법인 및 주식회사 등이 비교적 장기의 자금을 조달하기 위해 발행한 일종의 차용증서로서 원금과 이자의 지급조건을 표시한 유가증권이다.

(1) 채권의 일반적 특징

① 확정이자부증권

채권은 발행 시에 이미 발행자가 지급해야 하는 이자와 원금의 상환금액이나 또는 그 기준이 확정되어 있다. 투자액에 대한 수익은 발행 시에 이미 결정되는 것이므로 발행자의 원리금 지급능력이 가장 중요시된다. 채권은 확정이자부증권이기 때문에 발행자는 채권 발행할 때 금리수준을 고려해야 한다.

② 기한부증권

채권은 원금과 이자의 상환기간이 사전에 정해져 있는 기한부증권이다. 기한부증권이란 채권의 특성으로 인해 잔존기간이 투자결정 요소로서 그 중요성을 가지며 실세금리는 경제상황에 따라 변동하는 것이 일반적이므로 잔존기간의 장단이 더욱 더 채권 투자수익에 큰 영향을 준다.

③ 이자지급증권

채권 발행자는 수익의 발생 여부와 관계없이 이자를 지급해야 한다.

채권의 이자지급은 채권발행자가 부담하는 금융비용 중에서 가장 큰 비중을 차지하므로 기업의 손익과 성장에 많은 영향을 주게 된다. 또한 채권은 많은 투자자에게 안정적인 저축수단을 제공하고 통화에 대한 대체성을 가지고 있다.

④ 장기증권

채권은 다른 확정이자부증권과 달리 장기증권이다. 채권은 장기적으로 존속해야 하고 환금성이 부여되어야 하므로 유통시장의 존재가 필수적이다. 채권은 장기증권이므로 환금에 대한 보증 없이는 원금회수가 어렵고 투자자는 투자를 유보하기 때문에 유통시장이 있어야 채권발행이 용이하여 채권시장의 발전이 가능하다.

(2) 채권의 장점

① 수익성

수익성은 투자자가 어떤 특정한 채권을 보유함으로써 얻을 수 있는 투자수익을 의미하며 이자소득과 자본소득이 있다. 이자소득은 채권을 보유함으로써 약속된 발행이율만큼 이자를 지급받는 것을 말한다. 자본소득은 채권가격이 변동하여 투자자가 구입한 채권가격보다 시장가격이 높을 때 발생하는 수익이다.

② 안전성

투자자가 채권에 투자하여 손실이 발생할 가능성을 채권의 위험이라 한다. 채권의 위험에는 보통 채무불이행위험과 시장위험이 있다. 채무불이행위험은 채권에 약속된 원금과 이자의 지급이 약속대로 지켜지지 않을 가능성이 있는 위험이다. 시장위험은 투자자가 채권을 매입했을 때 채권의 시장가격이 매입가격보다 낮아질 가능성이 있는 위험이다.

③ 유동성

유동성은 투자자가 돈이 필요할 경우 화폐가치의 손실 없이 신속하게 채권을 현금으로 전환할 수 있는 정도를 말한다. 화폐는 완전 유동적이어서 언제든지 소비지출이나 채무변제에 이용될 수 있으며 계속해서 일정한 가치를 유지하고 있다. 채권은 채권유통시장에서 거래되고 있으며 당일 결재로 현금화할 수 있다.

채권의 유동성은 유통시장이 발달할수록 커진다. 또한 채권 발행자의 신뢰도가 높아 채무이행이 완전히 보장되거나, 만기가 비교적 단기여서 채권수익률 변화가 채권가격에 미치는 영향이 작을 때 유동성이 커진다.

(3) 채권과 주식의 비교

주식의 소유와 회사의 경영이 전문경영인의 영입으로 인해 상호 분리되는 현상이 나타나고 있다. 배당의 평준화현상, 중장기채권의 준자본화 현상 등에 따라 채권과 주식의 차이가 점점 좁아지고 있다. 무의결권 우선주, 전환사채, 신주인수권부사채 등 채권과 주식이 혼합된 증권의 중간적 형태가 등장하여 주식과 채권이 상호 접근하는 현상을 보이고 있다.

〈표 11-1〉 채권과 주식의 비교

	주 식	채 권
자본의 성격	자기자본	타인자본
소유주의 지위	주주	채권자
소유자의 권리	의결권과 경영참가권을 소유 배당금 잔여재산분배권	의결권과 경영참가권 없음 확정이자 주식에 우선하는 잔여재산분배권
증권의 존속기간	만기가 없는 영구증권	만기가 있는 시한부증권
원금상환 여부	원금상환이 없는 대신 배당지급	만기 시 원금을 상환
위험	상대적으로 큰 위험	상대적으로 작은 위험

1.2 채권의 분류

채권은 종류가 매우 다양하여 발행주체, 보증유무, 이자지급방법, 상환기간, 원금상환방법 및 표시통화 등에 따라 다양하게 분류할 수 있다.

(1) 발행주체에 따른 분류

구 분	내 용	종 류
국채(government bond)	국가가 재정정책의 일환으로 발행하는 채권	국민주택채권, 외국환평형기금채권, 국고채권, 재정증권 등
지방채 (municipal bond)	지방자치단체가 필요한 자금을 조달하기 위해 발행하는 채권	도시철도공채, 지역개발공채, 도로공채, 상수도공채 등
특수채 (specific bond)	특별한 법률에 의해 설립된 기관이 발행하는 채권	한국전력공사채권, 서울지하철공사채권, 도로공사채권, 토지개발채권 등
금융채 (financial bond)	금융기관이 발행하는 채권	통화안정증권, 산업금융채권, 주택금융채권, 중소기업금융채권 등
회사채 (corporate bond)	상법상의 주식회사가 발행하는 채권	전환사채(CW), 신주인수권부사채(BW), 보증사채, 담보부사채 등

(2) 이자지급방법에 따른 분류

구 분	내 용	종 류
이표채 (coupon bond)	이자 지급일에 이자가 지급되는 채권	대부분 회사채
할인채(pure discount bond)	미리 할인한 금액으로 발행하는 채권	통화안정증권, 산업금융채권 등 대부분 금융채
복리채 (compounding bond)	복리로 재투자되어 만기에 원금과 이자를 동시에 지급하는 채권	국민주택채권, 지역개발채권 등
단리채 (simple bond)	이자 지급일에 단리로 지급되고 만기에 원금과 이자를 동시에 지급하는 채권	토지채 중 일부분
거치채 (deferred bond)	이자가 일정기간 거치 후 지급되는 채권	서울도시철도채권 등

(3) 표시통화에 따른 분류

구 분	내 용	종 류
원화표시제	우리나라의 법정통화인 원화 표시로 발행하는 채권	대부분 채권
외화표시제	액면표시를 원화가 아닌 외화로 환산하여 표시하는 채권	삼성전자, 유공, 대우중공업 등 해외전환

(4) 모집방법에 따른 분류

구 분	내 용	종 류
사모채	특정인과 채권의 인수 및 인도계약을 맺어 발행하는 채권	특수채, 지방채, 회사채 등 일부분
공모채	누구라도 살 수 있는 채권으로 일반 투자자를 대상으로 모집하는 채권	대부분 채권

(5) 보증유무에 따른 분류

구 분	내 용	종 류
보증사채	원리금 상환을 금융기관 등 보증기관이 보증하는 사채	정부보증채, 일반보증채
무보증사채	보증기관의 보증 없이 발행되는 사채	무보증회사채, 금융채 등

1.3 합성채권

(1) 전환사채(CB : Convertible Bond)

발행 당시 순수한 회사채의 형태이지만 일정기간이 경과된 후 보유자의 청구에 의해 발행회사의 주식으로 전환될 수 있는 권리가 붙어 있는 사채이다.

전환사채는 사채이면서 주식의 성격을 가지고 있으므로 실질적인 성격은 주식과 채권의 중간 성격을 갖고 있다. 전환사채의 보유자는 주가가 상승하는 경우 주식으로 전환하여 이익을 볼 수 있고 하락하는 경우에는 사채로 계속 보유하게 된다. 이 경우 보통 사채와 마찬가지로 표면금리에 의한 이자가 지불된다.

전환가격은 전환사채권자가 전환청구기간 동안 발행회사의 주식으로 전환을 청구할 수 있는 가격이다. 상장법인의 경우 기준주가 이상이고 주식공모 전의 비상장법인은 액면가격 이상이며 주식공모 이후는 공모가격 이상이다.

상환기간은 자율결정이 원칙이며 일반적으로 3년 이상 4년 미만으로 결산기말이 만기이다. 전환청구기간은 상장법인의 경우 발행 후 3월이 경과한 후에 전환할 수 있고 사모로 발행한 경우에는 발행 후 1년이 경과한 후에 전환할 수 있다.

(2) 신주인수권부사채(BW : Bond with Warrant)

사채권자에게 일정기간이 경과한 후에 일정가격으로 발행회사의 일정수 신주를 인수할 수 있는 권리가 부여된 사채이다. 전환사채와 달리 사채권이 존속하며 그 사채에 신주인수권이라는 옵션이 부여되어 있고 그 옵션은 정해진 기간 내에 언제든지 사채권자가 행사할 수 있다.

〈표 11-2〉 신주인수권부사채와 전환사채의 차이점

	신주인수권부사채	전환사채
주식을 취득하는 권리의 내용	발행회사의 신주를 인수할 수 있는 권리	발행회사의 신주로 전환할 수 있는 권리
신주 취득의 한도	사채금액 범위 내에서 인수	사채금액과 동일한 금액
주식대금 납입	신주인수 대금을 신규로 납입하여야 함	사채금액과 대체
사채권의 존속 여부	사채권 존속	사채권 소멸
권리행사에 의한 발행시장의 자본구조 변화	자산(현금) 증가, 자본금 및 자본잉여금(주식발행 초과금) 증가	부채감소, 자본금 및 자본잉여금 증가
표 면 금 리	보통 회사채와 전환사채의 중간 수준	신주인수권부사채보다 낮음

신주인수권의 분리 여부에 따라 분리형 신주인수권부사채와 비분리형 신주인수권부사채로 구분한다. 발행조건은 대부분 전환사채와 동일하지만 신주인수권비중이 전환사채보다 대체로 낮으므로 표면금리는 전환사채보다 높아야 할 것이고 보통사채에 비해 낮아야 할 것이다.

(3) 교환사채(CB : Convertible Bond)

사채 보유자에게 일정기간 내에 사전에 합의된 교환조건하에 당해 발행회사 소유의 상장주식으로 직접 교환청구를 할 수 있는 권리가 부여된 채권을 말한다. 추가적 자금유입이 없이 바로 주식으로 교환될 수 있어 신주인수권부사채와 구분된다.

〈표 11-3〉 **교환사채와 전환사채의 차이점**

	교 환 사 채	전 환 사 채
발행회사의 요건	상장법인	상장법인 또는 비상장법인
사채에 부여된 권리	교환권	전환권
대상 유가증권	발행회사가 소유한 타 상장 유가증권	발행회사의 주식
권리행사 후 사채권자 지위	사채권자의 지위상실, 타 회사 주주의 지위 취득	사채권자의 지위상실, 발행회사 주주의 지위 취득
주식의 취득가격	교환가격	전환가격
주주가 되는 시기	교환을 청구한 때	전환을 청구한 때

(4) 옵션부사채

옵션부사채는 사채를 발행할 때 일정 조건이 성립되면 만기 전이라도 발행회사가 사채권자에게 매도청구를, 사채권자가 발행회사에 매수청구를 할 수 있는 권리이다. 콜옵션(call option)과 풋옵션(put option)이 부여된 사채이다.

콜옵션은 발행회사가 채권 발행할 때 제시한 일정조건이 성립되면 만기 전에 매입 소각할 수 있는 권리이다. 풋옵션은 사채권자가 채권 발행할 때 제시한 일정조건이 성립되면 만기 전에 중도상환을 청구할 수 있는 권리이다.

(5) 이익참가부사채와 수익사채

이익참가부사채(participating bond)는 일정한 이율의 이자가 지급되는 동시에 회사의 이익분배에도 참가할 수 있는 권리가 부여된 사채이다. 수익사채(income bond)는 특정사업의 수익금으로 원리금을 지급하겠다는 사채이다.

02 채권의 가격계산

2.1 이자율 계산

(1) 이자율 개념

이자율은 경제의 자금흐름을 결정하고 돈의 가치를 나타내는 지표이다. 이자율은 개인이 벌어들인 소득에서 얼마를 소비하고 얼마를 저축할 것인가를 결정하는 데 커다란 영향을 미치며, 기업이 어떻게 자금을 조달하여 어디에 투자할 것인가를 결정하는 데 중요한 요인으로 작용한다.

이자율은 차입자가 대출자로부터 자금을 빌려 쓰는 데 대한 대가이다. 차입자는 일정기간 동안 자금을 사용한 후에 원금과 이자를 지급해야 한다. 여기서 원금과 이자를 합쳐 원리금이라 하며, 이자율은 원금에 대한 이자의 비율로 정의한다.

경제주체인 개인, 기업, 정부가 자금을 빌리는 방법은 은행 등 금융기관에서 대출하거나 증권시장을 통해 채권을 발행하는 것이다. 대출과 채권은 동일한 금융상품으로 생각할 수 있다.

(2) 이자율 계산

채권은 이자의 지급형태에 따라 순할인채와 이표채로 나눈다.

순할인채는 만기가 비교적 단기인 채권에 쓰이는 형태로 중도에 이자를 지급하지 않고 만기에 액면가를 지급하므로 가격은 액면가를 할인하여 형성한다. 이표채는 정해진 기간마다 이자를 지급하고 만기에는 원금을 지급하는 형태로 비교적 만기가 장기인 채권에 해당된다.

금융자산의 가격은 자산을 보유함으로써 얻게 되는 미래 현금흐름의 현재가치로 정의된다. 채권의 경우 미래 현금흐름이 이자와 원금으로 정해져 있으므로 매 기간 받게 되는 이자와 만기에 받게 되는 원금의 현재가치의 합이 채권가격이 된다.

이표채의 경우 원금이 10,000원인 10년 만기 채권을 이자율 10%로 발행했다면 투자자는 매년 말 1,000원씩의 이자를 지급 받고 10년째 되는 날 10,000원의 원금을 상환받게 된다.

채권가격은 다음과 같이 계산한다.

$$P_0 = \frac{I}{(1+k)} + \frac{I}{(1+k)^2} + \frac{I}{(1+k)^3} + \cdots + \frac{I+F}{(1+k)^n}$$

$$= \sum_{t=1}^{n} \frac{I}{(1+k)^t} + \frac{F}{(1+k)^n}$$

단, P_0 : 채권의 현재가치

I : 매기의 이자지급액

k : 시장이자율

F : 원금(액면가액)

n : 잔존만기

순할인채의 경우 위 식에서 $I=0$이므로 다음과 같이 계산된다.

$$P_0 = F/(1+r)n$$

영구채는 이표채의 특수한 형태로 만기가 없어 원금은 지급되지 않으나 이자만 계속 지급되는 채권이다. 영구채는 나폴레옹 전쟁 때 영국정부가 처음 발행했으며 아직도 거래되고 있다. 영구채 가격은 다음과 같이 표시한다.

$$P_0 = F/r$$

2.2 채권의 가격계산

채권을 할인채, 복리채, 이표채로 나누어 계산하고자 한다.

(1) 할인채

할인채는 원금에서 만기일까지 이자를 단리로 미리 할인한 금액으로 발행하는 채권을 말하며 만기 시에는 원금만을 상환받는다. 우리나라 채권시장에서는 이표채 다음으로 할인채의 발행비중이 높으며 거래도 활발하게 이루어지고 있다.

할인채의 원금은 항상 1만원이다. 계산방법은 표면이자율과 관계없이 원금을 매매일로부터 만기일까지 잔존일수를 구하여 계산한다.

예제 11.1 통화안정증권을 2004년 5월1일 이자율 10%로 매매할 경우 채권가격은? (발행일 : 2003. 5. 1 만기일 : 2006. 5. 1 표면이자율 : 6%)

해답 $P = 10{,}000/(1+0.1)^2 = 10{,}000/1.21 = 8{,}264$원

(2) 복리채

복리채는 중도에 이자를 지급하지 않고 재투자한 것으로 계산하여 만기에 가서 원금과 함께 이자를 지급하는 구조로 되어 있다. 채권 매입자는 이자의 재투자위험이 없고 발행자에게 그 위험이 전가되어 있다.

이표채의 경우 수령한 이자를 만기까지 재투자할 때 재투자이율의 변

동으로 만기까지 원리금의 합계가 불확실하지만 복리채는 매입할 때 원리금이 확정되어 있어 재투자위험이 없다.

예제 11.2 복리채를 2004년 5월 1일 이자율 10%로 매매할 경우 채권가격은?
(발행일 : 2003. 5. 1 만기일 : 2006. 5. 1 표면이자율 : 8%)

해답 만기상환액 $= 10{,}000 \times (1+0.08)^3 = 12{,}597$원
$P = 12{,}597/(1+0.1)^2 = 12{,}597/1.21 = 10{,}410$원

(3) 이표채

이표채는 표면이자율에 따라 연간 지급해야 하는 이자를 일정기간 나누어 지급하는 채권으로 이자를 먼저 지급하는 선급방식과 나중에 지급하는 후급방식이 있다. 후급방식이 일반적이며 선급방식은 사모사채에 가끔 사용된다.

예제 11.3 S기업은 원금이 100만원, 표면이자율 10%, 만기가 3년인 회사채를 발행하였다. 만약 채권수익률이 10%라면 회사채의 현재가치는 얼마인가?

해답
$$P_0 = \frac{10}{(1+0.1)} + \frac{10}{(1+0.1)^2} + \frac{10+100}{(1+0.1)^3} = 100(\text{만원})$$
채권수익률과 표면이자율이 같기 때문에 현재가치가 액면금액과 같게 나타난다.

예제 11.4 W기업은 원금이 100만원, 표면이자율 10%, 만기가 3년인 회사채를 발행하였다. 만약 채권수익률이 8%라면 회사채의 현재가치는 얼마인가?

해답
$$P_0 = \frac{10}{(1+0.08)} + \frac{10}{(1+0.08)^2} + \frac{10+100}{(1+0.08)^3}$$
$$= 10/1.08 + 10/1.1664 + 110/1.2597$$
$$= 9.259 + 8.573 + 87.322 = 105(\text{만원})$$
채권수익률이 표면이자율보다 낮기 때문에 현재가치가 액면금액보다 크다.

예제 11.5 U기업은 원금이 100만원, 표면이자율 10%, 만기가 3년인 회사채를 발행하였다. 만약 채권수익률이 20%라면 회사채의 현재가치는 얼마인가?

해답

$$P_0 = \frac{10}{(1+0.2)} + \frac{10}{(1+0.2)^2} + \frac{10+100}{(1+0.2)^3}$$

$$= 10/1.2 + 10/1.44 + 110/1.728$$

$$= 8.333 + 6.944 + 63.657 = 7,893(\text{원})$$

채권수익률이 표면이자율보다 크기 때문에 현재가치가 액면금액보다 작다.

03 채권수익률 결정요인

3.1 채권가격정리

채권가격은 주로 발행시점의 채권수익률에 의해 결정되고 있으나 채권에 내재된 현금흐름, 만기까지 기간, 액면금리 등에 영향을 받고 있다. 채권가격과 이러한 요소들과의 관계를 채권가격정리라 부른다.

(1) 채권수익률

채권가격은 채권수익률과 역의 방향으로 움직인다. 채권수익률이 상승하면 채권가격이 떨어지고 채권수익률이 하락하면 채권가격이 올라간다.

〈표 11-4〉 **채권수익률 변화에 따른 채권가격의 변화(10%, 발행금리)**

만기까지 기간	6%	8%	10%	12%	14%
1	10,337.4	10,184.9	10,000	9,821.9	9,649.2
3	11,069.0	10,515.1	10,000	9,519.8	9,071.6
5	11,685.4	10,798.7	10,000	9,278.8	8,627.1
7	12,233.4	11,044.4	10,000	9,086.8	8,284.3
10	12,944.1	11,342.1	10,000	8,870.2	7,913.1

채권수익률 변화에 따라 채권가격 변동폭은 만기가 길어지면 커지지만 그 증가율은 체감한다. 즉, 채권가격 변동률은 만기에 따라 체감적으로 증가한다. 만기가 일정할 때 수익률 하락으로 인한 가격상승폭이 같은 폭의 수익률 상승으로 인한 가격 하락폭보다 크다.

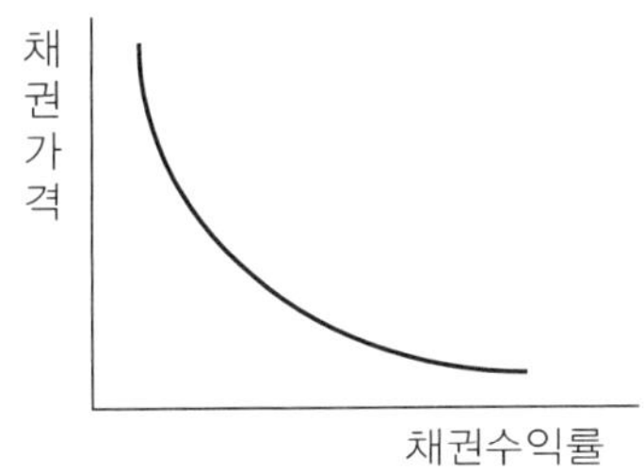

[그림 11-1] 채권수익률과 채권가격

(2) 만기까지의 기간

채권수익률이 변할 때 채권가격의 변동은 만기가 길어질수록 커진다. 장기채권이 단기채권보다 채권의 가격변동률이 더 크다. 〈표 11-2〉를 보면 10년 만기 장기채권의 가격변동이 1, 3년 단기채권에 비해 더 크다는 것을 알 수 있다. 수익률 하락 시 장기채권에 대한 투자를 증가시켜 시세차익을 극대화시킬 수 있다.

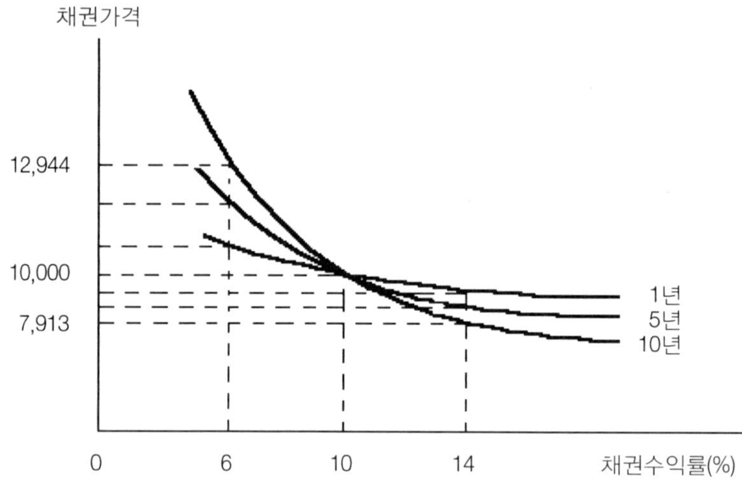

[그림 11-2] 만기에 따른 채권수익률과 채권가격

(3) 수익률 변동에 따른 채권가격 변동률과 만기

채권수익률 변동에 따른 채권가격 변동폭은 만기가 길어지면 커지지만 그 증가율은 체감한다. 즉 채권가격 변동률은 만기에 따라 체감적으로 증가한다. 시세차익을 높이는 데 만기가 너무 긴 채권의 필요성이 적다는 것을 뜻한다.

(4) 채권수익률의 변동방향과 채권가격 변동

만기가 일정할 때 수익률의 하락으로 인한 가격상승폭이 같은 폭의 수익률 상승으로 인한 가격하락폭보다 크다.

(5) 표면이자율

만기가 일정할 때 수익률 변동으로 인한 가격의 변동률은 표면이자율이 높을수록 적어지고 낮을수록 커진다. 표면이자율이 낮을수록 채권가격의 변동률은 커지고 표면이자율이 높을수록 채권가격의 변동률은 적어진다. 그리고 이자지급 주기가 짧아질수록 채권가격 변동률은 적어진다. 표면이자율이 낮은 채권이 시세차익을 얻기 위해 유리하다는 것을 뜻한다.

3.2 채권수익률 결정요인

금리는 현재 자본을 사용하는 대가로 지불되는 가격으로 돈에 대한 가격을 말한다.

(1) 금리의 기능과 효과

① 자금수급 조절기능

금리는 자금의 수요와 공급에 의해 결정되며 수요와 공급에 영향을 미침으로써 수급의 불일치를 조절하게 된다. 금리를 인위적으로 규제하는 경우 금리의 자금수급 조절기능이 작동하지 못하여 시장 내에 자금의 초과수요 또는 초과공급이 만성화되고 규제권 밖에 암시장이 형성된다.

금리는 자금의 사회적 균형가격을 알려주고 자금의 수요자나 공급자가 올바른 수요 및 공급계획을 세우도록 고시기능을 가지는데 금리규제는 왜곡된 가격을 고시함으로써 사회적 낭비와 비효율을 초래한다.

② 투자조절기능

금리는 투자를 위한 자금의 비용이 된다. 시장금리가 어떤 외적요인에 의해 낮아지면 종전의 금리수준에서 채산성이 맞지 않던 투자기회가 채산성이 있는 투자기회로 전환되므로 신규투자가 유발된다.

이 같은 신규투자는 금리수준이 자본의 한계효율보다 낮은 경우 계속 이어진다. 투자가 지속되는 동안 자금수요가 증가하고 금리가 높아지면서 자본의 한계효율은 유리한 투자기회가 소진됨에 따라 낮아져 서로 근접하게 된다.

③ 물가에 미치는 효과

금리가 물가에 미치는 영향은 상반되게 나타난다. 금리상승은 투자를 감소시키고 소득과 소비를 감소시키는 디플레이션 효과를 유발시킨다. 또한 금리는 제품의 원가구성요인이므로 금리상승은 기업의 금융비용을 높여 비용인상 인플레이션을 가져오고 물가상승요인이 되기도 한다.

선진국에서는 금리상승이 가져오는 디플레이션 효과가 원가상승효과를 압도함으로써 물가하락을 가져온다는 견해가 일반적이다. 그러나 우리나라의 경우 기업의 타인자본비율이 높고 금리규제로 자금의 만성적 초과수요가 존재하고 있어 선진국보다 원가상승효과가 크게 나타나고 있어 금리상승은 물가상승효과를 가져온다.

(2) 금리결정가설

금리는 기본적으로 자금의 수요와 공급에 의해 결정된다. 금리도 자금의 공급보다 수요가 많으면 올라가게 되고 반대로 자금의 공급이 수요보다 많으면 떨어진다.

① 고전적 금리론(실물적 금리론)

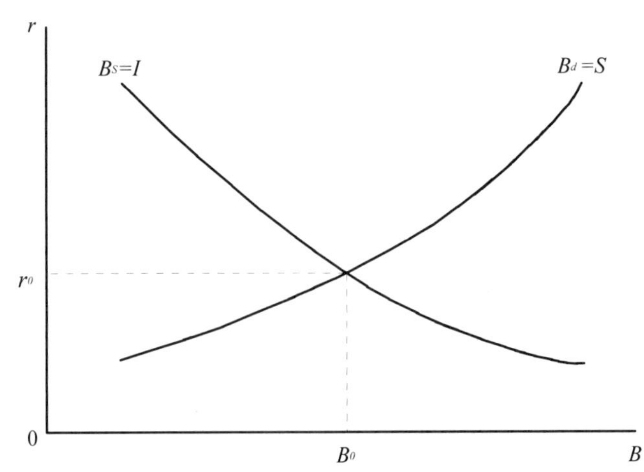

[그림 11-3] 고전적 대부자금설의 균형금리 결정

금리는 실물시장에서 자금에 대한 수요와 공급에 의해 결정되는데 자금의 공급은 저축에 의해 이루어지고 자금의 수요는 투자에 의해 이루어진다. 따라서 균형금리는 저축과 투자가 일치하는 수준에서 결정된다.

이 이론에 따르면 통화량 변동은 장기적으로 오직 물가의 변동만을 가져올 뿐이며 금리는 통화량 변동으로 어떠한 영향도 받지 않고 생산성의 변동이나 소비절약과 같은 실물적 요인에 의해 결정된다.

- 균형조건 : 채권의 수요(B_d) = 채권의 공급(B_s) ⇒ 저축(S) = 투자(I)

② 유동성선호설(통화적 금리론)

케인즈의 유동성선호설에 따르면 금리는 통화적 현상이며 통화의 수요와 공급이 일치하는 점에서 균형금리가 결정된다. 이 이론에 따르면 통화수요가 일정할 때 통화의 공급이 증가하면 화폐시장이 균형을 회복하기 위해 금리가 하락하는데 이를 유동성효과(liquidity effect)라 한다.

또한 일정시간이 경과하면 통화증가는 시장금리 하락과 실질잔고 증가를 통해 투자 및 소비를 증가시키고 이는 소득증가를 가져온다. 소득증가로 인해 화폐에 대한 수요가 늘어나면 금리가 상승하게 되는데 이를 소득효과(income effect)라 한다.

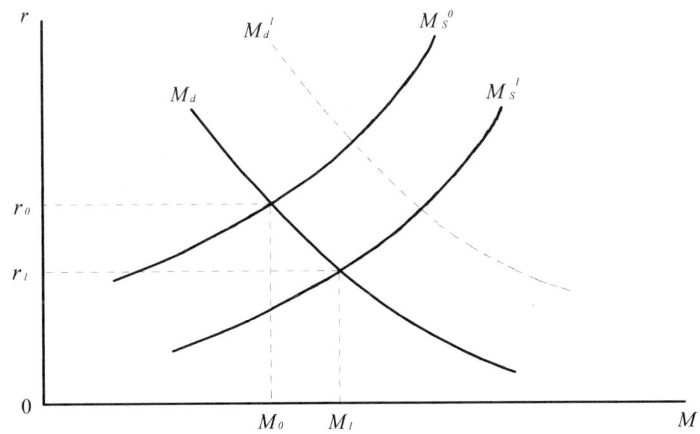

[그림 11-4] 유동성선호설의 균형금리 결정

- 유동성효과(liquidity effect)
  : 통화공급 증가($M_s^0 \rightarrow M_s^1$) $\Rightarrow$ 이자율 하락($r_0 \rightarrow r_1$)
- 소득효과(income effect)
  : 이자율 하락 → 투자 증가 → 소득 · 소비 증가
  → 화폐수요 증가 → 이자율 상승
- 균형조건 : 통화공급(M_s) = 통화수요(M_d)

③ 통화적 대부자금설

고전적 금리론에 통화를 추가한 이론으로 대부자금의 공급과 수요에 의해 금리가 결정된다는 이론이다. 대부자금의 공급은 저축과 통화금융기관의 통화공급, 정부저축에 의해 이루어지며 대부자금의 수요는 기업의 투자수요와 민간의 화폐수요로 이루어지는데 대부자금의 수요와 공급이 일치하는 수준에서 균형금리가 결정된다.

④ 피셔효과(Fisher effect)

피셔는 물가수준의 변동을 금리의 결정요인에 포함하고 명목금리는 실질금리와 인플레이션 프리미엄으로 구성하였다. 인플레이션 프리미엄은 자금대여자가 원금을 상실할 지도 모를 위험에 대한 보상으로 기대인플레이션을 금리결정에 반영하고 있다.

피셔효과는 기대인플레이션과 명목금리는 1 : 1 대응관계를 가져 기대인플레이션의 1% 상승은 명목금리의 1% 상승을 초래한다는 것을 의미한다. 일반적으로 금리와 인플레이션 간에 높은 상관관계가 존재하는 것으로 인식한다.

- 피셔방정식

명목이자율 = 실질이자율 + 기대인플레이션율

04 이자율과 기간구조

4.1 이자율 기간구조

어떤 일정 시점에서 다른 조건이 모두 같고 만기까지 기간이 달라짐에 따라 채권수익률은 달라진다. 이와 같이 만기까지 기간과 채권수익률과의 관계를 이자율의 기간구조라 부르고 수익률곡선으로 표시한다.

(1) 기간구조와 수익률곡선

수익률곡선은 만기차이에 따른 채권수익률의 변동을 곡선으로 나타낸 것이다. 수익률곡선은 일반적으로 경기 침체기나 경기가 완만하게 회복되는 시기에는 우상향하는 곡선으로 나타나고 경기가 회복이거나 인플레이션 시기에는 우하향하는 곡선이 될 수 있다.

(2) 수익률곡선의 종류

① 상승형 곡선(ascending curve)

단기이자율 수준이 장기이자율 수준을 하회하는 수익률곡선으로 앞으로 이자율이 상승할 것으로 전망되거나 일반적으로 이자율 수준이 낮은 시기에 나타나는 형이다. 경기상승 초기에 기업들의 설비자금 수요가 급증하여 장기이자율이 상승하기 때문에 수익률곡선이 우상향하게 된다.

② 하강형 곡선(descending curve)

단기이자율이 장기이자율을 상회하는 수익률곡선 형태로 앞으로 이자율이 하락할 것으로 전망되거나 현재 이자율 수준이 매우 높은 수준에 있을 때 나타난다. 경기상승이 끝나가는 시점에서 경기활황으로 기업의 운영자금 수요가 급증하여 단기이자율이 상승하기 때문이다.

③ 수평형 곡선(flat curve)

단기이자율과 장기이자율이 거의 같은 수준으로 앞으로 이자율 수준이 현재 수준과 변동이 없을 것으로 기대되는 경우이다. 수익률곡선이 하강형에서 상승형으로 변하거나 상승형에서 하강형으로 변해가는 과도기 또는 경기순환의 중간단계에서 나타나는 형태이다.

④ 낙타형 곡선(humped curve)

단기이자율이 급격히 상승하다 어느 시점에서 장기이자율이 서서히 하강하는 곡선형태로 정부의 일시적인 금융긴축으로 인해 시중의 단기자금사정이 아주 악화되었을 때 자주 나타나는 수익률곡선의 형태이다.

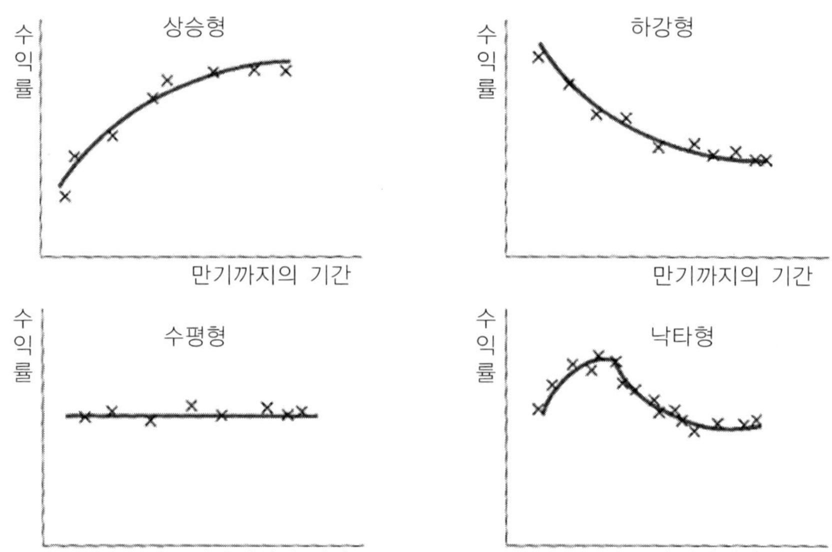

[그림 11-5] 수익률곡선의 형태

4.2 기간구조 설명이론

(1) 불편기대이론

불편기대이론은 수익률곡선의 형태가 미래의 단기이자율에 대한 투자자의 기대에 의해 결정된다는 것이다. 현재 이자율 수준이 매우 낮아 모든 투자자들이 미래의 단기이자율이 상승하리라 예상한다면 수익률곡선은 우상향할 것이고, 반대로 현재의 이자율 수준이 높아 미래의 단기이자율 수준이 하락하리라 예상한다면 수익률곡선은 우하향할 것이다.

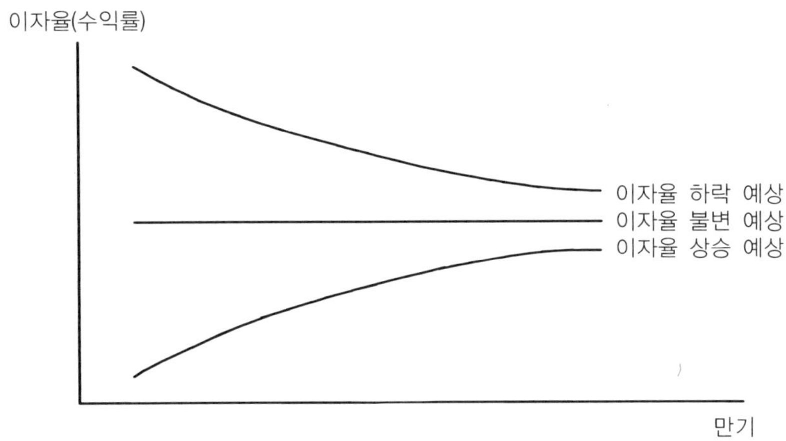

[그림 11-6] 불편기대이론에 의한 수익률곡선

(2) 유동성프리미엄 이론

채권에 대한 위험에서 장기채권은 단기채권에 비해 위험이 크며 현금화 될 수 있는 유동성이 작다고 본다. 투자가들은 유동성을 선호하게 되어 장기채권을 보유하는 데 따른 유동성 저하에 대해 위험보상을 요구하는데 이를 유동성프리미엄이라 부른다.

이자율 변화는 단기채보다 장기채에 더 많은 영향을 미치기 때문에 장기채권에 유동성프리미엄이 존재하고 있다. 매기간의 유동성프리미엄은 만기까지 기간이 길어질수록 체감적으로 증가한다.

(3) 시장분할이론

시장분할이론은 단기채권과 장기채권의 수익률이 각각 분할된 시장에서 독립적인 수요와 공급에 의해 결정된다는 이론이다. 투자자들의 만기에 대한 선호에 따라 단기채권시장, 중기채권시장, 장기채권시장 등으로 나누어 각각의 시장에서 독립적으로 채권수익률이 결정된다는 것이다.

채권시장의 투자자들은 개인, 은행, 증권사, 보험회사, 또는 각종 연기금 등과 같이 여러 이질적인 투자자 집단으로 구성되어 있다. 단기부채가 많은 은행 등 금융기관들은 단기채권을 선호하고, 장기부채가 많은 보험사와 연기금 등은 장기채권을 더 선호하고 있다.

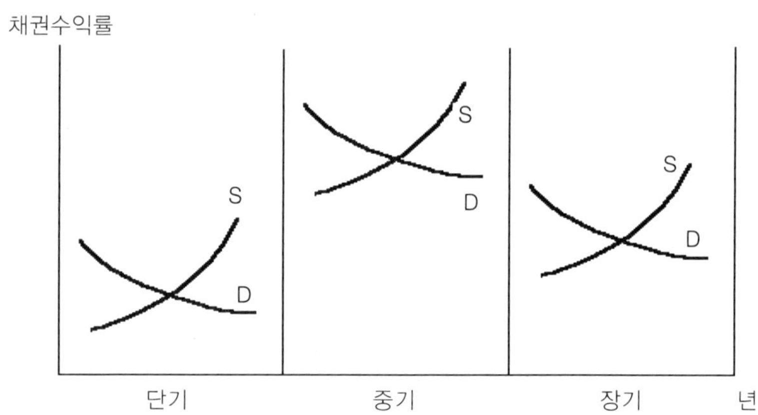

[그림 11-7] 시장분할이론에 의한 수익률곡선

4.3 수익률의 위험구조

채권은 만기까지 이자와 원금상환액이 계약에 의해 확정되어 있지만 채권발행기업의 영업실적이 악화되어 원리금 지급불능의 상황이 나타날 수 있다.

(1) 채무불이행위험

채권은 미래의 이자와 원금이 발행시점에 결정되어 있는 확정수익채권이다. 그러나 이자와 원금이 항상 계약대로 지급되지 못하므로 채권의 수익 역시 위험을 갖게 된다. 이처럼 채권의 발행기업이 이자와 원금을 약속한대로 지급하지 못하게 될 가능성을 채무불이행위험이라 한다.

투자자에게 채무불이행위험 등을 보상해 주기 위하여 발행기업은 위험프리미엄을 제공해 주어야 한다. 위험프리미엄은 무위험수익률과 채권불이행 위험을 갖는 채권수익률 간의 차이를 말하며 수익률스프레드(yield spread)라 부른다. 채권수익률은 채무불이행위험이 커질수록 증가하게 된다.

(2) 수의상환위험

채권의 종류에 따라 발행자는 만기 이전에 시장가격 또는 일정한 가격으로 채권을 매입하여 소각할 수 있는 권리를 계약에 명시할 수 있다. 따라서 수의상환위험은 채권 발행자가 만기 이전에 채권을 매입하여 소각할 때 나타나는 위험이다.

채권 발행자가 수의상환권을 행사하는 이유는 이자율 변동에 대응하기 위한 전략이다. 수위상환권은 발행자에게 유리하지만 투자자 입장에서는 새로운 종류의 채권을 다시 매입함으로써 재투자손실이 발생하게 되어 불리할 수 있다.

(3) 이자율위험

이자율위험은 이자율 변동에 따라 채권가격이 변하는 위험으로 이자율이 상승하면 채권가격이 하락하고 이자율이 하락하면 채권가격은 상승한다.

이자율위험은 가격위험과 재투자위험으로 구분한다. 가격위험은 채권을 만기 전에 매도하는 경우 이자율 변화로 인해 채권가격이 변하는 위험이다. 재투자위험은 매입시점의 예상이자율과 다른 이자율로 재투자하여 수익이 변하는 위험이다.

이자율 변화로 인해 가격위험과 재투자위험은 서로 상충관계에 있다. 이자율이 상승하면 채권가격은 하락하고 재투자수익은 상승하며 반대로 이자율이 하락하면 채권가격은 상승하고 재투자수익은 하락하게 된다.

(4) 인플레이션위험

인플레이션위험은 물가상승으로 인해 발생하는 실질수익률 변동의 위험이다. 투자자들이 예상하는 미래의 인플레이션이 높을수록 채권수익률이 상승하며 동시에 채권가격은 하락한다.

예상하지 못한 인플레이션의 발생으로 인한 채권가격의 하락을 인플레이션위험 또는 구매력위험이라 한다. 이 위험은 물가가 안정된 경우에는 큰 영향력이 없으나 물가가 급변할 경우에 주요한 위험요인으로 작용하게 된다.

(6) 유동성위험

보유채권을 매각하려 할 때 만일 수요가 부족하여 매각할 수 없거나 매각은 할 수 있지만 적정한 가격을 받지 못하는 위험을 말한다. 원하는 시기와 가격에 매매하지 못하는 경우 발생하며 시중자금사정이 악화되는 경우 위험이 커지게 된다.

(7) 잔존기간

채권수익률은 만기까지 잔존기간에 따라 영향을 받는다. 다른 조건이 동일한 경우 만기까지 잔존기간이 길수록 미래에 대한 불확실성이 증가한다. 장기채일수록 불확실성에 대한 프리미엄이 가산되어 단기채보다 더 높은 수익률이 형성된다.

수익률 상승이 예상되면 단기채를 선호하기 때문에 장기채 수익률이 더 높게 형성된다. 반면 수익률 하락이 예상되면 장기채 선호로 인해 단기채 수익률이 더 높게 형성되는 것이 일반적이다.

(8) 세금

채권에 투자하여 얻는 수익은 이자수입과 매매차익으로 이루어지고 있다. 현재 우리나라에서 이자수입에 대해서만 과세하도록 되어 있어 채권의 표면금리가 높을수록 과세부담이 크다.

참고 Reference

1. 채권시가평가제도

채권시가평가제도는 1998년 11월 도입되었으며 펀드에 편입되어 있는 채권을 매일매일 시장에서 형성되는 채권가격으로 평가하여 펀드수익률에 즉시 반영시키는 제도이다. 채권시가평가제도는 과거 저축상품으로 인식되었던 신탁상품을 투자개념으로 전환하게 하였으며 유통시장의 활성화와 운용기법의 선진화 등의 효과로 나타나고 있다.

채권가격은 금감위에 등록한 채권평가회사가 평가한 가격을 기초로 자산운용회사의 평가위원회에서 결정한다. 현재 우리나라에는 한국채권평가(주), KIS채권평가(주), 나이스채권평가(주) 이상 3개사가 금감위 인가를 받아 채권평가회사로 활동 중에 있다.

2. 장부가펀드와 시가평가펀드

장부가펀드와 시가평가펀드의 차이는 다음과 같다.

구 분	장부가펀드	시가평가펀드
펀 드 수익률	- 금리변동의 영향을 거의 받지 않음 - 채권수익률 등락에 관계없이 가입 당시 예상수익률 추정 가능	- 금리변동에 따라 펀드수익률 변동 · 채권수익률↓ → 펀드수익률↑ · 채권수익률↑ → 펀드수익률↓
펀 드 형 태	- 확정금리형 저축상품 인식	- 실적배당형 투자상품

2000년 7월부터 채권시가평가제도를 전면 실시함에 따라 장부가평가 펀드의 신규수탁이 금지되어 자연소멸을 유도하였다.

3. 채권전문딜러

채권전문딜러는 채권장외시장의 유동성 제고를 위해 시장조성채권에 대해 매도수익률 및 매수수익률 호가를 동시에 제시하는 방법으로 채권의 시장조성을 하는 사람으로 금융감독원장이 지정한 금융기관을 말한다.

투자자는 채권전문딜러의 시장조성채권에 대한 매매호가를 각 딜러별로 비교하여 가장 유리한 가격을 제시하는 채권전문딜러와 거래할 수 있어 공정한 가격에 채권을 매매할 수 있는 여건이 확보되었다고 볼 수 있다.

채권전문딜러의 요건은 다음과 같다.

① 재무건전성기준
- 은행 및 종합금융회사 : 자기자본비율(BIS)이 8/100 이상
- 증권회사 : 영업용 순자본비율이 150/100 이상

② 시장조성자금의 규모 및 채권매매거래 실적
- 채권딜링부서의 시장조성을 위한 할당자금의 최저금액은 총자산에 따른 월평균 보유금액의 3배 이상
- 직전 6월간 채권거래금액이 채권장외 거래금액 총액의 5/1,000 이상

③ 업무능력평가 항목 중 최하위 등급이 3개 이하일 것

④ 재지정 시는 지정취소사유를 해소하였을 것

〈표 11-5〉 채권전문딜러기관

(2006년 12월 현재)

구 분	채 권 전 문 딜 러
증권회사 (13개)	교보, 굿모닝신한, 대신, 대우, 동양종합금융, 미래에셋, 부국, 삼성, 신영, 우리, 하나, 현대, SK
은 행 (7개)	국민, 신한, 도이치, 한국씨티, 산업, 외환, HSBC

4. 채권지수

채권지수는 일정기간 동안 채권시장의 투자수익 또는 가격변화를 지수화한 것이다. 채권지수는 주가지수와 함께 금융시장의 변동을 보다 과학적으로 측정하여 대처할 수 있고 기관투자가 등의 채권투자성과의 평가수단이 되고 있습니다.

또한 금리선물 등 각종 금리파생상품 설계 및 운용을 위한 기초자료를 제공하고 채권지수펀드운용 등 다양한 채권투자기법 활용을 위한 기초 수단이 되고 있다. 1998년 9월 5일을 채권지수 100으로 기준하여 대표지수와 보조지수 등 총 99종의 지수를 매일 1회 협회에서 산출하여 발표하고 있다.

지수산출 대상채권은 발행 잔액이 50억원 이상이고 잔존기간이 6개월 이상 채권으로 신용평가기관에 의한 신용등급이 "BBB-" 이상인 채권을 대상으로 한다. 지수산출은 채권종류별 잔존만기별 시장수익률을 근간으로 시장가치 가중평균에 의한 총수익지수 산정방식을 사용하고 있다.

chapter

12

선물시장

01 선물시장의 이해

1.1 선도거래와 선물거래

(1) 선도거래

농부와 배추 중간도매상이 20만평의 밭에서 생산될 배추를 1,000원의 가격으로 가을에 인도하기로 계약을 한다면 이 계약은 선도계약(forward contract)이라 부르며 이 계약에 따라 결제가 이루어지는 거래를 선도거래라 한다.

선도거래는 거래쌍방이 미래의 특정시기에 특정상품을 일정한 가격조건으로 거래하기로 약속하는 것이다. 거래대상의 품질, 수량, 가격, 인도시기 등 거래조건에 대해 합의할 수 있다면 어떠한 형태의 거래도 성립할 수 있다.

선도거래는 거래당사자 사이의 신용에 전적으로 의존하기 때문에 미래의 가격이 일방에게 너무 불리하게 변할 경우 계약이 이행되지 않을 가능성이 커진다. 선도거래의 이러한 문제점을 해결하기 위해 등장한 것이 선물거래이다.

(2) 선물거래

선물계약(futures contract)은 선도거래와 달리 한국거래소를 통해 표준화된 거래조건에 따라 미래 특정시점에 정해진 가격으로 특정자산을 사고팔기로 현재시점에서 약속하는 계약이다.

선물계약에 따른 선물거래는 거래형식을 정형화하고 거래조건을 표준화하여 시장성을 부여한 선도거래라 할 수 있다. 거래대상이 되는 특정자산을 기초자산으로 하고 정해진 특정시점을 만기일 또는 인도일이라

〈표 12-1〉 선물거래와 선도거래의 비교

	선물거래	선도거래
거래조건	계약단위, 인도일(만기일) 등 모든 거래조건들이 표준화되어 있음	당사자 간 합의에 의해 거래조건이 조정됨
거래방식	조직화된 거래소를 통해 거래	당사자 간 직접 내지 장외시장에서 중개기관을 통해 거래
가격정산	계약이행보장을 위해 매일 가격변동에 따른 손익금액을 결제기관을 통해 정산함	자금결제일 또는 만기일에만 정산
결제이행 여부	거래참가기관의 부도 시에도 거래소가 이행보증	채무불이행에 대한 책임을 당사자가 부담

하며 정해진 가격을 선물가격이라 한다. 선물가격은 만기일에 기초자산을 사고팔 때의 거래가격을 의미한다.

1.2 선물거래의 종류

선물거래는 거래대상에 따라 상품선물거래와 금융선물거래로 구분할 수 있다.

상품선물거래는 농축산물, 금속, 에너지 등과 같은 상품에 적용되는 거래를 말한다. 농축산물선물거래는 옥수수, 콩, 귀리, 소맥, 대두, 커피, 코코아 오렌지주스, 설탕, 쌀, 목재, 소, 돼지 등이 거래된다. 금속선물거래는 알루미늄, 금, 은, 동, 플라티늄 등이 거래된다. 에너지선물거래는 원유, 벙커시유, 천연가스, 가솔린 등이 거래된다. 우리나라에는 금선물이 한국거래소를 통해 거래되고 있다.

금융선물거래는 1970년대 들어 환율변동이 심해지고 특히, 오일쇼크 이후 금리급변을 경험하면서 빠른 성장을 기록하고 있다. 채권, 외국통화, 주가지수 등 금융자산을 기초자산으로 하는 선물거래로 금리선물거래, 통화선물거래, 주가지수선물거래가 있다.

금리선물거래는 채권을 대상으로 한 선물거래로 T-Bond, T-Note,

T-Bill, CD, LIBOR가 있으며 국내에서는 국채선물, CD선물, 통안증권금리선물이 거래되고 있다.

통화선물은 각국 통화를 대상으로 미국 달러, 영국 파운드, 일본 엔, 캐나다 달러, 유로 등이 주요 거래대상이 되고 있으며 우리나라 한국거래소에서는 미국 달러선물거래가 이루어지고 있다.

주가지수선물에서 선물거래의 대상이 되는 주가지수에는 Value Line 지수, S&P500, S&P100, NYSE지수, 일본Nikkei 225지수 등이 있다. 우리나라에서는 KOSPI 200지수선물거래와 KOSDAQ 50지수가 한국거래소에서 거래되고 있다.

1.3 선물시장의 경제적 기능

선물거래는 기초자산의 가격변동위험을 헤지하고 싶은 투자자로부터 위험을 부담하고 이익을 얻고자 하는 투기적 거래자에게 가격변동위험을 전가시키는 기능을 한다.

현물자산을 보유하고 있는 투자자는 가격하락으로 발생할 수 있는 손실을 선물거래를 통해 이익을 보전할 수 있으며, 가격상승으로 현물자산에서 얻는 이익을 선물거래로 인한 손실을 보전하여 가격변동으로 발생할 수 있는 위험을 줄일 수 있다.

선물거래는 거래대상이 되는 자산의 가격에 대한 다양한 정보를 제공하는 기능을 한다. 따라서 선물가격에 근거하여 기업이나 투자자 등 시장참여자들은 미래 투자계획 및 자금조달 계획을 용이하게 수립할 수 있다.

선물거래는 자금의 유동성 증대와 재고관리를 용이하게 하는 기능을 한다. 현물거래보다 훨씬 적은 금액으로 현물시장에서 유동성 공급이 가능해진다. 원자재 등을 재고로 보유하지 않고 선물거래를 통해 필요할 때 확보할 수 있어 재고관리비용을 절감할 수 있다.

선물거래는 자원의 효율적 배분을 가능하게 하고 현물가격을 안정시키는 기능을 한다. 공개적이고 경쟁적인 시장에서 결정된 선물가격은 미래의 수요과 공급을 반영하고 있다.

02 선물시장의 구성과 거래제도

2.1 선물시장의 구성

선물시장은 투자자, 선물거래소, 청산소, 선물중개업자로 구성되어 있다.

투자자는 선물상품의 수요자와 공급자가 되며 거래목적에 따라 헤지거래자와 투기적 거래자, 차익거래자로 구분한다.

헤지거래자는 현물보유로 발생하는 가격변동위험을 회피하기 위해 현물시장과 반대포지션을 선물시장에서 취하여 가격변동위험으로부터 기초자산의 가치를 보호하려는 투자자를 말한다.

투기적 거래자는 현물시장의 포지션과 관계없이 선물시장의 포지션만을 이용하여 선물가격의 변동에 따른 이익을 얻고자 선물거래에 참가하는 거래자이다. 선물가격이 예상대로 움직이면 큰 이익을 얻게 되지만 반대로 움직이면 손실을 보게 된다.

차익거래자는 현물가격과 선물가격이 일시적으로 불균형상태를 보일 때 두 시장가격 중 상대적으로 과대평가된 것을 매도하고 과소평가된 것을 매입하여 추가적인 부담 없이 이익을 얻고자 선물거래에 참가하는 투자자를 말한다.

선물거래소는 선물투자자들이 공정하게 거래할 수 있도록 보장하는 조직화된 기관을 말한다. 선물거래가 가능하도록 물리적 장소와 설비를 제공하며 선물옵션상품의 상장, 거래규정 및 규칙 제정, 회원의 자격심사 및 매매의 공정 여부를 심사한다.

청산기관은 거래소의 부속기관 또는 독립기관으로 존재하며 매입포지션의 보유자에게는 매도포지션을 취해 주고, 매도포지션의 보유자에게는 매입포지션을 취하여 선물거래자의 탐색비용을 줄이고 선물거래의 시장성을 높이는 역할을 한다.

선물중개업자는 고객의 주문을 받아 직접 계약을 체결하고, 고객의 미청산계약과 예탁자금 및 증거금을 관리하며 그 대가로 수수료를 받는 회사를 말한다.

2.2 선물시장의 거래제도

선물거래는 일반투자자가 선물회사를 선정하여 위탁계좌를 개설하고 거래상품별로 정해져 있는 증거금을 거래 전에 납부하고 거래주문을 낸다. 주문을 받은 선물거래회사는 거래가 성립하면 매매확인서를 고객에게 우송하고 청산소에 거래를 통보하여 거래자금을 결제하게 된다.

만기 이전에 선물가격이 크게 변하게 되면 큰 손실이 발생할 수 있기 때문에 이를 보호하기 위해 결제불능위험을 방지할 수 있는 제도적 장치가 필요하다. 선물거래의 안전장치기능을 하는 것이 증거금제도와 일일정산제도이다.

선물거래자는 계약이행을 위한 신용의 표시로 중개회사와 결제기관에 일정한 증거금을 예치해야 한다. 보통 계약금액의 5~15%에 해당하는 금액을 개시증거금으로 예치해야 하고 선물계약 체결 후에는 계약이행을 보증하기 위해 최소한 1일 가격 변동폭에 해당하는 금액을 유지증거금으로 예치해야 한다.

선물거래는 매일매일 고객의 정산가격을 평가하고 발생한 손익을 고객의 증거금에서 가감하는 일일정산제도를 운용하고 있다. 만일 증거금이 유지증거금 이하로 감소할 경우 청산소는 고객에게 추가증거금 예치를 요구하게 된다. 고객이 추가증거금을 납부하지 않을 경우 청산소는 고객의 선물포지션을 반대매매를 통해 청산하고 증거금계정을 폐쇄한다.

03 우리나라의 선물거래

우리나라는 주가지수선물거래인 KOSPI200지수, 미국달러선물, CD금리선물, 국고채권선물, KOSDAQ50지수선물, 금선물 등이 한국거래소에서 거래되고 있다.

3.1 KOSPI200 주가지수선물

KOSPI200 주가지수선물거래는 1996년 5월 3일 개장되었으며 결제월 기준으로 3월물, 6월물, 9월물, 12월물의 4종목이 있으며 최장거래기간은 1년이다. 최종 거래일은 각 결제월의 두 번째 목요일이고 거래 개시일은 최종 거래일 다음 날로 한다.

지수 1포인트당 가격은 50만원이며 호가가격 단위는 0.05포인트로 최소가격 변동폭은 25,000원(=0.05×50만원)이 된다. 개시증거금은 계약금액의 15%로 하며 유지증거금은 미청산계약에 한해 계약가액의 10%로 한다. 가격은 전일종가의 10%에서 움직인다.

〈사례 1〉

어느 투자자가 5월 3일에 6월물을 종가 85.50으로 3계약 매입했다. 이 경우 계약금액은 128,250,000원이고 개시증거금은 19,237,500원이다.

- 계약금액 = 지수 85.50 × 500,000원 × 3계약 = 128,250,000원
- 실제투자금액(개시증거금) = 128,250,000원 × 15% = 19,237,500원
- 유지증거금 = 128,250,000원 × 10% = 12,825,000 원

선물가격 하락으로 추가입금이 필요한 경우 선물중개회사는 즉시 증거금의 추가입금을 요구하게 되는데 이를 마진콜(margin call)이라 한다. 반면 선물가격이 상승하여 88.50로 되면 450만원의 이익을 얻게 된다.

- 투자이익 = (88.50 − 85.50) × 500,000원 × 3계약 = 4,500,000원

주가지수선물시장에는 스프레드거래가 이루어진다. KOSPI선물스프레드거래의 종목은 최근월물과 원월물 3개 중 하나로 구성되므로 항상 3개가 된다. 선물스프레드 매도는 최근월물을 매수하고 원월물을 매도하는 것이고 선물스프레드 매수는 최근월물을 매도하고 원월물을 매수하는 것이다.

〈표 12-2〉 KOSPI200과 코스닥50 선물시장의 비교

구 분	KOSPI200선물	코스닥50선물
결제월	3, 6, 9, 12월(최장거래기간 : 1년)	
거래단위 (1계약의 크기)	선물가격 × 50만원	선물가격 × 10만원
호가단위 (tick size)	0.05포인트(25,000원)	0.05포인트(5,000원)
가격제한폭	전일종가의 상하 10%	
기본예탁금	500만원(선물, 옵션 통합)	없음
거래시간	평 일 : 09:00 ~ 15:15 최종 거래일 : 09:00 ~ 14:50	
최종 거래일	결제월 두 번째 목요일(휴장일인 경우에는 직전 영업일)	
매매거래 중단세도 (circuit breakers)	- 전날 거래량이 가장 많은 종목의 가격이 전일 종가대비 5% 이상 변동하고 괴리율이 3% 이상 확대되어 1분 이상 지속되면 모든 선물거래 5분간 중난(1일 1회) - 종합주가지수가 10% 이상 하락한 상태가 1분간 지속되어 주식시장의 매매거래가 20분간 중단되는 경우 모든 선물거래를 20분간 중단(1일 1회)	- 전날 거래량이 가장 많은 종목의 가격이 전일 종가대비 7% 이상 변동하고 괴리율이 3% 이상 확대되어 1분 이상 지속되면 모든 선물거래 5분간 중단(1일 1회) - 코스닥지수가 10% 이상 하락한 상태가 1분간 지속되어 주식시장의 매매거래가 20분간 중단되는 경우 모든 선물거래를 20분간 중단(1일 1회)
프로그램 매매 체결지연제도 (side car)	- 전날 거래량이 가장 많은 종목의 가격이 전일 종가대비 5% 이상 변동하여 1분 이상 지속되는 경우 시장에서 프로그램 매매호가의 효력을 5분간 정지(1일 1회)	- 전날 거래량이 가장 많은 종목의 가격이 전일 종가대비 6% 이상 변동하여 1분 이상 지속되는 경우 시장에서 프로그램 매매호가의 효력을 5분간 정지(1일 1회)

3.2 KOSDAQ50선물

KOSDAQ50선물은 한국거래소에서 2001년 1월 30일부터 거래가 개시되었다. 거래종목이나 결제월은 KOSPI200선물과 동일하다. KOSDAQ50선물의 거래단위는 소액투자가 가능하도록 100,000원이며 호가도 1계약당 10,000원으로 정해져 있다.

KOSPI200선물은 주식시장과 동일한 개별경쟁방식으로 가격, 시간, 수량 우선원칙인 반면 KOSDAQ50선물거래는 가격과 시간을 우선원칙으로 적용한다.

04 선물거래의 손익과 선물가격의 결정

4.1 선물거래의 손익

선물매입자는 만기일에 미리 약정한 선물가격에 기초자산을 매입해야 하므로 기초자산 가격이 상승하면 이익을 얻고 하락하면 손해를 본다. 반대로 선물매도자는 미리 약정한 선물가격에 매도해야 하므로 가격이 상승하면 손해를 보고 하락하면 이익을 얻는다.

선물계약을 만기일까지 청산하지 않고 보유한 경우 만기일의 손익은 다음과 같다.

선물매입의 만기일 손익 $= S_T - F_{0,T}$

선물매도의 만기일 손익 $= F_{0,T} - S_T$

(여기서, S_T : 만기일 현물가격, $F_{0,T}$: 만기일이 T 시점인 선물의 현재가격)

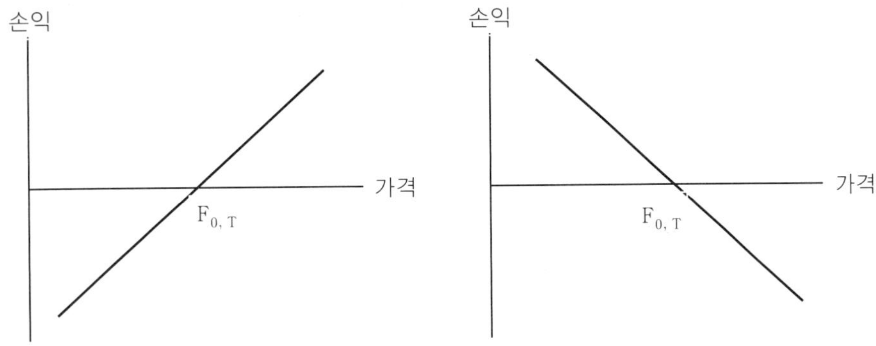

(a) 선물매입의 손익 (b) 선물매도의 손익

[그림 12-1] 선물계약거래의 손익

[그림 12-1]을 보면 선물매입의 손익은 현물매입의 손익과 동일하고 선물매도의 손익은 현물매도의 손익과 동일하다.

4.2 선물가격의 결정

(1) 선물가격결정의 기초

선물의 이론가격은 선물가격에 영향을 미치는 요인과의 관계를 통해 설명할 수 있다.

이를 설명하기 위해 다음 몇 가지 기호를 정의하자.

현재 ─────────────── 만기

현물가격 : S_0 S_T

선물가격 : $F_{0,T}$ $F_{T,T}$

$r_{0,T}$ = 무위험이자율

S_0= 기초자산의 현물가격

$F_{0,T}$ = 만기일 T 시점에서 선물계약의 현재가격

S_T = T 시점의 현물가격

$F_{T,T}$ = 선물만기일의 선물가격

$r_{0,T}$ = 현재부터 선물만기일까지의 무위험이자율(차입 및 대출이자율)

선물가격은 만기일이 가까워질수록 현물가격에 수렴하게 되고 만기일에는 기초자산의 현물가격과 일치하게 된다.

$$F_{T,T} = S_T$$

(2) 보유비용모형

보유비용모형은 균형상태시장에서 선물계약 매입 또는 현물자산 매입 후 선물 만기일까지 보유하는 경우에 결과적으로 동일한 효과를 가져야 한다는 논리로 선물가격을 평가하는 모형이다.

선물매입은 만기일에 $F_{0,T}$의 가격을 지불하고 기초자산을 매입하는 것으로 현물을 매입하고 선물만기일까지 보유하는 경우와 부담하는 총금액은 같아야 한다.

$$F_{0,T} = S_0 + C$$

단, C = 현물보유에 따른 비용

현물자산을 매입하는 경우 현물자산의 가격만큼 현금유출이 발생하게 되는데 만약 현물을 매입하지 않고 무위험자산에 투자했을 때 발생하는 투자이익을 상실하게 되며 결국 선물가격에는 이 금액이 포함되어야 한다.

$$F_{0,T} = S_0 + S_0 \times r_{0,T} = S_0(1 + r_{0,T})$$

선물계약의 대상이 일반상품이라면 현물을 매입하여 보유할 경우 수송비, 보관료, 보험료 등 각종 보관비용을 부담하게 된다. 이러한 비용도 선물가격에 반영되어야 한다.

$$F_{0,T} = S_0(1 + r_{0,T}) + FV(0)$$

단, FV(0)= 만기일 이전에 발생하는 보관비용의 만기일 가치

만일 선물거래의 대상이 주식이나 채권과 같은 금융자산이라면 현물을 보유함으로써 선물만기일까지 배당소득이나 이자소득 등의 보유수익

을 얻을 수 있게 되어 선물가격은 오히려 그 금액만큼 작아야 한다.

$$F_{0,T} = S_0(1 + r_{0,T}) - I$$

단, I = T시점까지의 이자소득 내지 배당소득

(3) 주가지수선물가격의 결정

주가지수선물가격은 주식현물매입으로 발생하는 금융비용과 주식에서 발생하는 배당수익을 차감한 잔액이 보유순손익으로 반영되어 결정된다.

주가지수선물의 이론가격 = 현물주가지수 − (배당수익 − 이자비용)

$$F = S_0 - S_0(d - r)\frac{t}{365}$$

F = 주가지수선물의 이론가격

S_0 = 현물주가지수

r = 이자율

d = 배당수익률

t = 만기까지의 잔존일수

주가지수선물의 이론가격은 주가지수가 상승할수록, 이자율이 높을수록, 잔존만기일수가 길수록 높아지는 반면 주가지수의 배당률이 높을수록 순보유비용의 크기가 작아지면서 이론선물가격이 낮아진다.

〈사례 2〉

KOSPI200지수 95.50, 3개월 만기 CD유통수익률 5.60%, 배당수익률 0.3%이다. 이 경우 잔존만기일수 82일인 9월물 주가지수선물의 이론가격은 96.64이고 잔존만기일수 193일인 12월물의 이론가격은 98.18이 된다.

· 9월물 이론가격 : F = 95.50 − 95.50 × (0.003 − 0.056) × 82/365 = 96.64

· 12월물 이론가격 : F = 95.50 − 95.50 × (0.003 − 0.056) × 193/365 = 98.18

4.3 베이시스와 베이시스 위험

베이시스(basis)는 선물가격과 현물가격 사이의 차이를 말한다.

베이시스 = 선물가격 − 현물가격

선물가격은 현물가격에 선물만기일까지의 보유비용을 합한 값이므로 상품선물의 가격은 일반적으로 현물가격보다 높게 형성된다. 만기가 긴 선물계약일수록 가격이 높게 형성되는데 이런 현상을 콘탱고(contango)라 한다.

금융선물의 경우 현물의 매입에 따른 기회비용보다 보유수익이 크면 선물가격이 현물가격보다 낮게 형성되며 만기가 긴 선물계약일수록 가격이 낮게 형성되는데 이런 현상을 백워데이션(backwardation)이라 한다.

베이시스는 만기일이 가까워질수록 점차 감소하며 만기일에는 선물가격의 인도일수렴현상에 의해 선물가격이 현물가격과 일치되어 0이 된다. 만약 일치하지 않을 경우에는 차익거래가 발생하게 된다.

헤지기간 동안 현물가격과 선물가격이 동일하게 변한다면 베이시스가 변동하지 않으므로 현물시장의 손익이 선물시장의 손익에 의해 완전히 제거되어 순손익이 0이 되는 완전헤지가 가능해진다.

그러나 헤지기간 동안 현물가격과 선물가격의 변화에 차이가 생기면 완전헤지가 불가능하다. 결국 베이시스 변화로 인해 선물거래에 따른 손익이 달라지는데 이를 베이시스 위험이라 한다.

선물거래를 이용하면 베이시스 위험이 발생하지만 현물가격이나 선물가격의 변동보다 베이시스 변화가 훨씬 작다. 따라서 선물거래를 이용하여 위험을 관리하는 것은 현물의 가격변동위험을 선물의 베이시스 위험으로 대체하는 것이다.

05 선물가격과 기대현물가격의 관계

선물가격과 기대현물가격과의 관계에 대해 기대가설, 위험프리미엄설, 포트폴리오접근방식 등을 사용하여 살펴보고자 한다.

5.1 기대가설

기대가설에서는 투자자들이 위험중립적이고 균형상태시장에 있다면 선물을 이용해 차익거래를 얻을 수 없도록 하기 위해 선물가격이 현재 시점에 형성되는 만기시점의 기대현물가격이 서로 일치해야 한다고 말하고 있다.

$$F_{0,T} = E(S_T)$$

여기서, $E(S_T)$ = 현재시점에서 형성되는 선물만기일의 기대현물가격

위험회피형 투자자라면 부담하는 위험에 대해 반드시 위험프리미엄을 요구한나는 사실을 기대가설에서는 고려하지 않은 문제점을 내포하고 있다.

5.2 위험프리미엄 가설

기대가설과 달리 선물거래 참가자들은 위험회피형이고 선물시장에도 불확실성이 존재한다고 하면 현재의 선물가격과 미래의 기대현물가격은 투자자들이 요구하는 위험프리미엄만큼 차이를 보이게 된다.

(1) 정상적 백워데이션가설

헤지거래자는 현물을 보유하고 있으면 선물시장에서 매도포지션을 취하게 되지만 투기거래자들은 위험을 감수하고도 이익을 얻기 위해 매입포지션을 취하게 된다. 투기거래자가 매입포지션을 취하기 위해서 현재 선물가격이 미래의 기대현물가격보다 위험프리미엄만큼 낮아야 한다는 것이다. 결국 $F_{0,T} < E(S_T)$의 관계가 성립하게 된다.

만기일에 가까워질수록 선물가격이 점점 상승하여 만기일에는 기대현물가격과 일치하게 된다.

(2) 정상적 콘탱고가설

헤지거래자가 미래에 상품을 필요로 하면 선물시장에서 매입포지션을 취하게 되고 투기거래자들은 매도포지션을 취하게 된다. 투기거래자들의 시장참여를 유인하기 위해서는 현재의 선물가격이 미래의 기대현물가격보다 위험프리미엄만큼 높아야 한다는 것이다.

따라서 $F_{0,T} > E(S_T)$의 관계가 성립하게 된다.

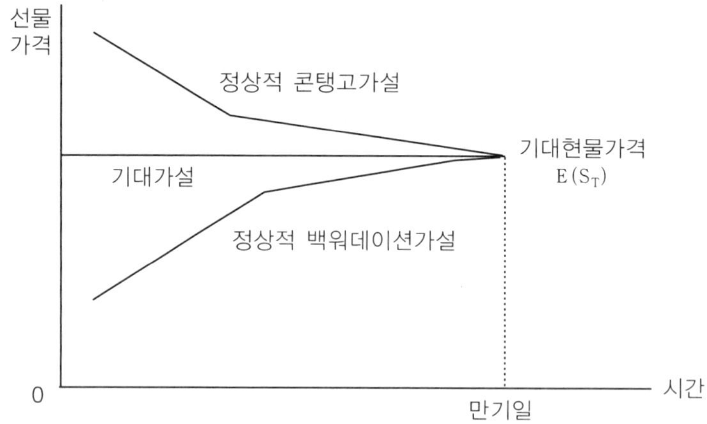

[그림 12-2] 선물가격과 기대현물의 관계

참고 Reference

1. KOSPI200

KOSPI200은 주가지수 선물 및 옵션시장의 거래대상지수로서 거래소에 상장되어 있는 주식 중 시장대표성과 유동성, 업종대표성 등을 고려하여 선정된 200 종목을 대상으로 산출된 지수이다. KOSPI200은 1990년 1월 3일을 기준지수 100으로 시가총액식 주가지수 방식으로 산출한다.

$$\text{KOSPI200} = \frac{\text{비교시점의 시가총액}}{\text{기준시점의 시가총액}} \times 100$$

KOSPI200의 구성종목의 변경은 정기변경과 특별변경이 있다. 정기변경은 매년 6월 두 번째 목요일의 다음 거래일에 변경된 종목으로 지수가 산출될 수 있도록 변경한다. 특별변경은 구성종목 중에서 상장폐지, 관리종목지정 또는 합병 등의 특별한 사유가 발생한 경우 수시로 변경한다.

2. 기준가격 결정방법

주가지수선물의 새로운 거래 개시일의 기준가격은 다음 산식에 따라 산출되는 이론가격으로 한다.

$$\text{선물이론가격} = \text{KOSPI200} \times \left\{1 + \left(\text{금리} \times \frac{\text{산출잔존기간의 일수}}{365}\right)\right\} - \text{선물배당액지수의 합}$$

여기서,

$$\text{선물배당액지수} = \frac{\text{현금배당금 총액}}{\text{기준시가 총액}} \times \left(1 + \text{금리} \times \frac{\text{배당락잔존기간의 일수}}{365}\right) \times 100$$

금리 : 만기 91일인 CD의 최근일 오전의 연 수익률
산출잔존기간 : 산출일로부터 기산하여 최종 거래일까지 기간
기준시가총액 : KOSPI200의 기준시가총액
현금배당금 총액 : 동일한 날에 배당락되는 현금배당금의 합계액
배당락잔존기간 : 산출잔존기간 내 배당일부터 기산하여 최종 거래일까지 기간

3. 베이시스

베이시스는 현물가격과 선물가격의 차이를 말한다. 선물가격은 상품의 미래가격으로 일반적으로 만기일이 길수록 현물가격과의 차이가 커지고 만기일에 가까워지면 현물가격과의 차이가 작아진다.

베이시스는 선물가격에서 KOSPI200 지수를 뺀 값으로 계산하는데 플러스 베이시스 상태를 콘탱고라 하고 마이너스 베이시스 상태를 백워데이션이라 한다.

콘탱고 현상은 선물가격의 고평가로 통상 현물의 주가전망이 밝다는 것으로 의미하고 반대로 백워데이션 현상은 현물가격의 고평가로 현물의 주가전망이 어둡다는 것을 의미한다.

4. 프로그램 매매

프로그램 매매는 기관투자자들이 자신들의 투자전략을 컴퓨터에 입력하여 주가변동 시 컴퓨터가 자동으로 매매시점을 포착하여 주문을 내는 투자기법이다. 프로그램 매매는 주가지수선물과 KOSPI200 구성종목을 중심으로 현물시장을 연계한 차익거래와 동일인이 일시에 KOSPI200 구성종목 중 15종목 이상을 거래하는 비차익거래가 있다.

상승국면에서 베이시스가 커지게 되면 선물지수에 매수세가 유입되면서 급등세가 나타나는데 이때 베이시스를 유지하기 위해 자동적으로 현물시장에 매수세가 유입될 수 있도록 프로그램을 운영한다. 반면 하락국면에서는 선물지수가 먼저 내리게 되는데 현물시장에 프로그램 매도물량이 출회되면서 주가하락이 나타난다. 따라서 선물시장의 베이시스는 현물시장의 주가에 많은 영향을 주게 된다.

선물시장이 현물시장에 미칠 수 있는 영향을 최소화하기 위해 프로그램 매매호가를 관리하고 있다. KOSPI200에 속한 거래종목 중 직전거래일의 거래량이 가장 많은 종목의 가격이 기준가격 대비 5% 이상 상승 또는 하락한 상태가 1분간 지속되는 경우 프로그램 매매호가의 효력을 5분간 정지시킨다(side car).

5. 선물거래 종료

선물거래 종료를 위한 결제방법은 전매 및 환매를 통한 결제와 최종결제 두 가지가 있다.

결제일 전에 미결제약정을 해소하려면 자신이 보유하고 있는 포지션의 반대포지션을 취하면 된다. 즉 선물매수의 경우에는 매도거래, 선물매도의 경우에는 매수거래를 통해 결제를 하면 된다. 최종 결제는 전매 및 환매에 의해 소멸되지 못한 미결제약정수량에 대해 최종 결제가격으로 결제하는 것을 의미한다.

따라서 결제일에는 매수 또는 매도로 거래가 완료되는 것이 아니라 일일정산[10]을 통해 이루어진 정산이 마지막으로 이루어지고 거래가 끝나게 되는 것이다. 이때 정산가격은 최종 거래일 최종 KOSPI200지수이다.

10) 매일매일 당일의 정산가격으로 재평가하여 결제하는 것

chapter

13

옵션시장

01 옵션거래의 이해

1973년 미국의 시카고옵션거래소에서 주식옵션이 거래되면서 옵션거래가 조직적 시장의 형태를 갖추고 활발한 거래가 시작되었다. 옵션거래는 금융거래 중에 가장 빠른 성장을 보이고 있으며 1982년 현물상품과 장기국채에 대한 옵션이 도입되고 이후 선물에 대한 옵션이 개발되어 엄청난 규모로 성장하고 있다.

1.1 옵션거래의 주요 개념

옵션계약은 정해진 기간 내 또는 정해진 시점에 미리 약정된 가격으로 특정자산을 사거나 팔 수 있는 권리가 부여된 거래이다. 또한 옵션계약은 옵션거래의 기초자산, 행사가격, 행사기간 또는 만기일, 옵션가격 등으로 이루어진다.

옵션은 일종의 조건부 청구권으로 특정자산을 약정한 가격조건으로 일정 수량만큼 매입할 수 있는 권리를 콜옵션(call option)이라 하고, 매도할 수 있는 권리를 풋옵션(put option)이라 한다. 옵션 보유자가 권리를 행사할 수 있는 자산을 기초자산 또는 옵션의 기준물이라 한다.

옵션거래는 이러한 기초자산을 특정가격에 사거나 팔 수 있는 권리를 부여하고 있는데 그 특정가격을 옵션행사가격이라 하고 권리를 행사할 수 있는 기간 또는 시점을 옵션의 만기일 또는 권리만료일이라 한다.

옵션거래는 거래성립으로 옵션 매도자는 계약의 의무를 부담하는 대신 옵션 매입자는 권리만 가지는 특징이 있다. 권리의 소유자인 옵션매입자는 거래의 이행 책임을 지는 매도자에게 일정한 대가를 지불하게 되는데 이를 옵션프리미엄(option premium) 내지 옵션가격이라 한다.

1.2 옵션거래와 선물거래의 비교

옵션거래는 선물거래의 경제적 기능과 유사한 기능을 가지고 있으나 옵션이 가지고 있는 특수한 거래구조에 의해 선물거래와는 큰 차이를 보이고 있다.

〈표 13-1〉 옵션거래와 선물거래의 차이

구 분	선 물 거 래	옵 션 거 래
권리 및 의 무	매수자와 매도자에게 권리와 의무가 동시에 주어진다.	매수자에게는 권리, 매도자에게는 의무만 주어진다.
거 래 의 대 상	증서에 나타난 권리자체에 대한 거래로 소유권이 이전되는 거래	기초자산을 매도 또는 매수할 수 있는 권리에 대한 거래
프리미엄	프리미엄을 주고받지 않으나 일일정산을 통하여 손익을 수수한다.	매도자가 매수자에게 권리를 부여하는 대가로 프리미엄을 받게 된다.
위 탁 증 거 금	매도자와 매수자 공히 위탁증거금을 징수한다.	매도자에게만 부과하고 매수자는 프리미엄으로 대체한다.
위험관리	매수자와 매도자가 모두 무한정의 위험에 노출된다.	매수자는 위험을 프리미엄으로 한정할 수 있고 매도자는 프리미엄만큼 감소시킬 수 있다.
결제방법	반대매매와 인·수도에 의해 결제가 이루어진다.	반대매매, 권리행사 시 결제가 이루어진다. 권리행사 포기 시에는 결제가 필요 없다.
상 품 의 성 격	상품자체가 재산권리를 나타내는 유가증권	주식, 채권 등 기본증권을 기초로 하는 파생상품
거 래 의 대 상	증서에 나타난 권리자체에 대한 거래로 소유권이 이전되는 거래	기본자산을 매도 또는 매수할 수 있는 권리에 대한 거래
발 행 인	기업, 공공단체 및 국가가 직접 발행	투자자가 발행하고 발행사무는 거래소와 같은 결제기관이 대행
증 서 의 발행유무	소유권증명을 위한 증서, 즉 주권, 채권 등을 발행	소유권 증명을 위한 문서(옵션증서)는 발행되지 않는다.
대상종목의 선 정	발행회사나 단체의 상장신청에 의해 거래소가 요건을 심사한 후에 상장	발행인(투자자)의 의사와는 관계없이 거래소가 독자적(제도적)으로 선정
거 래 비 용	현물가치를 모두 현금으로 거래하기 때문에 옵션거래보다 상대적으로 높은 편	증거금만 투자자금으로 잡히기 때문에 현물거래보다 상대적으로 저렴

1.3 옵션거래의 종류

옵션거래는 권리의 종류, 권리의 행사시기, 기초자산에 따라 구분할 수 있다.

(1) 권리의 종류에 따른 구분

옵션은 권리의 종류에 따라 기초자산을 매입할 수 있는 권리가 부여된 콜옵션과 기초자산을 매도할 수 있는 권리가 부여된 풋옵션이 있다. 옵션프리미엄을 지불하고 옵션을 매입하는 사람을 옵션매입자라 하고 옵션프리미엄을 받고 옵션을 매도하는 사람을 옵션매도자라 부른다.

콜옵션의 경우 옵션매입자가 콜옵션을 행사하면 옵션매도자로부터 기초자산을 매입하는 효과를 가지게 되고, 옵션매도자는 기초자산을 옵션매입자에게 매도하는 효과를 가지게 된다.

풋옵션의 경우 매입자가 풋옵션을 행사하면 기초자산을 매도자에게 매도하는 효과를 가지고 매도자는 매입자로부터 기초자산을 매입하는 효과를 가지게 된다.

(2) 권리행사 가능시기에 따른 구분

옵션은 권리행사 가능시기에 따라 미국형 옵션과 유럽형 옵션으로 구분한다. 미국형 옵션은 만기일 이전에 언제든지 권리를 행사할 수 있으나 유럽형 옵션은 옵션 만기일이나 옵션 만기일 직전에만 권리를 행사할 수 있다. 미국식 옵션은 권리를 행사할 수 있는 기회가 유럽식 옵션보다 더 많아 가격이 비싼 것이 정상이다.

(3) 기초자산에 따른 구분

기초자산이 현물인 현물옵션과 기초자산이 선물인 선물옵션이 있다. 현물옵션과 선물옵션을 구분하는 이유는 옵션가격의 산정방법이 다르기 때문이다. 또한 기초자산의 종류에 따라 상품옵션과 금융옵션으로 구분하는데 금융옵션은 주식옵션과 비주식옵션으로 나누며 비주식옵션은 지수옵션, 통화옵션, 금리옵션, 선물옵션 등으로 나눌 수 있다.

① 주식옵션

개별주식이 옵션거래의 기초자산이며 세계 각국의 증권거래소와 옵션거래소에서 거래되고 있다. 미국은 1973년 CBOE에서 처음 도입되어 현재는 500개가 넘는 개별주식에 대한 옵션계약이 CBOE, AMEX), NYSE 등에서 거래되고 있다.

② 주가지수옵션

주가지수옵션은 주가지수를 기초자산으로 하는 옵션거래이다. 주가지수는 주식시장의 지표이므로 그 시장 전체의 동향을 나타낸다. 주가지수옵션은 1983년 CBOE 에서 최초로 도입한 후 세계 각국에서 많이 거래되고 있으며 기관투자가의 위험헤지수단 등으로 이용되어 거래가 매우 활발하다.

③ 통화옵션

미래 어느 특정일 또는 특정일 이전에 어느 특정통화의 일정량을 지불하는 대가로 다른 통화의 일정량을 지급받는 권리를 통화옵션이라 한다. 통화옵션은 환위험에 대한 헷지를 제공하면서 옵션매입자의 이익을 보장할 수 있다. 통화옵션은 1982년 필라델피아 증권거래소에서 처음 거래되었다.

④ 금리옵션

금리옵션은 고정금리를 지불하는 채권 등을 기초자산으로 하는 옵션이다. 1982년 CBOE에서 도입된 이후 CME와 런던, 시드니, 캐나다, 암스테르담 등에서 거래되고 있다. 금리옵션은 단기금리옵션과 장기금리옵션으로 구분하며 현물옵션과 선물옵션으로 구분하기도 한다.

⑤ 선물옵션

선물옵션은 선물계약을 기초자산으로 하는 옵션이다. 한국거래소에 상장되어 있는 대부분의 선물계약에 대한 선물옵션거래가 이루어지고 있다. 선물옵션을 행사하면 현물에 대한 선물계약이 이루어지는 있는 것이다.

선물옵션거래는 현물거래에 비해 다음과 같은 장점을 가지고 있다.

- 유동성이 높아 거래가 쉽다.
- 가격형성이 효율적이어서 가격조작이 어렵다.
- 가격에 대한 정보제공이 쉽고 계속적이다.
- 공매의 제한이 없으며 거래비용이 상대적으로 낮다.
- 옵션행사 시 현금흐름이 훨씬 작다.

⑥ 상품옵션

상품옵션은 상품을 기초자산으로 하는 옵션이다. 미국에서 1984년 이후 금속과 농산물에 대한 옵션거래가 재개되었다. 귀금속옵션은 세계적으로 여러 거래소에서 취급되고 있다. 상품옵션도 현물옵션과 선물옵션으로 구분된다.

1.4 KOSPI200 주가지수옵션

주가지수선물시장의 성공적인 도입으로 1997년 7월 주가지수옵션시장이 KOSPI200지수를 거래대상지수로 개설되었다. 우리나라 대표적인 주가지수는 KOSPI와 KOSPI200 지수가 있으나 옵션거래에는 KOSPI200지수를 대상지수로 사용하고 있다.

권리 만기일에만 권리행사가 가능한 유럽형으로 발행되어 포트폴리오 관리와 시장관리 측면에서 유리하다. 또한 거래대상지수에 일정한 승수

100,000원을 곱한 금액을 거래단위로 현금정산을 한다.

3, 6, 9, 12월 이외의 결제월 주가지수 옵션의 행사가격은 전일의 KOSPI200 지수를 기준으로 2.5포인트를 간격으로 하여 정한다. 3, 6, 9, 12월 결제월 주가지수 옵션의 행사가격은 5포인트를 간격으로 행사가격을 정한다.

증거금은 선물·옵션포트폴리오의 위험을 기준으로 산출하며 개시증거금은 15%, 유지증거금은 10%이다. 호가단위는 옵션가격이 3.0포인트 이상인 경우 0.05포인트이고 3.0포인트 미만인 경우는 0.01포인트이다. 호가한도가격은 KOSPI200 지수의 ±10% 변동 시 이론가격 이내로 제한하며 호가한도수량은 호가당 4,999계약까지 허용한다. 가격제한폭은 없다.

1.5 개별주식옵션

주식시장의 유동성 제고와 투자수단의 다양화, 효율적인 자금운용, 외국인의 투자촉진을 위해 2002년 1월 28일 주식옵션시장을 개설하였다. 거래대상은 유통주식수 1천만주, 소액주주수 1만명, 연간거래대금 5천억원 이상을 충족하는 삼성전자, SK텔레콤, POSCO, KT, 한국전력, 국민은행, 현대차 등 7개 종목이다.

주식옵션은 만료일에만 권리행사가 가능한 유럽형이고 거래단위는 10주이다. 결제월은 현시점에서 연속하는 3개월 및 3, 6, 9, 12월 중 가장 가까운 결제월 1개로 총 4개 결제월이 있다. 최장거래기간은 3, 6, 9, 12월물은 6개월이며 기타 월은 3개월이 된다. 최종 거래일은 각 결제월의 두 번째 목요일이다.

호가단위는 옵션가격(프리미엄) 수준에 따라 차이가 있다.

가격제한폭은 KOSPI200지수옵션과 동일하게 없으며 호가의 한도는 기초주권가격 15% 변동 시의 이론가격을 주식옵션의 호가한도가격으로 설정하며 호가한도수량은 호가당 4,999계약까지 허용한다.

〈표 13-2〉

옵션프리미엄	호가단위
1,000원 미만	10 원
1,000원 이상 ~ 2,000원 미만	20 원
2,000원 이상 ~ 5,000원 미만	50 원
5,000원 이상 ~ 10,000원 미만	100 원
10,000원 이상	200 원

1.6 옵션거래의 기능

옵션의 경제적 기능은 위험헤지, 투자의 레버리지, 새로운 금융상품, 위험제한 등 네 가지로 정리해 볼 수 있다.

옵션거래를 통해 기초자산의 매입이나 공매로 인한 가격변동위험을 없애거나 줄일 수 있다. 기초자산을 보유하고 있는 경우 콜옵션 매도 또는 풋옵션 매입으로 가격변동 위험을 감소시킬 수 있는데 이것이 옵션의 위험헤지기능이다.

옵션은 기초자산에 비해 가격이 훨씬 저렴한 반면 기초자산을 거래하는 것과 비슷한 이익을 주기 때문에 옵션을 이용하면 기초자산을 거래하는 것에 비해 수익률을 확대시킬 수 있는 레버리지효과가 생긴다.

옵션을 다른 옵션이나 기초자산과 결합하면 자신이 원하는 형태의 이익을 실현할 수 있는 금융상품을 만들 수 있다. 옵션보유자는 기초자산의 가격이 불리하게 변동할 경우 권리행사를 포기함으로써 손실액을 옵션가격으로 제한시킬 수 있다.

02 만기일의 옵션가치

주식을 기초자산으로 만기일에만 권리행사가 가능한 유럽형 옵션을 가정하여 만기일 콜옵션과 풋옵션의 가치를 살펴본다.

2.1 콜옵션의 가치

콜옵션 매입자는 행사가격으로 기초자산을 매입할 수 있는 권리가 있어 만기일 시장가격(S_T)이 행사가격(X)보다 높을 경우 낮은 행사가격으로 주식을 매입하여 시장가격과 행사가격의 차이만큼 이익을 얻을 수 있다.

따라서 시장가격이 상승할수록 콜옵션 매입의 가치는 증가하게 된다. 반면 시장가격이 행사가격보다 낮으면 손실이 발생하므로 콜옵션 매입자는 권리를 포기하게 되어 옵션가치는 0이 된다.

콜옵션 매입의 가치 : $S_T - X > 0$이면 $S_T - X$
$S_T - X \le 0$이면 0

콜옵션 매입자가 권리행사를 위해 콜옵션 매입에 필요한 프리미엄(C)을 지급해야 하는데 콜옵션 매입자의 순이득은 옵션매입에 사용된 프리미엄만큼 차감해야 한다.

콜옵션 매입의 순이득 : $S_T - X > 0$이면 $S_T - X - C$
$S_T - X \le 0$이면 $-C$

콜옵션 매도자는 콜옵션 매입자와 정반대가 된다. 시장가격이 행사가격보다 낮으면 매입자의 권리행사가 없으므로 0의 가치를 지닌다. 그러나 시장가격이 행사가격보다 높으면 매입자는 기초자산의 매도를 요구하게 되어 매도자는 시장가격이 상승할수록 시장가격과 행사가격의 차이만큼 손실을 보게 된다.

$$\text{콜옵션 매도의 가치} : S_T - X > 0 \text{이면 } -(S_T - X)$$
$$S_T - X \le 0 \text{이면 } 0$$

콜옵션 매도자는 콜옵션을 매도하면서 프리미엄(C)만큼 수입을 얻게 되므로 이 수입을 차감한 순이득은 프리미엄을 감안해야 한다.

$$\text{콜옵션 매도의 순이득} : S_T - X > 0 \text{이면 } -(S_T - X) + C$$
$$S_T - X \le 0 \text{이면 } C$$

〈표 13-3〉 콜옵션 거래의 손익

	콜옵션 매입		콜옵션 매도	
	$S_T < X$	$S_T \ge X$	$S_T < X$	$S_T \ge X$
만기일의 가치 +콜옵션 가격	0 $-C$	$S_T - X$ $-C$	0 C	$-(S_T - X)$ C
콜옵션의 순익	$-C$	$S_T - X - C$	C	$-(S_T - X) + C$

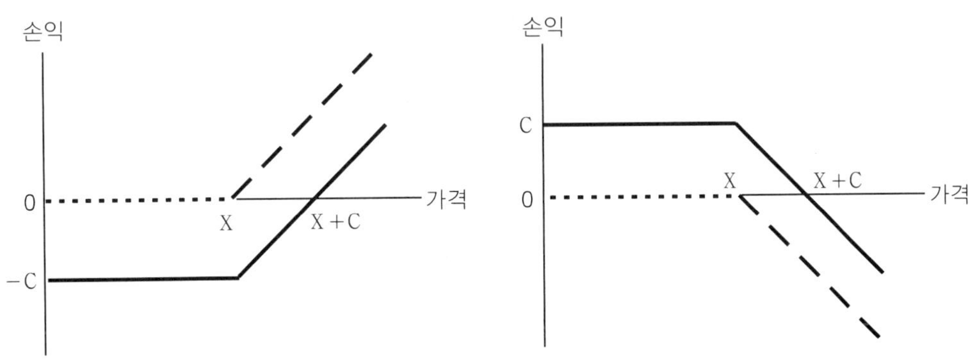

(a) 콜옵션 매입의 손익　　(b) 콜옵션 매도의 손익

[그림 13-1] 콜옵션 매입·매도의 손익

2.2 풋옵션의 가치

풋옵션 매입자는 만기일에 약정된 행사가격으로 주식을 매도할 수 있는 권리를 가진다. 만기일 시장가격이 행사가격보다 낮을 경우 옵션을 행사하여 시장가격보다 높은 가격으로 기초자산을 매도할 수 있기 때문에 이익을 얻을 수 있다. 반면 시장가격이 행사가격보다 높을 경우에는 옵션을 행사하지 못하므로 풋옵션 가치는 0이 된다.

풋옵션 매입의 가치 : $S_T - X > 0$이면 0

$S_T - X \le 0$이면 $X - S_T$

풋옵션 매입자가 권리를 가지기 위해서는 먼저 풋옵션 매입에 필요한 프리미엄(P)을 지불해야 한다.

풋옵션 매입의 순이득 : $S_T - X > 0$이면 $-P$

$S_T - X \le 0$이면 $X - S_T - P$

풋옵션 매도자는 매입자와 반대 입장이 된다. 시장가격이 행사가격보다 높으면 풋옵션 매입자는 권리행사를 못하므로 0의 가치가 되고 행사가격이 시장가격보다 높으면 비싼 행사가격으로 매입해야 하므로 손실을 보게 된다. 주가하락이 클수록 큰 손실을 보게 된다.

풋옵션 매도의 가치 : $S_T - X > 0$이면 0

$S_T - X \le 0$이면 $-(X - S_T)$

풋옵션 매도자는 손실 가능성에 대한 대가로 풋옵션프리미엄(P)을 얻게 되므로 이득에 포함시켜야 한다.

풋옵션 매도의 순이득 : $S_T - X > 0$이면 P

$S_T - X \le 0$이면 $-(X - S_T) + P$

〈표 13-4〉 풋옵션 거래의 손익

	풋옵션 매입		풋옵션 매도	
	$S_T < X$	$S_T \geq X$	$S_T < X$	$S_T \geq X$
만기일의 가치 + 풋옵션 가격	$X - S_T$ $-P$	0 $-P$	-(X - ST) P	0 P
풋옵션의 순익	$X - S_T - P$	$-P$	$-(X - S_T) + P$	P

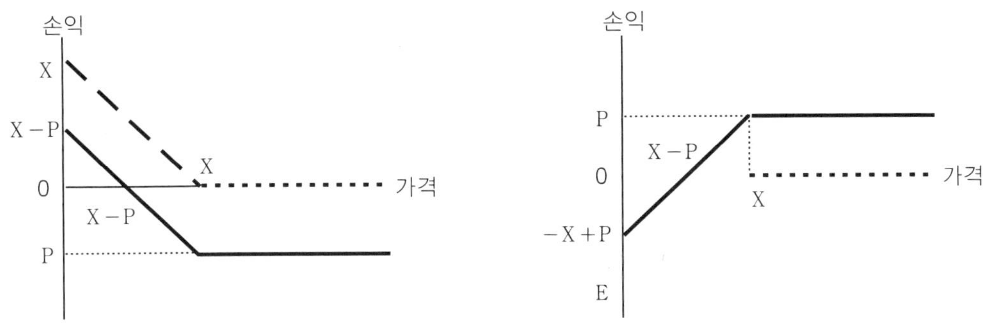

(a) 풋옵션 매입의 손익 (b) 풋옵션 매도의 손익

[그림 13-2] 풋옵션 매입 · 매도의 손익

03 옵션가격의 구성

3.1 내재가치와 시간가치

옵션가격은 내재가치(intrinsic value)와 시간가치(time value)로 구성된다. 옵션의 내재가치는 옵션을 행사했을 때 가지게 되는 가치로서 본질적 가치 또는 행사가치라 부르며 기준물의 가격과 행사가격에 의해 결정된다.

옵션을 행사하여 이익을 얻을 수 있는 내재가치를 얼마나 가지고 있는

가에 따라 옵션은 내가격상태(In-The-Money : ITM), 등가격상태(At-The-Money : ATM), 외가격상태(Out-of-The-Money : OTM)로 구분한다.

내가격상태는 옵션을 행사하여 이익을 얻을 수 있는 상태로 콜옵션은 기준물의 현재가격이 행사가격보다 클 때, 풋옵션은 기준물의 현재가격이 행사가격보다 작을 때 있게 된다.

등가격상태는 당장 옵션을 행사하면 손익이 발생하지 않는 상태로 콜옵션과 풋옵션 모두 기준물의 현재가격이 행사가격과 같을 경우 가능하다.

외가격상태는 옵션을 당장 행사하면 손실을 보는 상태로 콜옵션은 기준물의 현재가격이 행사가격보다 작을 때 풋옵션은 행사가격보다 클 때 위치한다.

〈표 13-5〉 옵션의 상태

옵션의 상태	콜옵션	풋옵션
내가격(ITM)상태	$S > X$	$S < X$
등가격(ATM)상태	$S = X$	$S = X$
외가격(OTM)상태	$S < X$	$S > X$

옵션의 시간가치는 만기일까지 남아 있는 기간 동안 옵션으로부터 얻을 수 있는 이익과 회피할 수 있는 위험에 대한 가치를 의미하며 외재가치라 한다. 옵션가격은 내재가치와 시간가치의 합으로 구성되므로 시간가치는 옵션가격과 내재가치의 차이를 말한다.

$$시간가치 = 옵션가격 - 내재가치$$

옵션이 시간가치를 가지는 이유는 기준물의 가격이 향후보다 유리하게 변하게 될 가능성이 있기 때문이다. 시간가치는 현재 내재가치가 없는 등가격 또는 외가격상태의 경우 향후 기준물가격이 변하여 내재가치를 갖게 될 가능성에 대한 가치이며, 현재 내재가치가 있는 내가격상태의 경우에는 내재가치가 증대될 가능성에 대한 가치를 말한다.

3.2 콜옵션 가격의 구성

콜옵션이 내가격상태에 있을 때에는 옵션을 행사하여 시장가격에서 행사가격을 차감한 만큼 이익을 얻을 수 있으므로 내재가치는 시장가격에서 행사가격을 뺀 부분이며 이는 주가상승에 비례하여 증가한다. 그러나 등가격 또는 외가격상태에 있을 때에는 옵션을 행사해도 이익을 얻을 수 없으므로 내재가치는 0이다.

콜옵션의 시간가치는 콜옵션 가격에서 콜옵션 내재가치를 뺀 값이다. 따라서 등가격상태나 외가격상태에서 콜옵션의 가격은 모두 시간가치로 이루어져 있다. 콜옵션은 시장가격이 변할 때 시장가격의 상승에 따라 프리미엄이 증가하게 되는데 이는 내재가치의 상승에서 비롯된 것이며 시간가치는 오히려 감소하게 된다.

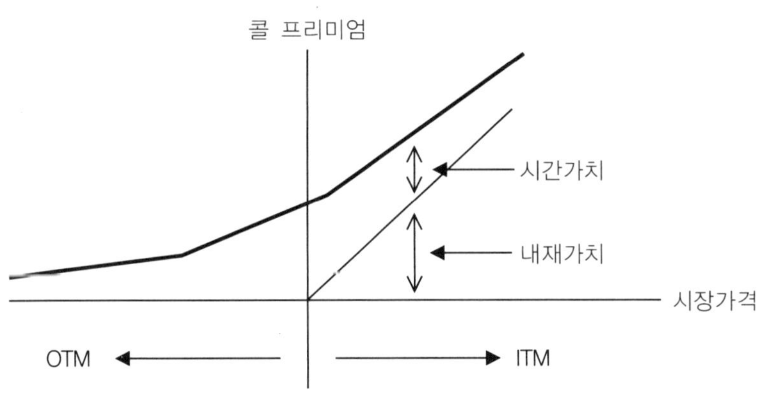

[그림 13-3] 시장가격에 따른 콜옵션 내재가치와 시간가치의 변화

3.3 풋옵션 가격의 구성

풋옵션이 내가격상태에 있을 때에는 옵션을 행사하여 행사가격과 시장가격의 차액만큼 이익을 얻을 수 있으므로 내재가치는 행사가격과 시장가격의 차액이며 주가하락에 비례하여 증가한다. 그러나 등가격 또는 외가격상태에 있을 때에는 옵션을 행사해도 이익을 얻을 수 없으므로 내재가치는 0이다.

풋옵션의 시간가치는 풋옵션 가격에서 풋옵션의 내재가치를 뺀 값이다. 풋옵션의 프리미엄은 시장가격의 상승에 따라 하락하게 된다. 일정가격에 매도할 수 있는 권리의 가치가 시장가격이 낮아질수록 높아진다. 이러한 프리미엄의 증가는 내재가치의 상승에서 비롯된 것이며 시간가치는 오히려 감소하는 특징을 가진다.

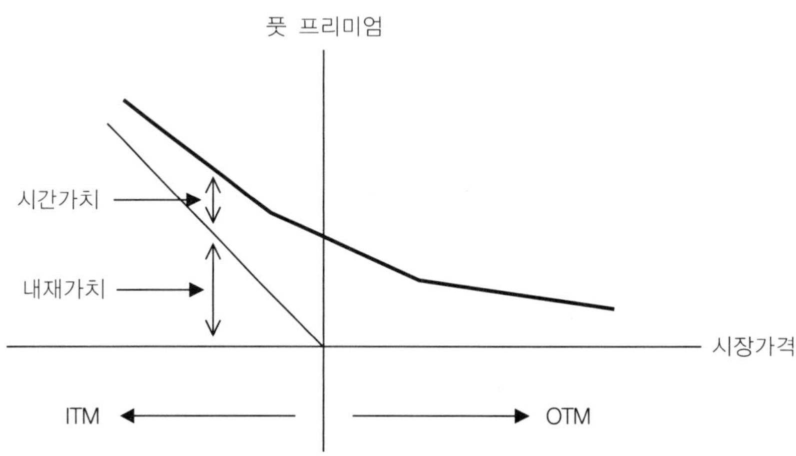

[그림 13-4] 시장가격에 따른 풋옵션 내재가치와 시간가치의 변화

04 옵션가격의 결정요인

옵션가격은 옵션기준물의 현재가치와 가격변동성, 배당금 또는 이자율 등과 같은 기초자산의 특성과 행사가격, 만기일 등 옵션 자체의 조건에 따라 달라진다.

4.1 주식의 현재가치

콜옵션은 주식의 현재가치가 행사가격보다 높은 경우 이익을 얻을 수 있는데 현재가치가 높을수록 행사가격을 초과하는 부분이 증가하여 이익을 얻을 수 있다. 풋옵션은 현재가치가 행사가격보다 낮을 경우 이익을 얻을 수 있는데 현재가치가 높을수록 만기일에 행사가격보다 낮아질 가능성이 감소하기 때문에 가격이 하락한다.

4.2 행사가격

다른 조건이 동일하다면 행사가격이 높을수록 콜옵션 가격은 낮아진다. 행사가격이 높을수록 만기일 현재가치가 행사가격보다 높아질 가능성이 감소하기 때문이다. 반면 행사가격이 높을수록 풋옵션 가격은 높아진다.

4.3 기준물가격의 변동성

기준물가격의 변동성이 커진다는 것은 주가의 상승폭과 하락폭이 커진다는 것을 의미한다. 옵션은 변동성이 불리하게 움직이면 손실위험을 한정시키지만 유리한 방향으로 움직이면 이익을 증가시킬 수 있다. 따라서 가격의 변동성이 크다는 것은 이익을 확대시킬 수 있음을 뜻한다.

4.4 만기까지의 잔존기간

만기까지의 잔존기간은 행사가격의 현재가치와 가격의 변동성에 영향을 미치고 콜옵션 가격에 영향을 미치게 된다. 잔존기간이 길수록 만기일 행사가격의 현재가치가 작아지므로 콜옵션 가격이 높아지고 가격의 변동성이 커지므로 콜옵션 가격이 높아진다.

풋옵션의 경우 잔존기간은 행사가격의 현재가치와 가격의 변동성에 영향을 주고 있으나 서로 상반된 효과를 초래한다. 잔존기간이 길수록 만기일에 지급받는 행사가격의 현재가치가 작아지므로 풋옵션 가격이 낮아지고 가격의 변동성이 커지므로 풋옵션 가격이 높아진다.

잔존기간이 풋옵션 가격에 두 가지 영향을 미치는데 이 중 어느 효과가 더 크게 나타나느냐에 따라 가격이 변하게 된다. 일반적으로 변동성 증가로 인한 가격상승 효과가 행사가격의 현재가치 감소로 인한 가격하락효과보다 크기 때문에 잔존기간이 길수록 풋옵션 가격은 높아진다.

4.5 무위험이자율

이자율이 높을수록 주가의 기대수익률이 상승하지만 옵션보유자가 받게 될 미래 현금흐름의 현재가치는 하락하게 된다. 따라서 무위험이자율이 옵션가격에 미치는 영향은 명확하지 않다.

콜옵션의 경우 이자율이 높을수록 주가의 기대수익률을 상승시켜 주가가 상승하므로 옵션가격이 상승한다. 그러나 보유자가 받게 될 미래 현금흐름의 현재가치가 하락하는 경향이 있다. 단지 미래현금흐름의 현재가치 하락이 크지 않다고 보기 때문에 콜옵션 가격은 무위험이자율 증가에 따라 증가한다고 볼 수 있다.

풋옵션의 경우는 무위험이자율 증가에 따라 주가의 기대수익률이 상승하더라도 옵션가격이 상승하지 않는다. 또한 풋옵션 보유자의 미래현금흐름의 현재가치도 하락하기 때문에 무위험이자율과 반대방향으로 움직인다고 볼 수 있다.

4.6 기준물에 대한 배당

만기일 이전에 지급되는 배당이 클수록 주식가격이 하락하여 행사가격보다 높아질 가능성이 감소하기 때문에 콜옵션 가격은 하락한다. 풋옵션의 경우 배당이 클수록 주식가격이 하락할 가능성이 커지므로 풋옵션 가격은 상승한다.

〈표 13-6〉 옵션가격 결정요인

가격결정요인	콜옵션 가격(C)	풋옵션 가격(P)
기초자산의 현재가격(S)	(+)	(−)
행사가격(X)	(−)	(+)
기초자산가격의 분산(σ^2)	(+)	(−)
만기까지의 잔존기간(T)	(+)	(−)
무위험이자율(R_f)	(+)	(−)
기초자산에 대한 배당(D)	(−)	(+)

05 옵션투자전략

옵션은 기초자산 또는 다양한 옵션을 결합을 통해 수많은 투자전략을 구사할 수 있는 장점이 있다. 옵션거래의 활용방법은 헤지거래와 투기거래로 나눌 수 있다. 헤지거래는 정태적 헤지와 동태적 헤지로 구분하고 투기거래는 스프레드, 콤비네이션, 합성포지션으로 구분하고 있다.

5.1 헤지거래

헤지거래는 기준물과 옵션을 결합하여 기준물에서 발생할 수 있는 손실을 옵션의 이익으로 보전하거나 옵션에서 발생할 수 있는 손실을 기준물의 이익으로 보전하는 전략을 말하는데 이러한 헤지전략을 정태적 헤지라 한다.

정태적 헤지전략을 이용하여 원래 목표한 결과를 얻기 위해서는 헤지기간 동안 옵션의 계약수를 탄력적으로 조절하여 헤지의 성과를 달성하고자 하는 동태적 헤지전략의 이용이 필요하다.

(1) 정태적 헤지

헤지거래의 가장 대표적인 투자전략은 기준물을 보유한 상태에서 이용할 수 있는 보증된 콜(covered call)과 보호적 풋(protective put) 방법이 있다.

① 보증된 콜

보증된 콜은 기준물을 보유한 상태에서 해당 콜옵션을 매도하는 투자전략이다.

이 전략은 기준물의 가격하락으로 발생하는 손실을 콜옵션 매도를 통해 일부 보전할 수 있고, 기준물가격이 상승하면 콜옵션 매도에 따른 손실을 기준물의 이익으로 상쇄시켜 일정한 이익을 얻을 수 있다. 보증된 콜은 주가가 상승하는 경우 이익이 작지만 주가가 하락하는 경우 손실을 줄일 수 있다.

〈표 13-7〉 **보증된 콜의 손익**

	$S_T < X$	$S_T \geq X$
주식매입의 손익 콜옵션 매도의 손익	$S_T - S$ $0 + C$	$S_T - S$ $-(S_T - X) + C$
보증된 콜의 손익	$S_T - S + C$	$X - S + C$

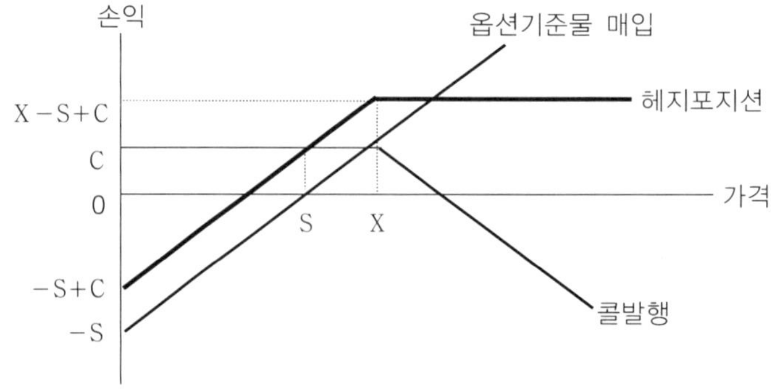

[그림 13-5] 보증된 콜

② 보호적 풋

보증된 콜은 기준물가격이 상승하면 옵션매입자의 권리행사로 기준물을 인도해야 하기 때문에 가격상승에 따른 이익기회를 상실하게 되는 약점이 있다.

그러나 기준물 매입과 동시에 풋옵션을 매입하는 보호적 풋은 약세시장에서 기준물의 가격하락 위험으로부터 보호받으면서 강세시장에서 기준물의 가격상승 이익을 얻을 수 있다.

보호적 풋은 포트폴리오보험의 대표적인 방법으로 이용되고 있다.

〈표 13-8〉 보호적 풋의 손익

	$S_T < X$	$S_T \geq X$
주식매입의 손익 풋옵션 매입의 손익	$S_T - S$ $X - S_T - P$	$S_T - S$ $0 - P$
보호적 풋의 손익	$X - S - P$	$S_T - S - P$

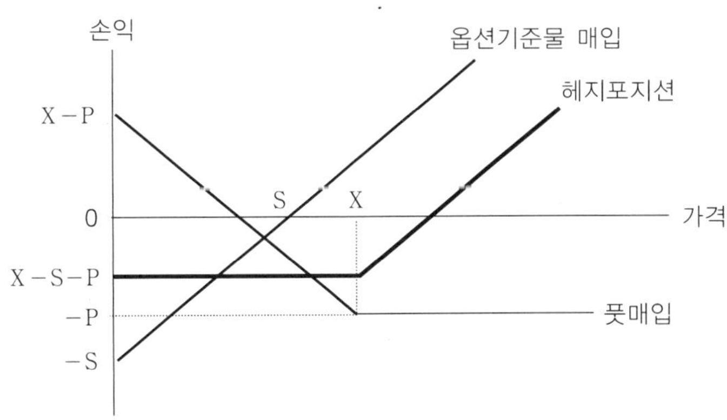

[그림 13-6] 보호적 풋

(2) 동태적 헤지

대표적인 동태적 헤지전략으로는 델타헤지와 포트폴리오보험이 있다.

① 델타헤지

기준물가격이 상승하면 콜옵션 가격은 증가하고 풋옵션 가격은 감소하게 되는데 이와 같이 기준물가격이 변동할 때 이에 상응하는 옵션가격의 변화를 나타내는 수치가 델타이다.

델타를 수식으로 나타내면 다음과 같다.

$$델타 = \frac{옵션가격의\ 변화분}{옵션기준물가격의\ 변화분}$$

보유하고 있는 주식포트폴리오와 옵션의 비율을 지속적으로 조정하여 손익이 서로 상쇄하도록 함으로써 주가가 변해도 일정기간 영향을 받지 않게 포트폴리오를 구성하는 헤지방법을 델타헤지라 한다. 헤지포트폴리오의 델타는 0이므로 델타헤지는 결국 헤지기간 동안 헤지포트폴리오의 델타를 0으로 유지하도록 포지션을 조정해 가는 과정을 말한다.

② 포트폴리오보험

포트폴리오보험은 선물을 이용한 옵션복제기법으로 포트폴리오의 가치를 정해진 최저수준으로 유지하면서 주가가 상승할 때에는 그 상승의 혜택을 누릴 수 있는 자산운용전략을 말한다. 포트폴리오보험은 선물의 계약수를 조정하여 합성포트폴리오보험을 만들어 내는 것이다.

포트폴리오보험은 '주식포트폴리오 매수 + 주가지수선물 매도 = 보호적 풋옵션 매수'를 달성하고자 한다. 주가하락 시에는 선물매도를 늘려 주식포트폴리오의 손실을 선물포지션의 이익으로 상쇄하고, 주가상승 시에는 선물포지션을 청산하여 주식포트폴리오에서 발생하는 이익을 유지하려는 전략이다.

5.2 스프레드거래

스프레드거래는 동일한 기초자산에 대해 행사가격이나 만기일이 서로 다른 동일한 종류(콜 또는 풋)의 옵션을 각각 같은 단위로 매입 또는 매도하는 전략이다. 행사가격이 다르거나 또는 만기일이 서로 다른 옵션을 1개는 매입하고 다른 1개는 매도하는 것으로 두 옵션 간의 가격차이를 스프레드라 부른다.

스프레드 포지션은 시장가격이 예상대로 움직이는 경우 이익을 얻고 예상에서 벗어날 경우 손실을 줄이려는 전략이다. 옵션의 형태에 따라 콜스프레드와 풋스프레드로 구분하며 구성방법에 따라 수직스프레드, 수평스프레드, 나비형스프레드 등으로 나누고 있다.

(1) 수직스프레드

수직스프레드(vertical spread)는 옵션을 매입하고 다른 조건은 동일하고 행사가격만 다른 옵션을 매도하는 전략으로 가격스프레드라 부르기도 한다. 수직스프레드는 상승할 때 수익을 얻는지 또는 하락할 때 수익을 얻는지에 따라 수직강세스프레드와 수직약세스프레드로 구분한다.

수직강세스프레드는 행사가격이 낮은 옵션을 매입하고 행사가격이 높은 옵션을 매도하는 전략으로 강세시장에서 이익을 얻을 수 있는 전략이다.

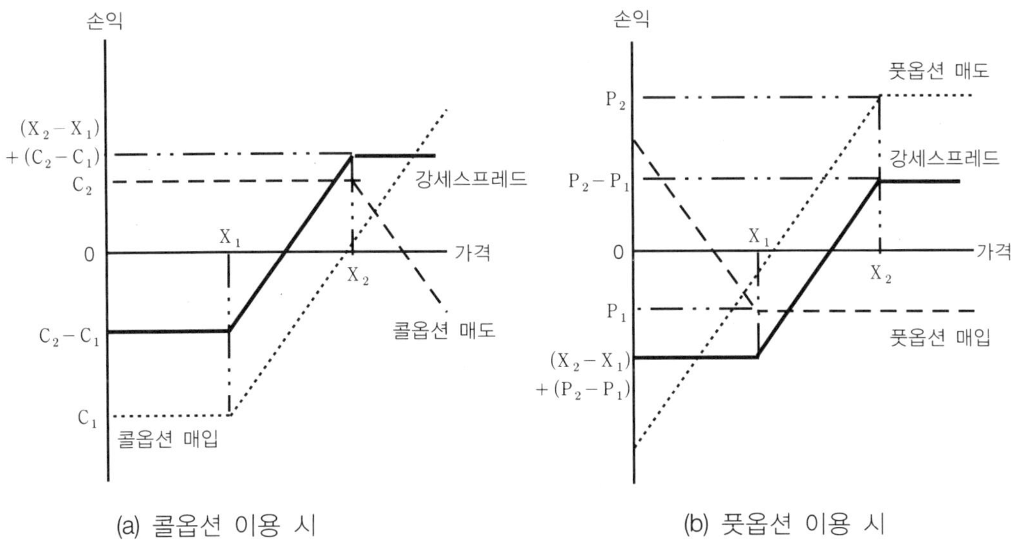

[그림 13-7] 수직강세스프레드의 손익

수직약세스프레드는 수직강세스프레드와 반대로 행사가격이 낮은 옵션을 매도하고 행사가격이 높은 옵션을 매입하는 전략으로 주가가 하락하는 약세시장에서 이익을 얻을 수 있는 전략이다.

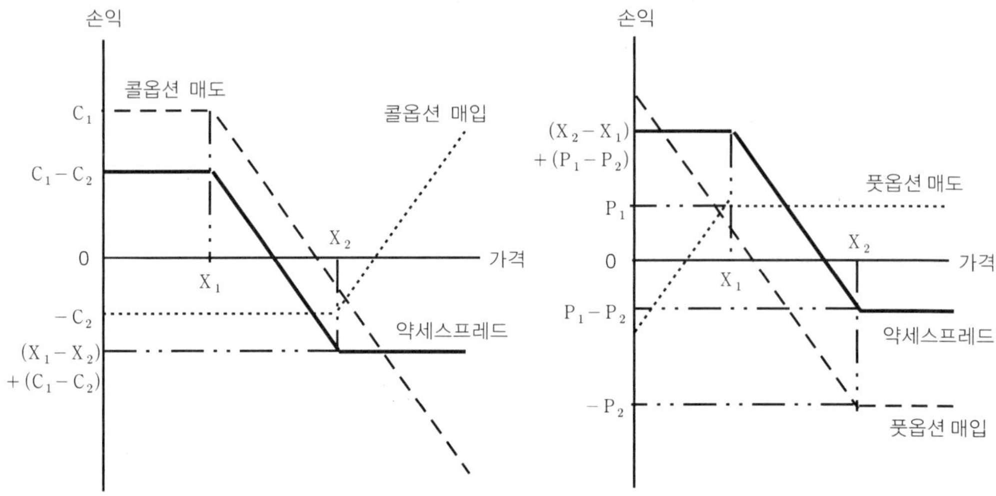

(a) 콜옵션 사용 시 (b) 풋옵션 사용 시

[그림 13-8] 수직약세스프레드의 손익

(2) 수평스프레드

수평스프레드(horizontal spread)는 행사가격의 차이를 이용하는 수직스프레드와 달리 만기의 차이를 이용하는 투자전략이다. 다른 조건은 동일하고 만기일만 다른 옵션을 1개 매입하고 다른 1개는 매도하기 때문에 시간스프레드라 부르기도 한다. 옵션의 시간가치는 만기일이 가까워질수록 상대적으로 급속히 감소하는 특성이 있다. 수평스프레드는 이러한 특성을 이용하여 잔존만기가 짧은 옵션을 매도하고 잔존만기가 긴 옵션을 매입하는 전략을 사용한다. 만기가 짧은 옵션의 시장가격이 급격히 감소하는 것을 이용하는 투자전략이다.

만기가 긴 옵션을 매입하고 만기가 짧은 옵션을 매도하는 투자를 수평스프레드 매입이라 하고, 만기가 짧은 옵션을 매입하고 만기가 긴 옵션을 매도하는 방법을 수평스프레드 매도라 한다. 수평스프레드 매입은 기준물의 시장가치 변동이 크지 않을 때 유리하고, 수평스프레드 매도는 변동이 클 때 이용하는 것이 바람직하다.

(3) 나비형스프레드

나비형스프레드(butterfly spread)는 시장의 변동성 또는 주가지수의 등락폭에 기초한 투자전략이다. 강세스프레드와 약세스프레드를 혼합하여 다른 조건은 동일한 상황에서 행사가격만 서로 다른 3개의 옵션을 이용하는 거래전략이다.

행사가격이 낮은 옵션과 가장 높은 옵션을 각각 1개씩 매입하고 행사가격이 중간인 옵션을 2개 매도하는 전략이다. 주가가 중간 행사가격을 중심으로 일정한 범위 내에서 변동할 경우에만 이익을 얻을 수 있으며 이 범위를 벗어나면 손실을 보게 된다. 이때 손실 범위는 제한되어 있다.

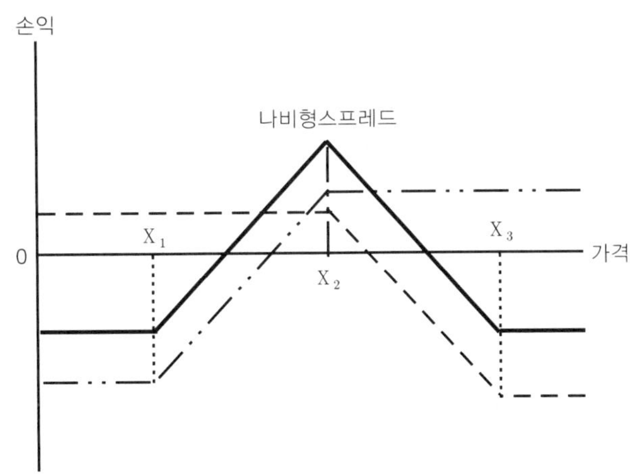

[그림 13-9] 나비형스프레드 매입의 손익

5.3 콤비네이션

콤비네이션(combination)은 동일한 기준물에 대한 콜옵션과 풋옵션을 동시에 매입하거나 매도하는 전략이다. 시장가격의 방향성에 기초한 수직스프레드거래와 달리 콤비네이션은 주가의 변동성이 얼마나 크냐에 기초한 투자전략이다.

스프레드에서는 1개 옵션을 매입하면서 다른 옵션을 매도하는 반면 콤비네이션에서는 2개 이상의 옵션을 동시에 매입 또는 매도한다. 대표적인 콤비네이션 전략에는 스트래들(straddle), 스트립(strip), 스트랩(strap), 스트랭글(strangle) 등이 있다

(1) 스트래들

스트래들은 같은 기준물에 대해 발행된 만기일과 행사가격이 동일한 콜옵션과 풋옵션을 이용하는 투자방법이다. 옵션 두 개를 동시에 매입하는 것을 스트래들 매입이라 하고 옵션 두 개를 동시에 매도하는 것을 스트래들 매도라 한다.

스트래들 매입의 경우 주가가 행사가격을 중심으로 두 옵션의 프리미엄 합보다 크게 변동하면 이익을 얻을 수 있다. 주가의 변동폭이 두 옵션 프리미엄의 합보다 작을 때에는 손실을 보게 된다. 이때 손실액은 두 옵션의 프리미엄 합으로 한정된다.

스트래들 매입은 기준물가격의 상승 또는 하락에 관계없이 변동폭이 클수록 이익의 가능성이 커지는 투자기법이다. 기준물의 방향성은 예측할 수 없으나 가격의 변동폭이 클 것으로 예상될 때 유용한 전략이다.

(2) 스트립과 스트랩

스트립과 스트랩은 스트래들을 약간 변형한 형태로 풋과 콜의 결합비율을 조절하는 것이다.

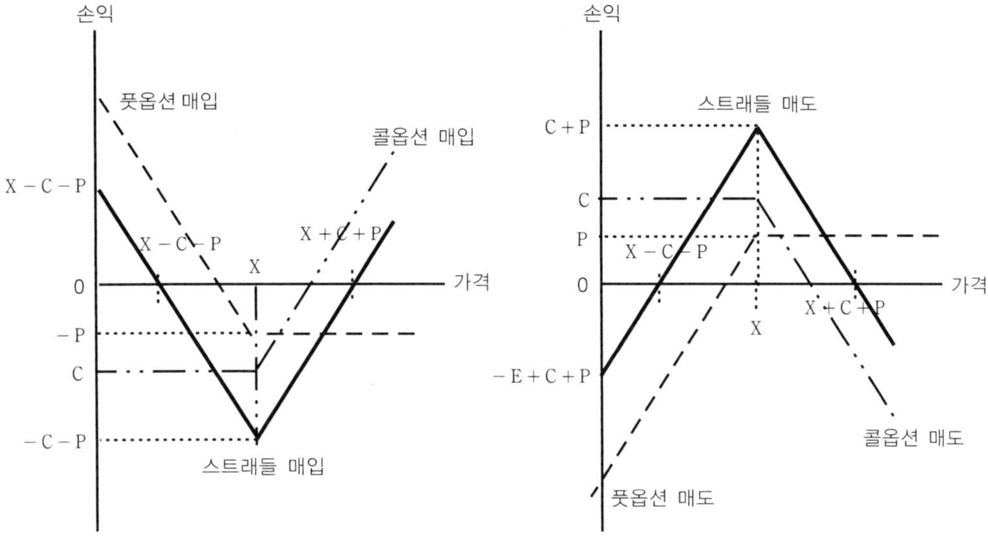

(a) 스트래들 매입 (b) 스트래들 매도

[그림 13-10] 스트래들의 손익

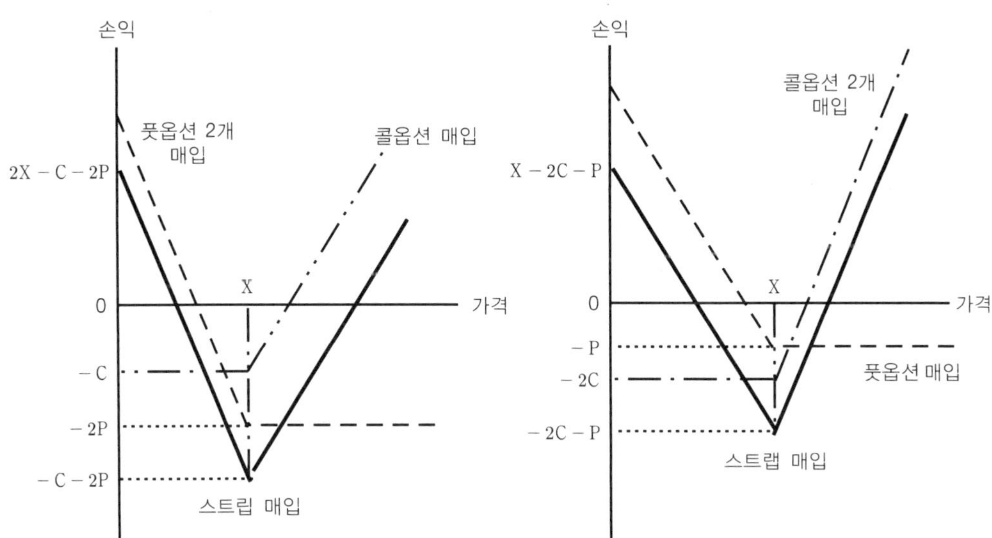

(a) 스트립 매입 (b) 스트랩 매입

[그림 13-11] 스트립 매입과 스트랩 매입의 손익

기준물의 가격상승을 예상하고 한 개의 풋옵션과 두 개의 콜옵션을 매입하는 전략을 스트랩이라 하고, 가격하락이 예상되어 한 개의 콜옵션과 두 개의 풋옵션을 결합하는 전략을 스트립이라 한다.

(3) 스트랭글

스트랭글은 스트래들의 변형으로 만기일은 같으나 행사가격이 다른 콜옵션과 풋옵션을 동시에 매입 또는 매도하는 전략이다.

이때 행사가격이 낮은 풋옵션과 행사가격이 높은 콜옵션을 동시에 매입하는 것을 스트랭글 매입이라 하고 행사가격이 낮은 풋옵션과 행사가격이 높은 콜옵션을 동시에 매도하는 것을 스트랭글 매도라 한다.

스트랭글 매입은 주가의 변동이 클 때 이익을 얻을 수 있으며 스트랭글 매도는 주가의 변동이 작을 때 이익을 얻을 수 있다. 스트랭글 매입은 기준물가격이 두 옵션의 행사가격 사이에 존재하면 손실이 발생하지만 콜옵션 행사가격보다 상승하거나 또는 풋옵션 행사가격보다 하락하는 경우 이익을 얻을 수 있다.

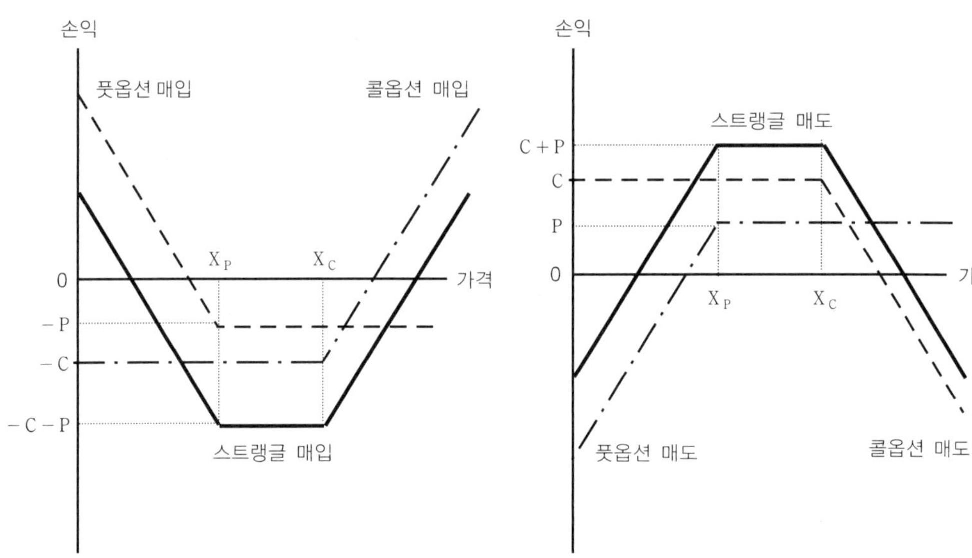

(a) 스트랭글 매입 (b) 스트랭글 매도

[그림 13-12] 스트랭글의 손익

5.4 합성포지션

옵션과 다른 옵션을 결합하든지 또는 옵션과 선물을 결합하여 다른 종류의 옵션 또는 선물과 동일한 포지션을 만드는 것을 합성포지션이라 한다.

(1) 합성옵션

옵션기준물과 콜옵션을 결합하면 풋옵션을 합성할 수 있고 기준물과 풋옵션을 결합하면 콜옵션을 합성할 수 있는데 기준물과 옵션을 결합하여 다른 옵션과 동일한 손익형태를 만드는 전략을 합성옵션이라 한다.

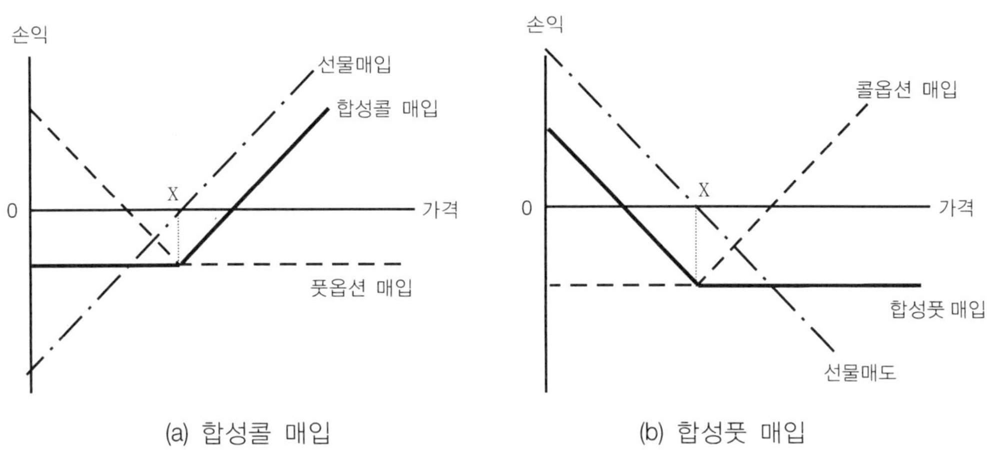

[그림 13-13] 합성옵션의 손익

(2) 합성선물

합성선물은 동일한 행사가격과 만기를 가진 콜옵션과 풋옵션을 결합하여 선물과 동일한 손익형태를 만드는 전략이다. 콜옵션을 매입하고 풋옵션을 매도하면 선물을 매입하는 경우와 손익형태가 같아지며 콜옵션을 메도하고 풋옵션을 매입하면 선물을 매도하는 경우와 손익형태가 같아진다.

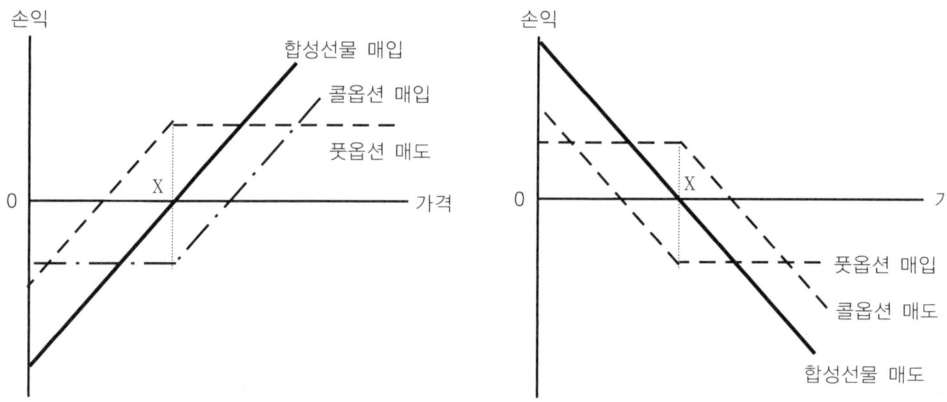

(a) 합성선물 매입 (b) 합성선물 매도

[그림 13-14] 합성선물의 손익

5.5 옵션거래전략의 정리

옵션을 이용한 투자전략은 매우 다양하여 투자자들은 자신이 원하는 형태의 이익을 실현할 수 있도록 거래전략을 수립할 수 있다. 투자자들의 투자전략은 기초자산의 방향성과 기초자산의 변동성에 대한 예상에 따라 크게 달라진다.

기초자산의 가격상승이 예상되는 경우 콜옵션 매입, 풋옵션 매도, 수직강세스프레드 등의 전략을 구사하는 것이 유리하며, 기초자산의 가격하락이 예상되는 경우 콜옵션 매도, 풋옵션 매입, 수직약세스프레드 등을 이용하는 것이 바람직하다.

기초자산의 방향성과 무관하게 변동성이 클 경우에는 스트래들 매입, 스트랭글 매입 등의 전략을 사용하여 이익을 얻을 수 있다. 변동성이 작을 것으로 예상되는 경우에는 나비형스프레드, 스트래들 매도, 스트랭글 매도 등의 전략을 사용하는 것이 바람직하다.

참고 Reference

1. 옵션거래의 유래

(1) 고대 메소포타니아 이야기

고대 메소포타미아의 상인들이 노예나 곡물 등을 대상으로 가격변동의 위험성을 헤지(hedge)하고자 시도하였다. 노예나 곡물의 가격은 수시로 변동하기 때문에 1달 후의 가격이 어떻게 형성될지 모르는 상황에서 1달 후 노예 한 명의 가격을 10으로 고정하고자 미래의 거래를 현재에 체결하는 것이다.

1달 후 노예 1명의 가격이 10보다 높을 경우에는 노예를 사는 사람이 이익을 얻게 되고 반대로 10보다 낮을 경우에는 파는 사람이 이익을 얻게 되므로 그 변동의 위험을 10으로 헤지하는 것이다. 위험헤지의 수단으로 이용되었던 거래가 오늘날 투자 대상으로 되었다.

(2) 그리스의 탈레스 이야기

그리스에는 밀레투스의 탈레스라는 철학자가 있었다. 그는 매우 가난했는데 주위에서 가난하다고 항상 조롱을 했으나 그런 조롱이 싫었던 탈레스는 자신의 가난은 스스로 선택한 것이라는 것을 증명해 보이고 싶어 했다.

어느 날 탈레스는 점성술로 그 해의 날씨를 예측하여 올리브가 대풍작을 이루게 될 것이라고 예상하게 되었다. 그는 올리브 열매가 열리기 전에 그 지역에 있는 모든 압착기 소유주에게 선금(옵션가격)을 주고 그가 필요할 때 언제든지 압착기를 빌릴 수 있는 권리를 사게 되었다.

압착기는 올리브유를 짜는 데 사용되었으며 압착기를 실제로 빌리는 데 필요한 대여금(행사가격)도 압착기 주인들과 협상을 통해 결정해 두었다. 마침내 올리브 수확기가 되었을 때 그가 예상한 대로 올리브는 대풍작이 되었고 압착기 소유주들에게 미리 협상한 대여금을 지불하고 그 지역의 모든 압착기를 빌려 두었다.

올리브 생산자들은 수확된 올리브를 가공하기 위해 압착기가 필요했으나 압착기를 가지고 있는 사람은 오직 탈레스 한 사람뿐이었다. 탈레스는 자신이 지불한 대여금보다 훨씬 높은 가격으로 압착기 대여금을 책정하여 놓았지만, 올리브 생산자들은 울며 겨자 먹기로 압착기를 빌릴 수밖에 없었으며 그 결과 탈레스는 막대한 돈을 벌게 되었다.

(3) 네덜란드의 튤립 이야기

1630년경 네덜란드에서는 튤립재배가 유명하였고 많은 사람들이 튤립 생산으로 돈을 벌게 되었고 작황에 따라 가격변동의 폭이 커짐에 따라 생산자들과 중개업자들은 안정적인 가격으로 거래하는 방법을 찾게 되었다.

이때 튤립을 매입할 중개인들은 콜(call)을 매입함으로써 일정기간에 정해진 가격으로 튤립을 매입할 수 있게 되었으며, 튤립 생산자는 풋(put)을 매입함으로써 일정한 가격에 팔 수 있게 되었다.

(4) 영국 런던에서

주식을 대상으로 하는 옵션거래는 1690년대에 런던에서 최초로 시작되었고 이후 뉴욕의 월가(Wall Street)에서 점두거래 형태로 거래되던 19세기 말부터 현대적인 옵션거래로 발전하게 되었다. 우리나라는 1997년 7월 7일 KOSPI200주가지수 옵션을 처음 도입하였다(참고 : 다음 카페).

2. 트리플 위칭 데이

트리플 위칭 데이(triple witching day)는 미국 월가에서 만들어진 용어로 주가지수선물, 주가지수옵션, 개별주식옵션 세 가지 파생상품의 만기가 동시에 겹치는 날을 말한다.

선물 만기일은 3월, 6월, 9월, 12월 둘째 주 목요일이고 옵션과 개별주식옵션 만기일은 매월 둘째 주 목요일이므로 선물 만기일인 3, 6, 9, 12월 둘째 주 목요일에는 세 가지 파생 상품의 만기일이 서로 겹치게 된다.

3. 헤지거래

헤지거래(hedge trade)는 위험 전가로 어떠한 위험을 다른 쪽으로 이동시키는 것을 의미한다. 주식 매입으로 발생할 수 있는 가치 하락에 따른 위험을 선물 또는 옵션을 매입함으로써 위험의 방향을 반대방향으로 바꿔놓는 것을 말한다.

헤지거래의 사례로 원유를 수입하는 국내 업체에게 6개월 결제 조건으로 원유 수입을 하는데 6개월 후 달러 가격이 상승할 것을 대비하여 미리 달러 선물을 매입하는 경우가 있다. 이 경우 헤지거래를 통해 6개월 후 달러 가격을 현재시점에서 고정시켜 위험을 전가시킬 수 있다.

반면 달러 가격의 움직임이 예상과 반대로 움직였을 경우에는 헤지를 안했을 경우에 생길 수 있던 이익은 포기해야 한다. 헤지거래로 인한 제반 비용은 일반적인 거래보다 수수료 등에서 매우 저렴하다.

부록 : 알기 쉬운 증권용어

BIS비율

국제결제은행(BIS)이 규정한 자기자본비율로 이 통계치는 은행, 종합금융, 신용금고 등 일반 금융기관의 건전성을 판단하는 기준이 되고 있다. BIS비율은 자기자본을 대출이나 보증 등을 포함한 위험자산으로 나누고 여기에 100을 곱하여 나타낸 지수이다. 자기자본은 납입자본금 이익잉여금 등 자기자본 외에 재평가적립금, 후순위채권 발행대금 등 보완자본까지 합하여 산출한다. BIS비율이 8%를 넘는 금융기관은 생존할 만한 가치가 있는 금융기관으로 판단한다.

OPEC(Organization of Petroleum Exporting Countries)

창립목적은 석유가격의 안정을 위해 국제석유회사와 생산 할당에 관해 협의하고 국제석유회사로부터 보다 많은 이권료를 획득하기위해 석유수출국이 공동교섭을 하고 있다. 현재 가맹국은 13개국이 있다.

S&P 500(Standard & Poor' s 500 Index)

미국의 Standard & Poor사가 작성해 발표하는 주가지수로 1957년에 도입돼 다우지수와 쌍벽을 이루고 있다. 미국의 S&P사가 기업규모, 유동성, 산업대표성을 감안하여 선정한 보통주 500종목을 대상으로 작성해 발표하는 주가지수로 미국에서 가장 많이 활용되는 대표적인 지수이다.

Summer stock

여름과 관계 깊은 회사의 주식을 말하는 것으로 여름철에 잘 팔리는 냉장고, 선풍기, 에어콘 등의 가정용 전기제품이나 맥주, 청량음료, 빙과, 아이스크림 등 여름용 음식제품회사의 주식이 이에 해당 된다. 이 주식들은 주로 봄부터 여름에 걸쳐 구입되는 일이 많으며 더위가 기승을 부릴수록 인기가 좋다.

가격 역지정 주문

투자자가 주식의 매매주문을 할 때 시장의 주가가 특정가격을 상회하면 매입하고 반대로 특정가격을 하회하면 매도할 것을 위탁하는 주문형태이다. 자신의 시세관으로 보아 그 종목의 가격이 일정수준을 초과하면 폭등하고 하회하면 폭락할 것이라고 판단할 때 이용하고 있다. 이 주문방법은 매우 투기적이고 공정한 시장가격형성을 저해할 가능성이 있다고 하여 우리나라의 증권거래법에서는 이를 금지시키고 있다.

가격 우선의 원칙

증권거래소에서 매매주문을 처리하는 순서를 정하는 원칙 중 하나이다. 이 원칙은 가장 낮은 가격의 매도주문이나 가장 높은 가격의 매입주문에 대하여 우선적으로 거래를 성립시키는 방법이다. 가격에 조건을 붙이지 않는 시장가 주문이 최우선 순위가 된다. 가격우선에서 매매가 처리된 후는 시간우선의 원칙이 적용된다.

가장매매

동일인이 동일종목의 매도와 매수주문을 동시에 냄으로써 그 주식의 매매가 활발한 것으로 보이게 하거나 자신의 의도대로 시세를 조종하는 매매를 말한다. 2인 이상이 공모하여 행하는 가장매매를 통정매매라 한다. 가장매매는 시세조종수단으로 이용되거나 매매거래상황을 타인에게 오인시켜 공정거래에 저해되는 행위를 하는 것이므로 증권거래법에서는 이를 금지하고 있다.

가중주가평균

각 증권의 가격을 거래량이나 상장주식수 등의 비중에 따라 가중평균한 것을 말한다. 거래량을 가중한 것과 상장주식수를 가중하는 두 가지가 있다. 전자는 증권거래소에 있어 총매매대금을 그 기간의 총매매량으로 나눈 것이며, 후자는 증권거래소의 상장주식(증권의 주가에다 상장주식수를 곱한 것의 합계)을 전 상장주식수로 나눈 것이다.

감리종목

증권감독기관이 증권거래법과 증권거래소의 정관 및 업무규정에 의거 증권시장에서의 비정상적인 주가의 움직임이나 매매행위를 조사하여 감독하는 것을 감리제도라 하고 그 대상이 된 종목을 감리종목이라 한다. 감리종목의 지정 및 해제는 별도의 기준에 의하지만 시황 등을 감안하여 예외적으로 증권거래소가 지정 및 해제를 행할 수 있다. 감리종목은 관리종목과 마찬가지로 대용증권으로서의 활용이 불가능하며 신용거래가 중단된다.

개시증거금

고객이 선물포지션을 취할 때 요구되는 증거금으로 일반적으로 하루 최대한의 가격 변동폭을 커버할 수 있는 정도의 금액이 요구된다. 최소한의 개시증거금 수준은 선물거래소에서 책정하지만 중개회사는 일반적으로 이보다 높은 수준의 증거금을 요구한다. 개시증거금의 예치는 선물거래소에 따라 다르지만 일반적으로 현금 이외에 유가증권 등으로도 예치가 가능하다.

거래량회전율

거래량에 연간 입회일수를 곱하고 이 수치를 상장주식 총수로 나눈 백분율을 말한다. 거래량회전율은 당일의 거래량 규모를 기준으로 하여 상장주식수가 연간 몇 회전하고 있는지 나타내고 있다. 보통 50%를 기준으로 20% 수준이면 바닥, 130% 이상이면 단기적 상투권을 가리킨다. 이 지표는 거래량으로부터 시장 전체 또는 개별종목의 인기도를 측정하는 데 사용된다.

거래 형성률

주가의 상승이나 하락과는 관계없이 거래가 성립된 종목이 증권시장에 상장되고 있는 종목수와 비교해서 어느 정도의 비율인가를 나타낸 것이다. 이는 매일매일 시장에서 거래가 성립된 종목수를 전 상장종목수로 나누어서 산출한다. 거래 형성률이 높을수록 시장의 활성화를 의미하고 지나치게 높으면 매도시점으로 인식해야 한다.

계절주

계절에 따라 영업실적에 커다란 변화를 보이는 회사의 주식을 말한다. 판매량이 여름철에 집중되어 있는 맥주회사와 청량음료회사 등의 주식이나 연말연시에 매출이 많아지는 백화점의 주식 등이 이에 해당된다.

고객예탁금

증권회사가 유가증권의 매매거래 등과 관련하여 고객으로부터 받아 일시 보관 중인 금전을 말한다. 고객예탁금에는 위탁자예수금, 청약자예수금, 저축자예수금, 환매조건부예수금, 자기신용대주담보금, 신용거래구좌설정보증금, 신용공여담보금 등이 있다. 증권회사는 고객예탁금을 신용공여의 재원이나 한국은행 통화안정증권의 인수나 매입재원으로 이용할 수 있는데 그 이용대가로 고객에게 일정액의 이용료를 지급해야 한다.

공개매수

주식의 공개매수는 회사의 지배권 획득 또는 강화를 목적으로 주식의 매수희망자가 매수기간, 가격, 수량 등을 공개적으로 제시하고, 유가증권시장 외에서 불특정다수의 주주로부터 주식을 매수하는 방법이다. 공개매수 희망자는 공개매수신고서 및 첨부서류를 증권관리위원회에 제출하고, 그 신고의 효력이 발생(10일)하면 공개매수를 할 수 있다. 신고서의 효력이 발생하면 이를 2개 이상의 일간지에 게재하고 신고서 사본을 거래소에 제출해야 한다.

공개시장조작

중앙은행이 공개시장(증권시장)에 자발적으로 참여하여 주로 공채나 기타 정부증권을 매도·매입함으로써 직접적으로 화폐량 내지는 화폐적 요인에 충격을 주어 금융조정의 목적을 달성하고자 하는 것으로 전자를 매도조작, 후자를 매입조작이라 한다. 공개시장조작의 작용경로는 두 가지 있는데, 첫 번째는 시중은행의 현금준비에 대한 영향을 통한 작용경로이며, 두 번째는 이자율에의 영향을 통한 것이다.

공매

신용거래제도를 이용하면 소정의 위탁보증금을 적립하는 것만으로 실물이 없더라도 주식을 팔 수 있다. 이것은 증권회사 및 증권금융회사로부터 빌린 주식을 파는 것으로서 형태는 어디까지나 실물거래이지만 가지고 있지 않은 주식을 팔기 때문에 공매라고 한다. 판 주식의 가격이 하락하면 그 주식을 다시 매입하여 차액을 얻을 수 있다. 여기에는 시세의 차액만을 목표로 하는 순수한 공매와 현재 보유하고 있는 주식의 가격하락을 조금이라도 회복하기 위해 다른 품목을 팔아서 위험 분산을 시도하는 연계매도 등이 있다.

교환사채

사채권자의 의사에 따라 주식 등 유가증권으로 교환할 수 있는 사채이다. 특히 우리나라의 교환사채는 사채권자에게 사채발행 회사에 대하여 당해 법인이 소유하고 있는 상장유가증권과 교환을 청구할 수 있는 권리가 부여된 사채를 말한다. 교환사채는 일반사채에는 없는 주식과의 교환권을 부여하여 장래에 주식의 가격상승에 따른 높은 투자수익을 기대하게 한다. 교환사채는 확정이자를 받는 사채로서의 안정성과 주식의 투기성을 함께 가지고 있어 주식과 사채의 중간적 형태를 취하고 있다. 교환권을 행사하면 사채는 소멸한다.

권리락

구주에 부여되는 신주인수권 또는 신주의 유·무상 교부를 받을 권리가 없어진 상태를 말한다. 주주가 주식을 소유하고 있더라도 주주명부가 폐쇄되거나 배정기준일이 지나 신주를 받을 권리가 없어진 상태를 말한다. 권리락의 경우, 주가는 권리부 시세에서 조정되는 것이 보통이다.

권리락 주가

권리락이 됨에 따라 신주인수권이 없어지는 상태의 주식에 새로이 형성되는 주가를 말한다.

금리선물옵션

예상하지 못한 금리변동으로 초래되는 금융자산의 가치변동위험을 방어하거나 또는 추가이익의 실현을 위해 이용되는 선택권부 금융선물거래를 말한다. 금리선물옵션은 통화옵션에서와 마찬가지로 옵션매입자(option buyer)가 장래의 일정시점 이전에 옵션매도자(option writer)로부터 일정 선물계약을 일정행사가격(exercise price)으로 매입 또는 매도할 수 있는 계약을 말한다.

기세

증권시장에서 매매계약이 성립되지 않았을 때의 호가를 말한다. 매도호가의 경우에는 바로 전의 시세에 비하여 가장 낮은 호가가 기세가 되며, 매수호가의 경우에는 바로 전의 시세에 비하여 가장 높은 호가가 기세가 된다. 기세는 매매가 형성되지 않았을 뿐 시세의 흐름을 반영하고 있기 때문에, 주가흐름의 연속성을 부여하기 위해 현재 우리나라의 증권시장에서는 이를 실세로 인정하고 있다. 기세는 당일의 종가로 처리되므로, 당해 종목의 시세흐름 및 시황을 왜곡할 우려가 있어 기세의 마감시간은 입회 종료 15분 전으로 정하고 있다.

기업경기실사지수(Business Survey Index ; BSI)

경기예측방법의 하나로서 경기에 대한 기업가의 판단과 전망, 그리고 이에 대비한 계획서 등을 설문서를 통해 조사하고 수치화하여 전반적인 경기 동향을 파악하고자 하는 지표를 말한다. 이 지수는 다른 경기관련지표와는 달리 기업가의 주관적이고 심리적인 요소까지 조사가 가능하며 정부정책의 파급효과를 분석하는 데 활용되기도 한다. 기준치는 0이며 정(+)이면 경기확장국면을, 부(−)이면 경기수축 국면을 나타낸다. BSI는 경기의 전환성을 예측하는 데는 효과적이지만 경기의 진폭이나 강도를 예측하는 데는 문제점이 있다.

기업공시

기업 내용이나 투자신탁의 운용 내용을 일반투자자나 거래처, 채권자, 소비자 등 기업의 모든 이해관계자들에게 공개하여 그들로 하여금 기업의 가치를 올바르게 평가할 수 있도록 하는 제도이다. 우리나라는 투자자 보호를 위한 유가증권 거래 규제 방법으로서 공시주의를 채택하고 있는데, 이는 유가증권의 발행인으로 하여금 투자의사결정에 필요한 중요한 정보를 완전히 공시시켜 투자자에게 투자판단 자료를 제공하는 데 근본취지가 있다. 공시의 유형에는 직접공시와 간접공시, 조회공시가 있다.

기관투자가

유가증권 투자에서 발생되는 이익을 주 수입원으로 하여 운용되는 법인형태의 투자가를 말한다. 일반적으로 기관투자가들은 고도의 전문적인 지식과 조직을 갖추고 있으며, 우리나라에서도 미국과 일본 정도의 영향력만큼은 못 되어도 주가의 결정에 중대한 영향력을 행사하고 있다. 은행, 보험회사, 투자신탁회사, 연기금 등이 주요 기관투자가에 속한다.

기업분할(split-up)

하나의 기업이 실질적으로나 법적으로 독립된 두 개 이상의 기업으로 나눠지는 조직 재편 방식의 하나로서, 합병의 역순으로 이해할 수 있다. 일반적으로 기업 분할은 하나의 기업이 그 재산의 일부 혹은 전부를 신설되는 두 개 이상의 기업에게 출자하고, 신설회사의 주식을 피분할회사의 주주가 취득하는 것으로 나타낸다. 기업분할의 유형은 주식배당형(spin-off), 주식교환형(split-off), 모회사소멸형(split-up) 등 크게 세 가지로 나누어진다.

기축통화

특정국의 통화가 금과의 교환성이 보증되며 타국통화의 평가가 이 통화로 표시되고, 금환본위제하의 금환(gold exchange) 역할을 하여 금과 더불어 대외자산으로 보유될 때 이 특정통화를 기준통화라 하며 브레튼 우즈체제하에서의 미국 달러가 대표적 기축통화이다. 미국은 최근 연속되고 있는 국제통화위기를 계기로 달러화의 기축 통화 역할을 여타 선진국 통화가 분담하자고 주장하고 있다.

기회비용

다양한 용도를 지니고 있는 재화가 다른 용도를 단념하고 어떤 한 가지 목적을 위해 사용되었을 때 단념한 제용도의 가치 희생분을 화폐가치로 측정 평가한 것을 말한다.

나스닥(NASDAQ : National Association of Securities Automated Quotation)

벤처기업들이 상장되어 있는 미국의 장외 주식시장이다. 미국뿐만 아니라 전 세계의 벤처기업들이 저리로 자금을 조달하는 창구로 활용하고 있다. 거래량을 기준으로 할 때 뉴욕증권거래소에 이어 세계에서 두 번째로 큰 주식시장이다. 1971년 2월 8일 전미증권업협회(NASD)가 설립한 세계 최초의 전자결제 주식시장으로 모든 시세결정과정이 컴퓨터에 자동으로 처리된다. 나스닥을 모방하여 일본은 자스닥시장을, 한국은 코스닥시장을 운영 중에 있다.

내부자거래

상장기업의 주요 주주나 임직원이 자기 회사의 주식을 매매하는 것으로, 이들은 다른 투자자보다 빠르게 회사의 정보를 입수할 수 있어 자칫 불공정한 거래를 야기할 우려가 있다. 그래서 우리나라의 증권거래법에서는 내부자거래를 금지하고 있다. 내부자거래로 판명되었을 경우 그 거래에서의 차익은 기업에 되돌려 주어야 하며, 향후 점점 더 규제요건을 강화해나갈 방침으로 알려져 있다.

닛케이 평균지수(Nikkei Stock Averages)

일본경제(닛케이) 신문사가 도쿄증권거래소 1부시장에 상장된 주식 가운데 225개 종목의 시장가격을 평균하여 산출하는 일본 증권시장의 대표적인 주가지수로 기준시점은 1949년 5월 16일이며, 기준주가 평균 50엔이다. 니케이지수 주식들의 시가총액이 도쿄증권 1부에서 점유하는 비중은 약 60%에 달한다.

단일가

경쟁매매가격의 하나로 일정시간에 복수의 매도매수호가가 경합하여 하나의 가격으로 결정된 것을 단일가라 한다. 이 단일가가 적용되는 경우는 호가시간의 선후가 분명하지 않은 동시호가(시초가) 결정 시와 매매중단 후 최초로 가격결정 시 또는 거래소가 따로 정한 종목의 종가결정 시에 이루어진다.

단주

증권시장에서 거래단위 미만의 주식을 말한다. 신속하고 정확한 거래를 위하여 증권거래소 업무규정에서는 매매단위를 규정하고 있다. 단주는 매매단위에 미치지 못하는 수량의 주식이기 때문에 거래소시장에서 매매되지 못하고 증권회사의 상품으로 매매되는 것이 보통이다. 현재 우리나라에서 적용되고 있는 거래소시장의 매매단위는 10주이다.

담보유지비율

신용거래에 있어서 당해 주식의 시세변동으로 인한 담보가액의 하락을 막기 위하여 융자 또는 대주 시가 상당액 이상으로 유지되도록 정해진 비율을 말한다. 우리나라의 현행 담보유지비율은 신용거래융자금 또는 신용거래대주 시가 상당액의 130%이며 담보유지비율에 미달하게 된 때에는 지체 없이 현금 또는 대용증권으로 추가담보를 징구한다. 또한 융자 또는 대주한 주식의 담보가치 사정가격은 전일종가로 하며 대용으로 납부한 증권은 대용가격으로 한다.

당일매매(day trading)

당일매매를 하는 것으로 주식과 채권의 하루 가격 움직임을 이용해서 매매차익을 내는 것을 목적으로 이루어진다. 동일종목을 전장에 사서 후장에 파는 것을 가리켰으나 인터넷 등을 통한 온라인거래가 확산되면서 하루에 여러 번 매수 매도하는 전문 당일매매가 성행하고 있다.

대용가

증권매매에 있어서 위탁증거금으로 현금 대신 유가증권을 사용할 수 있는데, 이때 그 대용 유가증권의 가격을 대용가라 한다. 현재 우리나라에서는 대용가를 증권거래소가 월 단위로 결정하여 발표하고 있다. 대용가격의 결정 및 개정은 정기 또는 수시로 행하는데 정기개정은 매월 첫째 월요일을 실시일로 하고 수시개정은 권리락, 배당락, 이자락 또는 기타사유로 시세가 대용가격에 미달하는 경우와 액면 병합의 경우에 실시한다. 일반적으로 거래형성일수(15일 이상)가 많을수록, 회전율(2% 이상)이 높을수록 사정 비율은 높아진다.

대주매각대금

신용거래에서 고객이 증권회사로부터 대부받은 주식의 매각대금을 말한다. 증권회사는 이 매각대금을 대주담보로 취득하여 이용하게 되는 바 그 대가로 고객에게 일정율의 이용료를 지불한다. 현재 대주매각대금 이용료 율은 연 4%이다.

대형주

대·중·소형주를 구분하는 뚜렷한 기준은 없지만, 현재 우리나라의 증권거래소에서는 상장법인의 자본금 규모에 따라 다음과 같이 구분하고 있다. 대형주는 150억원 이상의 자본금을 가진 회사의 주식을 말하고, 중형주는 50억원 이상 150억원 미만, 소형주는 50억원 미만의 자본금을 가진 회사의 주식을 말한다. 대형주는 일반적으로 유동 주식수가 많고 주식 분포가 고르며, 기관투자가들이 많이 보유하고 있어 주가의 변동폭이 중소형주에 비해 비교적 작은 편이다.

동시호가

전장 및 후장의 시초가 결정에 참가하기 위하여, 거래소 단말기에 동시에 접수된 호가 및 시간의 전후가 분명하지 않은 호가를 말한다. 일반적으로 동시호가로 볼 수 있는 경우는 1) 매매입회 시작 후 일정시간에 접수된 호가 2) 매매입회의 일부정지 후 재개하여 일정시간에 접수된 호가 3) 매매거래의 중단 후 재개하여 일정시간에 접수된 호가를 말한다. 현재는 매매입회 시작 전부터 접수하여 입회 후 5분 동안 접수한 모든 호가 및 거래소가 정한 별도의 경우(단일가매매)가 해당된다.

매도상환

신용거래융자의 상환방법에는 현금상환과 반대매매에 의한 상환의 두 가지가 있는데 후자의 경우를 매도상환이라 한다. 즉 신용거래의 일반적 형태인 융자의 경우 매수한 증권을 매도하여 그 대금으로 상환하는 것을 말한다.

매집(accumulation)

어떠한 의도를 갖고 일정한 주식을 대량으로 매수하는 것을 말한다. 일반적으로 1) 경영권의 지배 또는 경영참가를 목적으로 보유주식을 늘려가는 방법 2) 대량 매집을 하여 주가를 올려놓고 인기가 높아질 때 고가로 매도하여 매매차익을 얻는 경우 등이 있다. 공개매수도 매집의 일종이라 할 수 있다.

매칭 펀드(matching fund)

경영학에서는 공동으로 자금을 출자하는 의미로 쓰이나, 금융용어로는 혼합기금이란 뜻으로 투자신탁회사가 국내 및 해외투자자들을 대상으로 수익증권을 발행하여, 판매된 자금으로 국내증권과 해외증권에 동시에 투자하는 펀드를 말한다. 이러한 투신사의 매칭펀드를 통해 해외투자자들은 국내증권에 대한 투자를, 국내투자자들은 해외증권에 대한 투자를 할 수 있다.

명의개서

기명주식이양도, 상속, 합병 등으로 인하여 구소유자로부터 신소유자로 이전된 경우, 신소유자의 성명과 주소를 회사의 주주명부에 기재하는 것을 말한다. 기명주식의 양도는 주권의 배서와 주권과 양도증서의 교부에 의하여 효력이 생기나 양수인이 회사에 대하여 자기가 주주임을 주장하기 위해서는 명의개서의 절차를 밟아야 한다. 명의개서는 주주명부 폐쇄기간 중에는 청구하지 못한다.

모기지담보부증권(mortgage-backed securities)

일반적으로 저당대출업무를 취급하는 금융기관이 토지나 건물 등의 부동산을 담보로 자금수요자에게 자금을 대출한 후 갖게 되는 모기지(mortgage)를 근거로 하여 발행되고 있는데, 이러한 모기지담보부증권(또는 저당대출담보부증권)은 모기지의 현금흐름 연결형태와 담보의 소유권 귀속 여부 하에 따라 크게 패스스로(passthrough)증권, MBB(mortgage-backed bond), 패이스로본드 그리고 CMO(collateralized mortgage obligations) 등으로 구별된다.

물타기

일정한 기간을 두고 같은 주식을 계속 매입함으로써 주가의 매수단가를 최초 매수 시보다 낮은 가격이 되도록 하는 투자방법이다. 시세가 오를 때에는 매도물량을 점차 늘리고 떨어질 때는 매수물량을 점차적으로 늘려 평균단가를 올리거나 또는 내려서 가능한 손실의 위험을 줄이려는 방법이다.

배당수익률

금기에도 전기와 같이 동일한 배당률로 배당이 실현된다고 가정해서 현재의 가격으로 주식을 매입하여 결산기말까지 보유한다고 할 때 몇 %의 수익을 얻을 수 있는가를 측정하는 지표이다.

병행증자

유상증자와 무상증자를 병행하는 것을 말하며, 유·무상 병행증자라고도 한다. 이것은 유상 신주와 무상 신주를 별도로 발행한다는 점에서 포괄증자와 구별된다. 다시 말해서 포괄증자는 신주 1주 가운데 유상증자분과 무상증자분이 포함되어 있어, 어느 한쪽 분만 인수할 수가 없지만, 병행증자는 유상증자분과 무상증자분을 별도로 취급하여 유상증자분을 포기하더라도 무상증자분은 받을 수 있다.

보호예수

증권회사가 고객의 유가증권을 고객의 명의로 보관하는 업무를 말한다. 이것은 투자자가 유가증권을 발행했을 때 따르는 사고위험 즉 화재, 도난, 분실 등을 방지하고, 주권의 매도 시에 편리하도록 하기 위한 제도이다.

상장

증권시장에서 매매 대상이 될 수 있도록 하기 위하여 증권을 증권거래소에 등록하는 것을 말한다. 주식이 상장되려면 먼저 기업이 공개되어야 하는데, 일단 상장이 되면 기업은 발달된 거래 시설과 기술을 이용하여 거액의 자금을 용이하게 조달할 수 있고, 자사 증권에 시장성을 부여하여 환금성을 높일 수 있다.

상장폐지

상장법인의 신청 또는 상장폐지 기준에의 해당 등의 이유로 증권거래소가 증권관리위원회의 승인을 얻어 회사 또는 유가증권으로부터 증권시장에서의 매매 자격을 박탈하는 것을 말한다. 상장폐지 조치는 사업보고서 또는 반기보고서의 미제출, 3년 계속 감사의견 부적정 또는 의견거절, 회사정리 절차 개시, 어음 또는 수표 부도, 최근 3년 계속 자본잠식, 기타 거래소가 필요하다고 인정하는 경우 등의 기준에 의해 행해진다.

선도거래(forward transactions)

미래 일정시점에서 현물상품을 사거나 팔기로 합의한 거래로 인도일과 계약금액 등 구체적인 계약조건은 당사자 간의 협상에 의해 결정된다. 현재의 시점에서 미래의 특정시점에서 특정상품을 사거나 판다는 점에서 선물거래와 유사하나 다음과 같은 차이점이 있다. ① 선물거래는 특정의 거래소시장을 통해 거래가 이루어지나 선도거래는 주로 은행 간 통신망을 통해 이루어진다. ② 선물거래는 상품이 표준화되어 있으나, 선도거래는 고객의 요구에 따라 조정이 가능하다. ③ 선물 거래는 결제이행을 청산기관이 보증하나, 선도거래는 당사자 간의 신용에 의한다. ④ 선물거래는 대부분 만기 이전에 반대매매가 이루어지나 선도거래는 거의 만기에 실물로 인도된다.

손절매

가지고 있는 주식의 현재 시세가 매입가격보다 낮은 상태이고, 향후 가격상승의 희망이 전혀 보이지 않는 경우에 손해를 감수하고 파는 것을 말한다.

수량우선의 원칙

동시에 접수된 호가 및 접수시간의 선후가 분명하지 않은 호가인 경우, 동시호가 중 가격이 같은 호가에 대해서는 수량이 많은 주문이 적은 주문에 우선한다는 원칙을 말한다.

이 경우에는 수량배분원칙에 따라 호가수량이 많은 거래로부터 차례로 매매한다.

수정주가평균

유·무상 증자에 의한 권리락 등이 발생하는 경우에는 권리락 전일의 주가평균과 권리락 당일의 주가평균 사이에 단층이 생기므로 주가평균은 연속성을 잃게 된다. 이러한 결점을 없애기 위하여 주가를 수정하게 되는데, 이것을 수정주가평균이라 하며 우리나라에서는 다우식 수정법이 채용되고 있다. 다우식은 권리부 최종가를 기준으로 하여 권리락의 이론주가를 계산하고 다시 이들로부터 항상제수를 산출하여 수정하는 것이다.

스프레드 거래(spread trading)

선물거래에서 동일한 선물이나 상이한 선물 간에 동시에 매입계약과 매도계약을 체결함으로써 선물 간의 가격차를 목적으로 하는 투기거래를 말한다. 여기에는 동종상품간거래, 이종상품간거래 및 나비형스프레드 거래의 3가지가 있다.

시가총액(market capitalization)

각 상장 종목의 상장주식 수에 그 때의 주가를 곱하여 산출한다. 시가총액은 주가의 변동과 함께 수시로 변한다. 물론 주가가 변하지 않더라고 상장주식수가 증자, CB(전환사채)의 주식 전환 혹은 감자 등에 의해서 변하면 시가총액도 변한다. 상장주식 전체의 시가총액은 주식형태를 취한 금융자산의 시가 평가액이 되는데, 이것과 금융자산 전체와의 비교, 명목 GNP 등 거시적 경제지표와의 비교도 흔히 하게 된다.

시장조성

유가증권의 모집 또는 매출을 신속히 하기 위하여 모집 또는 매출한 증권의 수급을 상장 후 일정기간 조성하는 것을 말한다. 증권거래법은 공모주식의 주가가 발행가 수준 밑으로 떨어져 투자자들이 손해를 입는 것을 막기 위해 해당종목이 증권시장에 상장되는 후 6개월 이내의 범위에서 신규공개기업과 증권사가 협의를 통해 시장조성기간을 정하도록 규정하고 있다. 증관위 규정은 상장 후 1개월 동안 의무적으로 시장조성을 하도록 명시하고 있으며 상장 후 3개월까지 주가가 발행가를 하회해서는 안 된다고 규정하고 있기 때문에 통상 3개월 이내의 기간에 걸쳐 이루어지고 있다.

신구주 합병

결산기 중간에 유상증자 등으로 신주가 발행되는 경우, 배당 기산일이 달라 구주와 신주가 별도의 종목으로 거래된다. 그러나 한 번의 배당을 거치게 되면 배당 기산일이 동일하게 되므로 권리의 차이가 없어지게 되어 신구주가 동일종목으로 합병하게 되는데 이를 신구주 합병이라 한다.

신용거래

유가증권 매매와 관련해서 증권회사가 고객에게 현금을 융자하거나 유가증권을 대여하는 것을 말한다. 고객에게서 매도나 매입의 위탁을 받을 증권회사는 일정률의 보증금을 받고 고객의 위탁분에 대한 결제 시 매수대금 또는 매도증권을 대여하여 결제해 준다. 신용거래는 신용공여의 대상이 자금이냐 유가증권이냐에 따라 융자와 대주로 구분된다. 신용공여의 재원에 따라 증권회사가 고객예탁금 또는 자체 보유자금이나 유가증권으로 고객에게 빌려 주는 자기신용과 증권회사가 증권금융회사로부터 대출받아 고객에게 빌려 주는 유통금융으로 나눈다. 신용거래에는 공매매에 의한 투기를 방지하기 위해 제한이 가해지고 있다.

신용대주

증권회사에서 주식을 빌리는 것으로 신용융자와는 반대로 주가가 하락할 것이라고 예상하는 사람들이 선호한다. 투자자는 증권회사로부터 주식을 빌려 그것을 매도한 후에 일정기간이 경과한 후 동일한 주식의 수량을 다시 매입하여 빌린 주식을 상환하는 방법이다. 대주 역시 60%의 자기자본이 있어야 하고 대주기간, 담보유지 비율, 반대매매 등에서 융자와 동일한 적용을 받는데 증권회사에 따라 약간의 차이가 있다.

실권주

회사가 유상증자를 행할 때 주주가 배정된 신주인수권을 포기하여 주금을 납입하지 않은 주식을 말한다. 발행회사의 실적이 나쁘거나 무리한 증자로 인하여 시가가 발행가보다 낮을 때 또는 주주의 자금 부족으로 납입 자금의 조갈이 어려울 때에 실권주가 많이 발생한다.

역외자금(offshore fund)

본국의 세제 또는 운용상의 제반규제를 피하기 위하여 조세나 금융행정면에서의 특전을 향유할 수 있는 타국에 등기상의 본거지를 두고 국제적으로 판매하는 투자신탁을 말한다. 최근에는 세율이 높은 국가의 거주자가 투자목적을 위하여 세율이 낮은 조세피난지에서 운용하는 자금을 총칭한다. 이러한 자금은 사유재산에 대한 정치적 간섭이나 조세압력을 피하기 위한 재산도피 또는 세율이 낮은 조세피난지로의 기업이동 등의 요인에 의해서 발생되며 이 자금은 자본의 무국적화 또는 다국적화 현상의 전형적인 것이다.

예수금

증권회사가 위탁매매거래 등과 관련하여 고객으로부터 받는 고객예탁금 및 원천징수하여 일시 보유하는 기타 예수금을 말한다. 예수금에는 위탁자예수금, 청약자예수금, 저축자예수금, 조건부예수금 등의 고객예수금 및 기타예수금이 있다.

외환스왑(foreign exchange swap)

외환스왑거래는 환리스크의 회피와 금리재정거래 등을 위하여 거래방향이 서로 반대되는 현물환거래와 선물환거래 또는 선물환거래와 선물환거래를 동시에 행하는 일종의 환포지션 커버거래를 말한다. 일반적인 스왑거래는 일정 외환을 현물환시장에서 매입(매도)하고, 동시에 선물환시장에서 매도(매입)하는 거래형태이다. 이를 스폿 포워드 스왑(spot forward swap)이라 한다.

옵션거래(option trading)

어떤 상품을 일정기간(유효기간) 내에 일정한 가격(exercise price ; 권리실행가격)으로 매입 또는 매도할 권리를 매매하는 거래로서 권리를 행사할 수 있는 기간이 장래에 있기 때문에 광의의 선물거래라 할 수 있다. 옵션의 매매가격을 프리미엄이라 하며 옵션거래에는 권리행사 시 현물의 매매가 수반되는 현물옵션거래와 권리행사가 선물계약의 체결을 의미하게 된다. 1973년부터 이미 미국에서는 주식의 현물옵션거래가 실시되어 왔으며, 최근에는 통화, 장기국채, 주가지수 등의 현물옵션거래도 행해지고 있다.

우선주

배당 가능 이익이 발생했을 때나 잔여 재산이 분배될 때 보통주에 우선하여 소정의 배당이나 분배를 받을 수 있는 주식이다. 우선주는 회사의 경영 참가에는 별 관심이 없고 배당 등 자산 소득에만 관심이 있는 투자자를 대상으로, 회사의 자금 조달을 용이하게 하기 위해서 발행된다. 우선주에는 우선권의 내용에 따라 일정률의 우선 배당을 받고 또 잔여 이익에 대해서도 보통주와 같이 배당에 참가하는 참가적 우선주와 잔여 이익의 배당에 대해서는 참가할 수 없는 비참가적 우선주가 있다.

위탁증거금

증권회사가 고객으로부터 유가증권의 매매거래위탁을 받을 경우 위탁매매계약과 관련하여 그 고객에게서 징수하는 현금 또는 유가증권을 말한다. 위탁증거금의 기능에는 유가증권 가격변동으로 인한 위험부담에 따른 채권 확보를 위한 담보의 기능과 위탁증가금률을 인상 또는 인하함으로써 할 수 있는 시장수급 조절기능이 있다. 증권회사는 매매거래를 위탁받았을 때, 당일결제거래일 경우 수탁 시에 고객으로부터 매수대금 또는 당해 매도증권을, 보통거래의 경우 수탁 시에 매수면 현금을, 매도면 당해 유가증권 또는 현금을 위탁증거금으로 징수한다.

유보율(reserve ration)

잉여금(자본잉여금+이익잉여금)을 합한 금액을 납입자본금으로 나눈 비율이다. 기업의 설비확장 또는 재무구조의 안정성을 위해서 어느 정도의 사내유보가 되어 있는가를 나타내는 지표이다. 이 비율이 높을수록 불황에 대한 기업의 적응력이 높다고 볼 수 있고 또한 무상증자의 가능성을 측정하는 유용한 지표로 이용된다.

자기신용

고객으로부터 신용거래의 주문을 받은 증권회사가 스스로 융통할 수 있는 범위 내에서 고객에게 증권이나 자금을 빌려 주는 것을 말한다. 증권금융에 의뢰하지 않고 증권회사가 자력으로 매입주문의 경우는 자금을, 매도주문에 대해서는 증권을 고객에게 빌려준다. 이에 대해 자기신용으로 할 수 없는 부분은 증권금융회사와의 대차거래에 의하여 자금이나 증권을 빌려서 고객에게 대출하는 것이 유통금융이다.

자산담보채권(Asset-Backed Securities : ABS)

금융기관이 보유하고 있는 자산을 담보로 발행하는 증권을 말한다. 저당 담보증권과 구분하여 부동산 대출을 제외한 대출채권이나 외상 매출채권 등과 관련된 금융자산을 기반으로 발행되는 증권만을 지칭하는 말이다. 금융기관들이 보유하고 있는 대출채권(자동차, 신용카드, 리스대출담보채권)을 만기 시까지 보유하고 관리하는 대신에 대출채권을 담보로 하는 자산담보채권(ABS)을 발행하여 비유동자산의 유동화를 촉진시키는 기능을 말한다.

▪ 자산재평가적립금(revaluation surplus reserve)

자산재평가법에 의거하여 기업이 사업용 고정자산을 재평가함으로써 발생한 평가익을 적립한 것을 재평가적립금이라고 한다. 사업용 고정자산의 장부가액과 재평가액과의 차액에서 재평가일 1일 전의 이월결손금을 차감한 후의 잔액을 말한다. 이 재평가적립금은 재평가세의 납부, 자본에의 전입, 재평가일 이후 발생한 대차대조표상의 이월결손금의 보전 및 환율조정계정상의 금액과의 상계 이외에는 충당될 수 없다. 인플레에 의하여 고정자산 등의 평가액이 부당하게 저하될 경우 그것을 시정하여 기업재정의 건전화를 도모할 필요에서 행한다.

▪ 전환사채

일정기간이 지난 후 일정비율의 주식으로 전환청구가 가능한 사채를 말한다. 주식으로 전환할 것인지 사채를 그대로 보유하고 있을 것인지는 투자자의 자유의사에 의하여 결정된다. 전환사채는 확정이자부채권으로서의 안정성과 주식의 가격상승으로 인한 자본소득을 함께 기대할 수도 있다는 점에 특색이 있다. 일단 주식으로 전환한 후에는 다시 채권으로 돌려받을 수는 없다.

▪ 정크본드(junk bond)

넓은 의미로는 미국 통화당국의 자산운용준칙에 의해 연방은행 및 주법은행이 보유할 수 없는 투자비적격사채를 말하나 협의로는 발행자의 채무불이행 위험이 높은 고위험, 고수익채권을 말한다. 정크본드에는 최초 발행 당시부터 투자비적격사채인 2종류가 있다.

▪ 재무레버리지(financial leverage)

기업이 자산을 취득하기 위하여 조달한 자금 중 타인자본이 차지하는 비율을 말한다. 타인자본을 사용할 경우 이자부담이 발생하여 주주에게 돌아가는 순이익은 영업이익이 변할 때 영업이익의 변동률보다 확대되어 변화하게 되는데 이를 재무레버리지효과라 한다. 재무레버리지효과를 측정하기 위한 척도로서 재무레버리지도가 있는데 이는 영업이익변화율에 대한 주당 이익변화율의 비율로 계산된다.

▪ 재무상태변동표(statement of changes in financial position)

대차대조표는 일정시점에서의 기업의 자원과 이에 대한 채권자 및 소유주의 청구권을 대조표시한 정태적 보고서이다. 손익계산서는 일정기간 동안 기업에 있어서 순자산의 흐름을 나타내는 동태적 보고서인 데 비하여 재무상태변동표는 일정기간 동안 발생한 기업의 자금흐름에 관한 정보를 제공하는 동태적 보고서이다. 손익계산서가 제공하는 당기순이익정보는 자금의 흐름을 명확히 나타내지 못하는 데 비하여 재무상태변동표는 기업의 영업, 재무, 투자활동에 의해 발생되는 자금의 흐름에 관한 전반적인 정보를 상세하게 제공해 준다.

▪ 재무제표(financial statement)

기업의 경영성적과 재정상태를 이해관계자에게 보고하기 위한 수단으로 작성하는 여러 서류를 말한다. 재무제표는 경영자의 판단자료일 뿐만 아니라 주주, 채권자, 거래처, 종업원, 감독관청 등의 여러 이해관계자가 기업의 재정실태를 파악하고 판단하는 데 중요한 수단이 된다. 우리나라 기업회계기준에서는 대차대조표, 손익계산서, 이익잉여금처분계산서 또는 결손금처리계산서와 현금흐름표를 재무제표의 범위로 정하고 있다.

▪ 재정거래(arbitrage)

어떤 상품의 가격이 시장 간에 상이할 경우 가격이 싼 시장에서 매입하고 비싼 시장에서 매각함으로써 매입차익을 얻는 행위를 말한다. 따라서 동일상품이 외환일 때는 외환재정이, 자금일 때는 금리재정이 발생, 각각의 가격을 균형가격으로 환원시키는 데 기여하게 된다. 금융거래상 재정거래에는 환재정(exchange arbitrage) 및 금리재정(interest arbitrage)이 있으며 이는 다시 각각 이국 간의 불균형을 이용하는 이점재정(two-point arbitrage)과 삼국 간의 불균형을 이용하는 삼점재정(three-point arbitrage)으로 구분할 수 있다.

▪ 제4시장

미국에서 기관투자가 사이에 직접 거래하는 것을 말한다. 1970년대의 미국 증권시장은 기관투자가가 유통시장의 중심이 되어(거래의 60%) 가격형성의 주도권을 잡고 있었다. 기관투자가의 거래단위는 크기 때문에 제3시장(상장주의 장외거래)과 제4시장의 발생 그리고 지방 거래소의 이용 등 시장의 분열이 추진되었으며 이로 인해 중앙집중결제시스템 구상이 나오게 되었다.

▪ 조회공시

거래소가 직접 및 간접공시에 해당하는 사항에 대해 당해 상장법인에 기업 내용에 관한 소문 및 보도의 사실 여부에 확인을 전화로 요구하는 제도가 조회공시로서 상장법인은 요구받은 날로부터 1일 이내에 그에 응답해야 한다.

▪ 종합주가지수(Korean Composite Stock Price Index)

증권거래소에 상장된 주식의 시장가격을 토대로 작성되는 증권시장지표 중 전반적인 주식의 동향을 가장 잘 나타내 주는 대표적인 지수이다. 종합주가지수는 증권시장에 상장된 상장기업의 가치가 기준시점과 비교하여 얼마나 변동되었는가를 나타내고 있다. 신규상장이나 유상증자로 인하여 시가총액이 증가할 때는 기준시가총액도 증가하며, 반대로 상장폐지와 같이 시가총액이 감소할 때는 기준시가총액도 비례해서 줄어든다.

▪ 주가수익비율(PER : Price-Earning Ratio)

주가를 1주당 이익으로 나눈 것으로 기업이 획득한 이익 한 단위에 대해 투자자들이 지불하고 있는 대가를 나타내는 것으로 이익승수라고도 한다. 이 비율이 낮을수록 주가는 이익에 대해 상대적으로 저평가된 것으로 판단할 수 있다. 주가수익비율은 개별종목을 대상으로 하는 것만이 아니라 업종별 또는 시장 전체의 주가수준을 재는 척도로서도 이용된다.

주권 상장폐지 기준

주권 발행회사의 경영에 중대한 사태가 발생한 경우 등 거래소시장에서 매매거래대상으로서 적격성이 결여되었을 때 일정한 기준에 따라 해당주권을 상장폐지 시키게 되는데 이때 적용되는 기준을 말한다. 주당 순자산가치 만약 회사가 여러 사유로 청산하게 된다면 회사자산을 현금화하여 채권자와 주주에게 반환하게 된다. 이때 분배금액은 채권자, 우선주, 주주, 보통주, 주주 순서로 배분된다. 이처럼 회사가 청산되어 회사의 재산을 1주당 얼마씩 분배하느냐 하는 것이 주당 장부가치 또는 주당 순자산가치이다.

콜시장

금융기관 사이에 이루어지는 일시적인 대차거래, 즉 콜자금이 거래되는 시장을 말한다. 우리나라의 경우 콜시장은 금융기관이 서로 어음을 교환하면서 그 차액을 결제할 때 또는 금융기관의 지불준비금이 부족한 경우 그 부족을 충당할 때 등에 이용되고 있다. 대출해 주는 쪽에서는 콜자금을 콜론이라 부르고, 대출받는 쪽에서는 콜머니라고 부른다.

통정매매

자기가 매도 또는 매수하는 같은 시기에 그와 같은 가격으로 타인이 그 유가증권을 매수 또는 매도할 것을 사전에 약속하고 유가증권을 매매하는 것을 말한다. 이러한 매매거래는 시세조종의 수단으로 이용하거나 매매거래의 상황에 관하여 타인을 오인시켜 공정시세의 형성을 저해하므로 증권거래법은 이를 금지하고 있다.

투자수익률(ROI : Return On Investment)

일정기간 동안 특정자산을 보유함으로써 획득하는 수익이 투자액에서 차지하는 비율을 말한다. 이때 수익은 배당, 이자 등과 가격상승에 의해 얻어지는 매매차익을 포함하므로 투자수익률은 종합수익률이라 한다. 일반적으로 배당이나 이자 등을 취득할 목적으로 행해지는 투자를 소극적 투자라 하는 데 반해 매매차익의 취득을 목적으로 하는 투자를 적극적 투자라 한다.

투자유의종목

투자자의 주의를 환기시키기 위하여 선정한 종목을 말한다. 투자유의종목은 일정기간 중의 등락률, 거래상황, 회전율, 자전율, 거래형성일수 등을 감안하여 거래소가 선정하여 발표하고 있다.

파생통화

예금은행은 본원적 예금을 기초로 예금통화를 창출하는데 이때의 예금통화를 파생통화라 한다.

프로그램 매매(program trading)

선물을 이용한 재정거래에서 데이디, 계신, 판단 등의 프로그램이 컴퓨터에 입력되어 매입 및 매도지시가 자동적으로 행해지는 것을 말한다. 이 시스템은 실제의 지수선물가격이 이론상의 지수선물을 어느 정도 수준까지 상(하)회했을 경우에 매입(매도) 프로그램이 작동하는 것이다. 매입 프로그램은 현물을 매입하고 선물을 매도하는 것을 말하며, 매도 프로그램은 그 반대의 경우이다. 한편 이론상의 지수선물가격은 현물지수가격에 자금조달코스트(단기금리)와 배당수입(주식수익률)의 차이를 더한 것을 말한다.

필라델피아 반도체 지수(SOX : Semiconductor Sector Index)

미국 동부의 필라델피아 증권거래소가 지난 93년 12월부터 산정하여 발표해온 '반도체업종 지수'를 가리킨다. 이 지수는 16개의 대표적인 반도체관련주를 포함하고 있어 반도체주의 가격동향을 읽을 수 있도록 해준다. 미국 증시의 반도체 주가가 떨어지면 국내 증시에서도 외국인투자자들이 관련주들을 매도함으로써 주가를 떨어뜨린다. 필라델피아 반도체 지수는 미국 증시에서 반도체 주식의 투자지표로 활용된다. 인텔, 텍사스인 스트루먼트(TI), 어플라이드 머티리얼스, 모토로라, 마이크론 테크놀로지 등 5개사가 필라델피아 지수 시가총액의 82%를 차지하면서 전체 지수 등락에 결정적인 영향을 미치고 있다.

핫머니

국제금융시장을 돌아다니는 유동성 단기자금을 말한다. 핫머니는 국제간의 금리차이, 환율변동, 정치적 불안 등의 요인에 의해 국제금융시장을 옮겨 다니고 있는데, 이와 같은 현상은 자금 유출국에 있어서 국제수지의 악화, 환율하락, 통화불안의 증대 등 경제적인 균형을 파괴시킨다. 자금 유입국에는 과잉 유동성에 의한 인플레이션 압력 등의 영향을 끼친다.

항셍지수(Hang Seng Index)

홍콩 주식시장의 전반적 주가동향을 나타내는 대표적 주가지수이다. 홍콩 최대의 은행인 홍콩 상하이 은행의 자회사인 항셍은행이 산출하며 지수산출방식은 시가총액 방식을 채용하고 있다. 이 지수는 홍콩증권거래소 전체 거래량의 80% 이상을 차지하는 33개 종목을 채용하고 있으며 1964년 7월 31일 시가총액을 100으로 하고 있다.

회사채(corporate bond)

회사채는 주식회사가 일반을 대상으로 자금을 집단적이고 대중적으로 조달하고 회사가 채무자임을 표시해 발행하는 채권이다. 3년 만기 회사채가 대부분을 차지하며 액면가는 대개 10만원이다. 3개월마다 일정한 이자를 지급하고 만기일에 원금을 상환하여 준다. 이자를 3개월마다 나누어 받기 때문에 종합소득세를 낼 때 소득분산의 효과가 있다. 회사채는 금융기관 보증사채와 무보증회사채로 구분된다. 회사채에 대한 투자 위험은 우선주와 보통주에 비해 낮은 편이지만 국가가 발행하는 채권인 국채에 비해서는 채무불이행 위험이 있기 때문에 위험이 더 높다.

효율적 시장가설(EMH)

모든 정보가 가격형성에 즉각적으로 반영되어 누구라도 계속적으로 타인보다 우수한 투자성과를 올릴 수 없는 시장을 효율적 시장(efficient market)이라 하며, 현실의 증권시장이 효율적 시장이라는 가설을 효율적 시장가설이라 한다. 효율적 시장가설에는 약형, 준강형, 강형의 3가지가 있다.

찾아보기

__ㅎ__

__기타

‖‖ 저자약력 ‖‖

■ **최 정 일**

- 경영학박사
- 동서증권 경제연구소 및 교보증권 리서치센터
- 국민은행 파생상품사업본부 자문위원
- 현) 성결대학교 경영학부 교수

■ **이 옥 동**

- 경영학박사
- 벽산그룹 총무부장 및 관재부장
- 대한부동산연합회 상임이사
- 현) 성결대학교 부동산학과 교수

■ **이 준 호**

- 경제학박사
- 하나대투증권 경제연구소 부장
- 현대경제연구원 금융연구실 실장
- 현) 중소기업연구원 선임연구위원

글로벌 금융시장의 이해

2014년 1월 15일 1판 1쇄 발행

저 자 최정일 · 이옥동 · 이준호
발행인 낙 승 우

발행처 도서출판 상尙 학學 당堂

서울시 동작구 사당로9가길 6(사당동)
TEL : 02) 595-1692～4
FAX : 02) 595-1394
E-mail : namdoo6@unitel.co.kr
신고 : 2-155호 (1968. 11. 29)

정가 26,000원

ISBN 978-89-6587-095-1 13320

〈디자인〉 편집 이선경 / 표지 나아기획